THE BELT AND ROAD

丝路重生

"一带一路"文化遗产的创意营造

卜希霆 王蕾 著

中国国际广播出版社

图书在版编目（CIP）数据

丝路重生："一带一路"文化遗产的创意营造 / 卜希霆，王蕾著. —北京：中国国际广播出版社，2023.1
ISBN 978-7-5078-5274-5

Ⅰ.①丝… Ⅱ.①卜… ②王… Ⅲ.①"一带一路"—文化遗产—研究—世界 Ⅳ.①K103

中国版本图书馆CIP数据核字（2022）第223405号

丝路重生："一带一路"文化遗产的创意营造

著　　者	卜希霆　王　蕾
责任编辑	张晓梅
校　　对	张　娜
版式设计	陈学兰
封面设计	王广福　王胜男
出版发行	中国国际广播出版社有限公司［010-89508207（传真）］
社　　址	北京市丰台区榴乡路88号石榴中心2号楼1701 邮编：100079
印　　刷	环球东方（北京）印务有限公司
开　　本	710×1000　1/16
字　　数	250千字
印　　张	18
版　　次	2023年10月　北京第一版
印　　次	2023年10月　第一次印刷
定　　价	62.00元

版权所有　盗版必究

前　言

"一带一路"文化遗产，即分布在陆上和海上丝绸之路沿线或与两者有关的文化遗产。从时间来看，它应该贯穿陆上和海上丝绸之路的全部历史时期；从空间来看，它应该包括陆上和海上丝绸之路沿线的一切国家和地区。从构建人类命运共同体维度出发，它又不仅限于这些地域和疆土，因为蕴含和平合作、开放包容、互学互鉴、互利共赢的丝路精神是鼓励文明交流互鉴和共建全人类美好家园的。丝路仅是开端，并不是终点，是不断流动延展的征程，而非孤立封立的圈地。冲破地域或区域隔阂，推动不同文明的碰撞，促进人类和谐共进，是"一带一路"倡议的应有之义，而在其之上的文化遗产保护是对弘扬丝路精神大有助益的重要发展维度，也是全球范围内共同持续关注的重要议题。

文化遗产的创意营造，有助于提升城市的文化品质、挖掘传统文明精粹、讲好遗产文物故事、生产文化遗产城市创意产品、激活文化遗产城市创意消费、促进大众对城市文化资源的撷取和传承，以及构建富有创意的文化遗产城市社会环境、经济环境和自然环境。近年来，文化遗产活化方式不断创新，以科技创新为手段的方式也不断为大众带来惊喜。基于此，本文对国内具有代表性的科技融合项目团队进行采访，将最新的案例进行整理，并呈现给读者。

自"一带一路"倡议正式提出，已经走完了多年的奋斗历程。多年以来"一带一路"倡议经历了量的增长、质的升级，内涵不断深化，外延更加扩展，呼应了各国对全方位、宽领域、创新性、持续性拓展合作的需求。在新发展阶段和历史机遇期，如何保护和延续丝绸之路在人类社会中的精神和价值，以"一带一路"共建国家之间的互利互惠合作点燃人类命运共同体的火种，如何有效融入数字技术和融合文化发展之上的创新创意思维，盘活和促进地区经济和文化、平台和渠道的双向互动循环，共建"一带一路"各国民众的美好生活家园，需要一代又一代人矢志不渝的努力和坚强奋斗的毅力。本书回溯过去、梳理现在及展望未来，理论分析和实践探索相结合，历史积淀和现实环境相呼应，在汇集整理丝路文化遗产的同时融入创新创意思维理念，从文化维度系统性地打造"一带一路"品牌建设，为活化地域文化遗产、复苏数字文化经济及促进国与国之间更深层次的交流与合作贡献力量。

面对新冠病毒感染疫情全球性的冲击，"一带一路"沿线各国在意识到共同维护生态和平的重要性时，世界经济发展中的不稳定、不确定因素也在增多，这对推动共建"一带一路"带来全新的挑战。在此情此景下，"一带一路"倡议在承受着巨大挑战的同时也面临着全新的机遇，如何在不断革新的技术形态和文化生态中合理融入创新创意思维，打造互联互通的"数字丝绸之路"和"健康丝绸之路"，助力于国与国之间的团结协作及全球经济复苏，持续发扬古代丝绸之路的和平合作、开放包容、互学互鉴、互利互赢精神，走出一条集共商、共建、共享于一体的合作之路、发展之路、共赢之路，是值得深入探索的重要议题。

目录 CONTENTS

绪 论 　　　　　　　　　　　　　　　　　　　　001
　　第一节　研究背景及缘起　　　　　　　　　　001
　　第二节　研究意义与目的　　　　　　　　　　007
　　第三节　制定文遗战略，提倡共同保护　　　　019
　　第四节　深入交流协作，掌握国际话语　　　　027

第一章　"一带一路"文化遗产概述　　　　　　　038
　　第一节　概念界定　　　　　　　　　　　　　039
　　第二节　类型辨析　　　　　　　　　　　　　044
　　第三节　基本特征　　　　　　　　　　　　　052
　　第四节　文化使命　　　　　　　　　　　　　059

第二章　"一带一路"文化遗产价值构建　　　　　064
　　第一节　历史价值　　　　　　　　　　　　　066
　　第二节　经济价值　　　　　　　　　　　　　071
　　第三节　艺术价值　　　　　　　　　　　　　073
　　第四节　时空价值　　　　　　　　　　　　　077
　　第五节　精神价值　　　　　　　　　　　　　080

第三章 "一带一路"文化遗产保护   **084**

    第一节　文化遗产的价值   084

    第二节　文化遗产的活化   088

    第三节　文化遗产的保护   090

第四章 "一带一路"文化遗产永续利用   **095**

    第一节　物质文化遗产永续利用   096

    第二节　非物质文化遗产永续利用   101

    第三节　国内文化遗产经典案例   116

    第四节　共建国家文化遗产经典案例   136

第五章 "一带一路"文化遗产创意营造   **146**

    第一节　搭建文化遗产共同体平台   147

    第二节　培育文化旅游发展新动力   159

    第三节　加快文化遗产活化再生   165

    第四节　推动文化遗产数字化转化   172

    第五节　促进文化遗产融入现代生活   182

第六章 "一带一路"文化遗产与文化产业   **187**

    第一节　文化产业带状发展   187

    第二节　文化遗产与动漫产业   193

    第三节　文化遗产与文博产业   200

    第四节　文化遗产与旅游产业   206

    第五节　文化遗产与其他产业   219

第七章 "一带一路"文化遗产与城市复兴 　　226

第一节　文化遗产传承城市文脉与精神　　226
第二节　文化遗产彰显城市品牌与个性　　233
第三节　文化遗产拓展城市文化景观价值　　237
第四节　文化遗产助力城市更新与业态创新　　242

第八章 "一带一路"文化遗产与文化"走出去"　　250

第一节　文化遗产交流机制创新　　251
第二节　文化遗产交流平台搭建　　256
第三节　文化遗产交流品牌规划　　259
第四节　文化遗产交流创新传播　　262

结　语　关于"一带一路"文化遗产的思考　　271

主要参考文献　　273

后　记　　275

绪　论

第一节　研究背景及缘起

丝绸之路,从广义上分为陆上丝绸之路和海上丝绸之路。陆上丝绸之路起源于西汉(公元前202年—公元8年),那是一个强盛的时代、一个属于中国地理大发现的时代。张骞就是丝绸之路的开拓者,他被誉为"第一个睁开眼睛看世界的中国人"。他将中原文明传播至西域,又从西域诸国引进了诸多物产,促进了东西方文明的交流互鉴,而这条通往西域的道路也逐步演变为横贯亚欧大陆的大动脉。15世纪初的明代,中国著名航海家郑和七次远洋航海,留下千古佳话。通过这条交通大动脉,中国与中亚、西亚、南亚、欧洲、北非等国家建立了密切的商贸联系和文化交流关系。唐宋时期,北方的丝绸之路渐渐衰落,随着中国经济中心的南移,带动了南方丝绸之路和海上丝绸之路的繁荣。因此,丝绸之路分为陆上丝绸之路和海上丝绸之路。

德国地理学家、东方学家费迪南·冯·李希霍芬于1877年在其出版的《中国——亲身旅行和据此所作研究的成果》第一卷中首次提出"丝绸之路"[1]。据《汉书·西域传》记载,汉代丝绸之路"自玉门、阳关出西域有两道。从鄯善傍南山北,波河(师古曰:波河,循河也)西行至莎车,为

---

① 百年前一德国人命名丝绸之路,把都江堰介绍给世界[EB/OL].[2015-04-13]. http://www.scio.gov.cn/ztk/wh/slxy/31210/document/1414776/1414776.htm.

南道；南道西逾葱岭则出大月氏、安息。自车师前王庭随北山（天山），波河西行至疏勒，为北道；北道西逾葱岭则出大宛、康居、奄蔡焉（耆）"①。另外，在公元1世纪，古希腊地理学家托勒密在其所撰《地理志》中亦有关于通往中国道路的记载：这条道路是西方商人为了贩卖丝绸，从幼发拉底河渡口出发，向南前往赛里斯国（中国）的一条商路。这条商路途经一个叫石塔（塔什库尔干附近）的中转站，最终到达赛里斯国都城赛拉（洛阳）。李希霍芬依据上述两则史料绘制了历史上第一幅丝绸之路地图②，他在《中国》中详述了中国西北地区在中西交通史上的重要地位，将张骞的"凿空之旅"视作丝绸之路主要干道开通的标志。

丝绸之路原指公元前114年至公元127年开辟的把中国与中亚及印度连接起来的丝绸贸易道路。狭义的丝绸之路指从长安出发，经阳关、玉门关和西域，经帕米尔高原进入印度、巴基斯坦、阿富汗、伊朗、伊拉克和中亚，以及叙利亚、土耳其、北非等地，通过地中海抵达罗马的商旅贸易要道。除此之外，草原丝绸之路、海上丝绸之路、唐蕃古道、中印缅路及交趾古道等数条丝绸之路支线也陆续进入学术视野。③海上丝绸之路是由法国汉学家沙畹于20世纪初期最早提出。海上丝绸之路不仅连接了中国与中亚、西亚、南亚和地中海，还连接了日本、朝鲜半岛和东南亚，以及印度洋海域、北非和地中海沿岸。丝绸之路上进行贸易的货物不仅有丝绸，还包括瓷器、茶叶、植物、动物、美术品等。"丝绸"一词在很大程度上已不再指代中西商道上的商品，而逐渐演化为一个文化象征符号。因此，后人对丝绸之路的含义做进一步延伸，把沟通古代中国且连接东西方的各条通

---

① 魏志江，李策.论中国丝绸之路学科理论体系的构建［J］.新疆师范大学学报（哲学社会科学版），2016，37（2）：1-8，169.
② 王冀青.关于"丝绸之路"一词的词源［J］.敦煌学辑刊，2015，1（2）：21-26.
③ 魏志江，李策.论中国丝绸之路学科理论体系的构建［J］.新疆师范大学学报（哲学社会科学版），2016，37（2）：1-8，169.

结 论

道统称为"丝绸之路"①。

习近平总书记分别于 2013 年 9 月 7 日和 10 月 3 日提出共同建设"丝绸之路经济带"和"21 世纪海上丝绸之路"(简称"一带一路")的倡议。2015 年 3 月 28 日,国家发展改革委、外交部、商务部联合发布了《推动共建丝绸之路经济带和 21 世纪海上丝绸之路的愿景与行动》。自此,历经百年涤荡、纵贯东西方文明的文化交流之路又重返大众视野和国家的政务议程。丝路文明与"中国梦"这一伟大梦想是息息相关的。2012 年 11 月 29 日,习近平总书记在参观"复兴之路"展览时第一次阐释了"中国梦"的概念:"实现中华民族伟大复兴,就是中华民族近代以来最伟大的梦想。"不断深化发展的"一带一路"概念有助于将梦想化为现实,部分是基于共同合作的中国国家发展和外交政策的设计,将中国的资金来源与欧亚大陆基础设施需求相匹配。非洲和古丝绸之路以外的南部连接线(太平洋和南美洲),特别是与中国接壤的低收入发展中国家的原材料往往很丰富。因此,"一带一路"始于一种基础设施建设,代表着中国在贸易、金融和文化交流方面全球化的一种新的开放形式。正如习近平总书记在博鳌亚洲论坛 2015 年年会上讲话指出,"一带一路"将会促进广泛的文明对话和深入的文化交流,以此建构人们之间的友谊桥梁,推动人类进步发展及维护世界和平安全。②同时,习近平总书记也极力强调,中国的崛起是"和平、友善和文明"的崛起,将会造福其他国家,而不会威胁任何国家。

古丝绸之路不仅是国与国不同地域之间的商货之路,而且是一条文化互通和共进之路,它流经孕育最早城邦的两河流域——底格里斯河和幼发拉底河流域、印度河和恒河流域、黄河和长江流域,也跨越了四大文明古

---

① 王心源,刘洁,骆磊,等."一带一路"沿线文化遗产保护与利用的观察与认知[J].中国科学院院刊,2016,31(5):550-558.

② 习近平在"一带一路"国际合作高峰论坛开幕式上的演讲[EB/OL].[2017-05-14]. http://www.xinhuanet.com/politics/2017-05/14/c_1120969677.htm.

国和不同宗教信仰的汇集地。酒泉、敦煌、吐鲁番、喀什、撒马尔罕、巴格达、君士坦丁堡等古城,宁波、泉州、广州、北海、科伦坡、吉达、亚历山大等地的古港,就是记载这段历史的"活化石"[①]。纵观历史,一代又一代"丝路人"用善意、友谊和文明架起了东西方合作的桥梁。尽管秦汉当年西开边塞、南拓疆土,但安邦定国、修国之好是历代封建中国的第一要义,陆上、海上两条丝绸之路也随之千百年通行不断,诸番来朝、贸易往来盛举不断。600年前,郑和曾率60多条军舰、300条商船,约27 000人的庞大船队一路西行,这样的航海规模即使在今天也令人叹服,这比广为人知的西方地理大发现早了近半个世纪。这种情谊的缔结是有悠长历史文化积淀的,是以互惠共存、民族融合为基础的,而非源于坚船和利炮。"一带一路"是世界规模最大的文化遗产,"一带一路"地区涵盖了全世界74%的自然保护区与近50%的文化遗产。"一带一路"跨越了世界两大主要旅游客源地和旅游目的地,该区域国际旅游总量占据了全球的70%以上。2013年,习近平总书记再次提及历史上中外交互的"一带一路",意在重构我国与共建国家关系,并通过丝绸之路这个以和平、繁荣为内涵的历史概念,从陆路和海路为中国谋划未来发展的蓝图。2014年6月22日,中、哈、吉三国联合申报的陆上丝绸之路东段——"丝绸之路:长安—天山廊道的路网"成功获批为世界文化遗产。截至2020年,我国已经与138个国家、31个国际组织签署201份共建"一带一路"合作文件。[②]建设丝绸之路经济带,为深化西部大开发战略和保障南疆建设提供了重要机遇。建设21世纪海上丝绸之路,也对加强与海洋沿线国家的进一步商贸文化交流、海上强国的塑造有着深远的意义,也为我国在世界和区域发展中提出"中国

[①] 习近平在"一带一路"国际合作高峰论坛开幕式上的演讲[EB/OL].[2017-05-14]. http://www.xinhuanet.com/politics/2017/05/14/c_1120969677.htm.

[②] 国家发改委:共建"一带一路"合作取得积极进展[EB/OL].[2020-11-18]. https://www.yidaiyilu.gov.cn/xwzx/gnxw/155566.htm.

方案"、贡献"中国智慧"提供了可能。

在当前新的政治经济格局下，国家重新认识陆上丝绸之路经济带和海上丝绸之路的时代价值和现实价值。"一带一路"建设与"地球村"可持续发展的绿色征程也是一致的。2019年，习近平总书记在第二届"一带一路"国际合作高峰论坛上强调，"要坚持开放、绿色、廉洁理念，把绿色作为底色，推动绿色基础设施建设、绿色投资、绿色金融，保护好我们赖以生存的共同家园"。绿色"一带一路"与联合国2030年可持续发展议程在理念、原则和目标方面高度契合、相辅相成，被国际社会认可为推动落实可持续发展议程的解决方案之一。多年来，中国在加强自身生态文明建设的同时，积极同"一带一路"共建国家一道打造绿色丝绸之路，加强生态环境、生物多样性保护和应对气候变化合作，推动全球环境治理合力不断凝聚，为落实2030年可持续发展目标注入新动力。① 保护自然生态，需要各个国家和民族共同持续的互助和努力，而绿色是"一带一路"基底的色泽，美好家园的建设和维护，离不开国内国际双循环相互促进的新发展格局。

面对新冠病毒感染疫情全球性的冲击，我们应意识到共同维护生态和平的重要性、世界经济发展中的不稳定、不确定因素及对推动共建"一带一路"带来的全新挑战。世界卫生体系发生动荡时，我国一直没忘自身的大国格局和意识，在严厉阻击病毒传播的同时，也积极贡献自身能量，投入援助其他国家的队伍之中。自2020年新冠病毒感染疫情发生以来，中欧班列共运送物资近800万件，共计6万多吨，成为中欧抗疫合作的"生命通道"。② 我国第一时间主动向意大利等疫情严重区域输送医疗物资和专家队伍，明确承诺无偿提供抗疫经验和疫苗研发成果。习近平总书记在第

---

① 推动共建绿色"一带一路" 凝聚全球环境治理合力［EB/OL］.［2020-11-19］. https://theory.gmw.cn/2020-11/19/content_34381109.htm.
② 我国已签署201份共建"一带一路"合作文件［EB/OL］.［2020-11-18］. http://js.people.com.cn/BIG5/n2/2020/1118/c359574-34422519.html.

75届联合国大会上发表讲话时指出,"面对经济全球化大势,像鸵鸟一样把头埋在沙里假装视而不见,或像堂吉诃德一样挥舞长矛加以抵制,都违背了历史规律。世界退不回彼此封闭孤立的状态,更不可能被人为割裂"①。在此情此景之下,"一带一路"的持续性推进,是符合世界各国建设和发展所需的,也是符合构建人类命运共同体的时代呼唤的,更是维护全球不同领域特别是丝路沿线小国底层民众利益的革新举措。突发公共卫生事件带来了世界格局的剧烈震荡,政策、经济、文化、民众生活等方方面面也历经着空前的调整和转型,"一带一路"事业在承受着巨大挑战的同时也面临着全新的机遇。如何在不断革新的技术形态和文化生态中合理融入创新创意思维,打造互联互通的"数字丝绸之路"和"健康丝绸之路",秉持亲诚惠容,坚持共商、共建、共享原则,承袭古代中国有容乃大、以邻为友的传统,助力于国与国之间的团结协作和全球经济复苏,促进建构共同发展、实现共同繁荣的合作共赢之路,以及理解信任、加强全方位交流的和平友谊之路,这些均需要持续动态的研究和探索。

自"一带一路"倡议正式提出以来,已经走过了多年的奋斗历程。多年来,"一带一路"倡议经历了量的增长、质的升级,内涵不断深化,外延更加扩展,呼应了各国对全方位、宽领域、创新性、持续性拓展合作的需求。②在新的时代发展期和历史机遇期,本书重在探索"一带一路"文化遗产创意营造,回溯过去、梳理现在及展望未来,既有对"一带一路"在政策、经济、文化、技术、社会等环境维度的观测,也相应地进行了理论层面的思辨解读和分析、实践层面的参与和考察,在汇集整理丝路文化遗产的同时融入创新创意思维观念,以期兼容并蓄地对于如何保护和延续丝绸

---

① 习近平.世界退不回彼此封闭孤立的状态,更不可能被人为割裂[EB/OL].[2020-09-22]. https://baijiahao.baidu.com/s?id=1678547349340547344&wfr=spider&for=pc.
② 赵嫣.同筑共赢之路 共迎美好明天:共建"一带一路"全景扫描[EB/OL].[2020-09-13]. http://www.xinhuanet.com/world/2020-09/13/c_1126486680.htm.

之路在人类社会中的精神和价值、如何有效融入数字技术和融合文化发展之上的创意思维、如何从文化维度系统地打造"一带一路"品牌建设、如何活化丝路沿线地域文化遗产和复苏数字文化经济、如何更好地延伸丝路精神且让内涵于其中的人类命运共同体火种薪火相传等问题给予符合国家和社会发展趋势的认知反馈,为"一带一路"建设的永续发展贡献力量。

第二节 研究意义与目的

一、梳理沿线遗产,奠定文化基石

丝绸之路自张骞"凿空"西域之后,已经绵延了几千年。商贸、文化交流在"一带一路"中发展发挥着纽带和桥梁作用,几千年的交流也留下了大量的文化遗产。它是丝路贸易往来、文化交流、宗教传播和技术推广的实物见证。

习近平总书记在考察陕西西安博物院期间强调,要把"文物保护好、管理好,同时加强研究和利用,让历史说话,让文物说话"。"一带一路"共建国家大量的文化遗产,是东西方交流的直接载体,是丝路精神和民心相通的历史见证,是实现"一带一路"倡议的文化基石。随着"一带一路"倡议的加速推进,对"一带一路"文化遗产的认知、保护与传承工作既有紧迫性,又有很强的现实意义。优质的调查和科研成果能够顺利推动"一带一路"倡议规划,为增加其人文内涵提供重要的支撑。

(一)研究共建国家历史文化遗产的意义

从现实意义来看,丝绸之路不仅作为一个学术名词和地理名词在文献资料中存在，更重要的是它作为一条沟通亚欧大陆的地理通道，让大陆上的居民在了解远方世界的同时，也让各自民族创造的文明成果相互吸引、借鉴、融合、创新，并在广阔的地理空间内创造多样文明，让那些在今天看起来厚重而沉寂的文化遗产有了串联彼此的契机。今天，当人们再次沿着这条古道回溯那些被时间掩埋的历史谜团时，那些曾经让人困惑不已的宗教传播、文化遗迹、民俗习惯、多种语言已变得鲜活而清晰。更应注意的是，这些在历史长河中曾断断续续停留在人们脑海中的文化遗迹至今仍影响着故地周围的文化基因，构建起了丰富多彩的丝路文明。

实施"一带一路"倡议，最重要的是达到民心相通。要达到民心相通，建立利益、责任和命运共同体，不仅是经济利益的共享，更多的是多元文化的理解、欣赏和认同。民心相通需要文化认同，这种认同需基于一种共同的文化身份认同。因此，"一带一路"倡议的实施，要文化先行。习近平总书记在"一带一路"国际合作高峰论坛开幕式上的主旨演讲中表示，"一带一路"建设植根于丝绸之路的历史土壤。共建国家历史文化遗产是连接不同国家、区域、民族、部落等不同文化记忆间的现实交流与合作的基础。因此，要夯实与共建国家的文化交往，首先要认识到其文化遗产的历史意义和现实意义。

纵观历史，我国历代出于军事、政治、经济和宗教等需要，对西域、南洋、西洋多有关注和研究；"一带一路"倡议在当代提出，更要求我国加强对陆上、海上丝绸之路沿线国家历史文化遗产的全面研究，使之更好地发挥文化交流和文化建设的时代价值，并将其努力建设成为促进我国经济发展、提升我国经济对外开放水平的重要平台、强大引擎和有力抓手。在具体实施过程中，加大包括我国在内的丝绸之路沿线国家历史文化遗产的普查、认定和申报，在制定"一带一路"文化遗产保护规划和规约、建立共享保护组织等方面也具有一定意义。

（二）我国的"一带一路"文化遗产

自 1985 年 12 月 12 日中国加入《保护世界文化和自然遗产公约》成为缔约方以来，截至 2021 年 7 月，经联合国教科文组织审核，被批准列入世界遗产名录的中国世界遗产共有 56 项，其中世界文化遗产 38 项（包括世界文化景观遗产 5 项）、世界文化与自然双重遗产 4 项、世界自然遗产 14 项。可以说，我国是世界上拥有世界遗产类别最齐全的国家之一，也是世界自然遗产数量最多的国家、世界文化与自然双重遗产数量最多的国家之一。特别是在 2014 年，我国和哈萨克斯坦、吉尔吉斯斯坦联合申报的丝绸之路项目正式被列入世界遗产名录，这是首例跨国合作、成功申遗的项目。

联合申报的丝绸之路项目包括各类共 33 处遗迹，申报遗产区总面积为 42 680 公顷，遗产区和缓冲区总面积为 234 464 公顷。其中，中国境内有 22 处考古遗址、古建筑等遗迹，包括河南省 4 处、陕西省 7 处、甘肃省 5 处、新疆维吾尔自治区 6 处。哈萨克斯坦境内有 8 处遗迹，吉尔吉斯斯坦境内有 3 处遗迹。申遗成功后，世界遗产委员会建议将其命名为"丝绸之路：长安—天山廊道的路网"[①]。

我国政府长期以来高度重视丝绸之路文化遗产的保护工作。目前，我国境内丝绸之路文化遗产主要包括陕西、河南、甘肃、青海、宁夏和新疆等省、自治区的众多大型遗址，如汉长安城未央宫遗址、汉魏洛阳城遗址、高昌故城、麦积山石窟等。多年来，随着大遗址和国家考古遗址公园建设项目的推进，上述遗址均得到了不同程度的保护和展示。2006 年和 2012 年，国家文物局两次将海上丝绸之路列入世界文化遗产预备名单，泉州、宁波、北海、福州、漳州、南京、扬州、广州和蓬莱等 9 个城市 50 多处遗产被点名列入其中。

---

① 朝戈金.从三个故事看文化遗产保护与"民心相通"[N].中国民族报，2018-02-09（11）.

一方面，国内的"一带一路"文化遗产整理不是封闭的，而是不断完善和丰富的。另一方面，遗产梳理也不局限于传统"一带一路"涉及的省份和重要城市，"一带一路"倡议是惠及人类命运共同体的重要宏观政策部署。例如，站在中国人民脱贫攻坚、全面建成小康社会新的历史起点上，贵州省充分挖掘苗疆文化走廊的历史文化资源，对推动贵州融入"一带一路"和长江经济带建设，加快内陆开放型经济试验区、国家扶贫开发攻坚示范区建设都具有重要的意义。又如吉林省白山市挖掘、恢复东北亚丝绸之路遗址，高度提炼东北亚丝绸之路旅游文化项目，力争列入国家"一带一路"文化建设项目库，从而为对接和服务"一带一路"文化建设添砖加瓦。

二、传承丝路文化，挖掘遗产价值

（一）传承丝路文化

丝绸之路经历了漫长而复杂的发展历程，从而形成了历史公认的行经路线。不可否认，兴盛期的丝绸之路是世界上跨度最长的经济大走廊，东牵亚太经济圈，西系欧洲经济圈，贯通中亚、东南亚、南亚、西亚乃至欧洲部分区域，借此丝路沿线的物质文化与非物质文化也在无形之中进行了大范围的交流、互鉴和融合，久而久之形成了大量丰富、灿烂的丝路文化交融遗产。中国的妈祖信俗、木卡姆艺术、南音、粤剧等，以及共建国家俄罗斯塞梅斯基的文化空间与口头文化、意大利西西里木偶剧、土耳其迈达赫艺术、格鲁吉亚复调演唱、也门萨那歌曲等人类非物质文化遗产（简称"非遗"）代表作，无不萦绕着对古丝绸之路的历史记忆，它们植根于"一带一路"民众的血脉关联和文化亲缘中，堪称"一带一路"文明对话与交流的活态印记。

这种文化印记不仅印证了文化传统的传承，而且内化和强化了共建国家民众共性和差异并存的民族文化身份。该民族文化身份虽离不开国别、族群、地域等自然属性，但更深层的是借助共同的语言交流、建筑群落、技艺需求、经贸往来等文化载体而得以重新塑造，并逐渐融进民族记忆深处。可以说，丝绸之路沿线国家至今都无法否认和忽略丝路所具有的连接和交流作用。

丝绸之路的魅力在于，它不仅是一条经贸通道，更是一条文明互鉴之路，它虽以贸易为形式，但其文化的渗入、交流、融合和传承则伴随始终。丝绸之路在历史长河中几经中断与变迁，但随着信息化、全球化及航空时代的来临，国家与国家、民族与民族、人民与人民之间通过历史文化遗产的纽带，无形中又开始进行着自觉的连接和聚合。在全球化背景下，"一带一路"倡议的提出，不但是为东西方文明互利互惠发展而提出的有计划、世界性的区域合作倡议，而且也是在新的历史条件下对古丝绸之路文化的继承、创新和发展。

2017年5月，习近平总书记在"一带一路"国际合作高峰论坛圆桌峰会上的开幕致辞中指出："'一带一路'建设根植于历史，但面向未来。古丝绸之路凝聚了先辈们对美好生活的追求，促进了亚欧大陆各国互联互通，推动了东西方文明交流互鉴，为人类文明发展进步作出了重大贡献。"

习近平总书记在开幕辞中倡导和平合作、开放包容、互学互鉴、互利共赢的丝路精神，为丝绸之路注入了新的时代内涵，这也是对蕴含和平、繁荣传统丝路文化的进一步阐释和弘扬。"一带一路"建设在于文化先行，其延续在于文化建设的不断保障和巩固。文化的核心在于互惠交流，丝路文化的传承与互惠在当今更显得尤为重要。"一带一路"建设不仅是对古丝绸之路精神的继承与发扬，更重要的是通过文化交流与传播来增强"一带一路"倡议在现代乃至未来社会中的吸引力与长久价值。

（二）发现遗产价值

丝绸之路是古代东西方政治、经济、文化和科技交流的国际大动脉，是人类文明与文化交流的"国际大巴扎"("巴扎"在维吾尔语中是"集市"的意思，是新疆各族人民长期从事商贸活动的场所。"国际大巴扎"位于新疆维吾尔自治区乌鲁木齐市天山区，于2003年6月26日落成，是世界规模最大的"大巴扎"，集伊斯兰文化、建筑、民族商贸、娱乐、餐饮于一体，是新疆旅游业产品的汇集地和展示中心，被誉为"新疆之窗"和"中亚之窗")。丝绸之路是全人类共同拥有的珍贵遗产，其突出的价值体现在：①是由多种途径的人与自然的互动关系建立起来的跨区域、长距离的交通道路；②连接了多种文明地带，并展开了东西方之间持续而广泛的商贸、宗教、科技、文化等交流活动；③在游牧与定居、畜牧业与农业等文明交流中拥有广泛而重要的影响和作用；④见证了亚欧非大陆人类文明与文化发展的主要脉络及其重要历史阶段，其突出的多元文化特征促进了洲际间多种文明的协调和共同繁荣。[①]

现存"一带一路"文化遗产有效承载并显示出了深厚的历史底蕴，构筑了交流基础，它展示的正是人类文明全球性与开放性的一面。另外，在长久的历史积淀中形成的以和平合作、开放包容、互学互鉴、互利共赢为核心的丝路精神，也是丝路文化遗产得以彰显、弘扬和传承的重要文化表征。

我们完全可以从丝绸之路中汲取智慧和力量，重新认识"一带一路"现存的文化遗产，深挖文化遗产的文化价值，为丝绸之路沿线各国社会、经济、文化、生态合作、共赢及可持续发展做出贯通、承载和创新的更大贡献。

1. 历史见证价值

文化遗产发挥着丝绸之路沿线国家文化的历史见证价值。无论是"一带一路"的城堡、古战场、岩石壁画遗址，还是民间故事、神话传说、音

---

① 陈同滨."丝绸之路：起始段和天山廊道的路网"突出普遍价值研究[J]. 中国文化遗产，2014，61（3）：72-81.

乐、舞蹈，它们都曾见证了人类文明的辉煌，都是人类共有的文化记忆。丝绸之路文化遗产既目睹了当年丝路商旅驼铃不断的繁盛和文化交互，是当事者和呼应者，在承载着过去文明的同时，也昭示着人类文明发展的未来发展路线。

文化遗产作为"一带一路"沿线不同文化交流的历史见证，"其价值不仅在于它们反映了古代多种文明与文化对话、交流、碰撞、融合的和谐过程，更是为今天世界各国不同文化间的平等互信、包容互鉴、合作共赢和可持续发展提供了宝贵的历史借鉴"①。

国家文物局局长在文化遗产与"一带一路"论坛主旨报告中指出，"一带一路"建设根植于历史，源于人类共同的精神财富，与文化遗产息息相关。② 这些珍贵的遗产遗迹不仅是文明交流的符号印记，更是记载这段人类文明繁荣发展的历史"活化石"。它们承载着千古常新的丝路精神，是人类文明的宝贵遗产。它们将在弘扬丝路精神、促进民心相通、推动"一带一路"建设中发挥越来越重要的纽带作用。

2. 交流载体价值

人们常说经贸唱戏、文化搭台。而文化搭台的切入，往往围绕着那些被广泛认可的具备交流价值的文化遗产展开。从文化属性来说，拥有更多相似性的文化遗产才能更好地发挥桥梁和纽带作用，让不同国家、民族、地域的人们自然而然地拉近心理层面的距离。人们既可以围绕共同关心的话题进行会谈、讨论与合作，也可以本着自觉自愿、相互理解的态度开展新领域、新模式层面的交流与合作。

挖掘历史文化遗产可以加强文化认同，使之成为促进经贸往来的"催

---

① 王心源，刘洁，骆磊，等．"一带一路"沿线文化遗产保护与利用的观察与认知［J］．中国科学院院刊，2016，31（5）：550-558．
② 聚焦文化遗产与"一带一路" "文化和自然遗产日"活动走进古都洛阳［EB/OL］．［2017-06-10］．http://www.gov.cn/xinwen/2017-06/10/content_5201474.htm．

化剂"和"润滑油"。各国经济发展和文明形态既需要通过经济合作缩小差距、互利共赢,更需要通过人文交流、相互理解。从个体心理感知来说,文化上拥有更多联系的国家和区域,在沟通与交流中能够进行更加有效的沟通并减少文化差异所带来的障碍,因此实现人文合作的良性互动是开展经济合作的重要推动力,而文化遗产的承载力,无论是显性的物质遗产还是隐性的文化表达,对文化间的交流与沟通都具有不可估量的作用。①

3. 合作共赢的内在价值

文化遗产存续和分布在丝绸之路沿线不同国家和地域,对它们进行整体的认识和分析需要切实有效的合作,进而最大限度地实现保护和弘扬文化遗产价值。一些跨区域、跨国界、世界性且联合申报的遗产保护项目能带动多元文化的合作共赢。"一带一路"共建国家和城市有着丰富的物质文化遗产和非物质文化遗产资源,不同国家之间的文化资源还有着共通之处。以剪纸为例,"一带一路"覆盖的重要节点上都有不同的剪纸文化类型,这些都为文化遗产领域的国际合作创造了更大的可能。

2014年,哈萨克斯坦、吉尔吉斯斯坦和中国共同申报的"丝绸之路:长安—天山廊道的路网"被列入世界文化遗产名录。这个跨境遗产案例为"一带一路"话语体系的构建及如何以文化间对话为基础促进文化多样性的同步发展提供了合作和共赢的良好示范。这样跨国别的申报案例还有很多,中国的内蒙古长调也是联合蒙古国共同申报的"非遗"项目。

值得注意的是,在联合国教科文组织公布的三类"非遗"名录中,"一带一路"共建国家完成的跨国联合申报,与其他地区相比,申报的数量多、参与范围广、规模也较大。在"一带一路"共建国家已列入名录的258个项目中,两个项目的联合申报有十个国家参与:一是由18个国家联合申报的猎鹰训练术,二是由12个国家联合申报的诺鲁孜节。这两个项目都是

---

① 韩文宁. "一带一路"历史文化遗产及其当下意义[J]. 唯实, 2015, 349(4): 27-30.

在传统丝绸之路沿线国家的主导下完成的。丝绸之路沿线国家尤其是中亚国家联合申报的项目明显高于其他地区，这是这类文化遗产拥有诸多共享因素的一个表征。①

4. 学术研究价值

丝绸之路作为中国世界文化遗产，积淀了丰厚的学术资源和典型区域的文化特色底蕴，使得它在历史学、地理学、政治学、社会学、民族学、宗教学、艺术学、经济学、传播学、人类学、考古学等学科中都有相当大的研究价值。丝绸之路知识考究自19世纪起得到了不断的累积。早期，以李希霍芬、亨利·裕尔为代表的学者对丝绸之路及其沿线自然地理、经济、政治、宗教等方面进行了全面的考察。20世纪20年代，我国的向达、冯承钧、张星烺等学者在整理中外丝绸之路早期文献的基础上大量翻译引进了西方汉学名著。②20世纪50年代以来，丝绸之路相关研究进入发展繁荣期。其间，学术界关于敦煌文献、吐鲁番文书的研究，西夏黑水城文书的发现，楼兰古城和高昌古城等遗址的发掘，以及大量中亚、西域文献的辑佚、注释和整理，还有对于丝绸之路史地的考证，均为丝路知识积累夯实了基础。现今，我国提出"一带一路"倡议，更需要对丝绸之路进行系统化、学科化的研究，融入跨学科理念和全球视野，以此更好地体现和弘扬和平合作、开放包容、互学共鉴、互利共赢的丝绸之路精神。

从历史学角度来看，丝绸之路的发展史贯穿了中国历史，其研究意义不局限于它本身。从纵向维度来说，对于丝路文化遗产的研究和考证有助于我们对历史演变、国家发展、民族融合等脉络的掌握和佐证；从横向维度来说，通过丝绸之路这条国家大通道的连接，同时期地处亚欧大陆上不

---

① 朝戈金.从三个故事看文化遗产保护与"民心相通"[N].中国民族报，2018-02-09（11）.

② 魏志江，李策.论中国丝绸之路学科理论体系的构建[J].新疆师范大学学报（哲学社会科学版），2016，37（2）：1-8，169.

同国家的发展进程和文明程度有了一条横向的连接线。

从地理学角度来看,"一带一路"沿线国家的文化遗产对地理环境和区域文化研究有着积极的作用。通过对我国克孜尔石窟壁画、敦煌石窟壁画的研究,就可以看出东西方在绘画、宗教、世俗生活等方面的交流互通。对享誉世界的敦煌学的研究,也可以从古希腊文明、古波斯文明、古印度文明和中华文明的交流和融合中突出我国文明的兼容并蓄和互通创新。

从民族学角度来看,"一带一路"的连接对于东西方民族的交流融合、族群的迁徙演变提供了较为客观的研究资料,对粟特人的历史、"昭武九姓"的形成等方面进行了翔实的资料累积和有效的历史观照。笼统来说,丝绸之路促进了民族融合,也在融合过程中衍生出新的族群,这为民族群体形成的机制和条件研究提供了良好的例证材料。

从考古学角度来看,中西方交流的历史远早于汉代,在《山海经》《穆天子传》等中国古籍中就有关于中原、羌戎诸部与西方交通的记录。古罗马神话、诗歌中亦有关于赛里斯人及其所贩运"树叶上的羊毛"的表述。[①] 随着考古研究的深入,把东西方丝绸贸易的开端追溯到公元前4世纪甚至更早。如阿尔泰墓葬、德国斯图加特的霍克杜夫、新疆阿拉沟等地发现并出土的大量中国丝织品、漆器、铜镜等商品,提供了丝绸之路在公元前5世纪就已存在的确凿证据。[②]

构建丝绸之路学科体系需要秉持马克思唯物辩证法和唯物史观,具备构建人类命运共同体的渴望和情怀,在跨学科趋势的指引下不断提高兼容并蓄的思想高度,对中国传统的学术文化思想和西方汉学优秀文化成果进行批判、吸收、继承和再创造,努力克服融有西方中心主义色彩的治学话语,体现中国特色社会主义核心价值观,满足我国和世界人民对美好生活的向往与追求。

---

① 杨共乐.早期丝绸之路探微[M].北京:北京师范大学出版社,2011:45.
② 李明伟.丝绸之路研究百年历史回顾[J].西北民族研究,2005(2):90-106.

5. 文化旅游价值

"一带一路"倡议的实施将建设世界旅游新高地。以往世界旅游高地主要集中在亚太与欧洲，丝绸之路地带是传统的世界旅游洼地。随着"一带一路"倡议的实施，世界旅游组织丝路项目负责人阿拉·佩雷索洛娃指出，"丝绸之路：长安—天山廊道的路网"项目成功申遗后，沿线国家都是受益者。同时，"丝绸之路：长安—天山廊道的路网"入选世界遗产，为丝绸之路旅游业的发展创造了巨大的机会。[①] 另外，柬埔寨吴哥窟世界遗产经过20年的修复，主要寺庙已基本修复成型，吸引了大量的游客。据不完全统计，吴哥窟在1992年列入世界遗产名录时，一年的游客只有2万余人，但到2013年已达200余万人。吴哥窟每年的旅游收入约占柬埔寨全年GDP的20%，吴哥窟遗产保护与利用对于推动经济发展起到了重要的作用。[②]

文化旅游是传承和发展丝绸之路的最佳载体，是当今旅游业发展的必然趋势。文化遗产是沿线国家文化旅游参观、体验的重要元素，集合了西部、南疆及沿海地区多种多样的旅游资源，如我国西部沿线的古都长安、洛阳，沿路军事要塞、关隘遗迹、古代西域三十六国遗迹，敦煌莫高窟、天水麦积山石窟、榆林石窟等佛教艺术瑰宝。这些见证和记载着民族文化、国家发展历史过程中有形和无形的文化资源，在很大程度上符合新时期人们对于精神生活亟待满足的发展趋势。

三、彰显文化遗产价值

首先，在文化遗产的保真创新方面。历史文化遗产保护和价值彰显，

[①] 邹统钎."一带一路"倡议促进旅游开放与合作［N］. 中国旅游报，2015-08-26（B03）.

[②] 王心源，刘洁，骆磊，等."一带一路"沿线文化遗产保护与利用的观察与认知［J］. 中国科学院院刊，2016，31（5）：550-558.

必须坚持真实性与完整性原则,保持其真正的历史样态,切忌违背历史文化遗产保护的特定内涵,平庸浅薄地滥造现代文物和伪风俗。修复历史文化遗产,应当尊重和维护现存历史文化遗产的历史机理,而非进行简单意义上的重建。以文化创意和科技创新为切入点,在合乎逻辑的范围内不断给历史文化遗产注入新内容,以提升历史文化遗产的解读、阐释和展示手段。比如,可采用虚拟现实展示技术,使游客在演播厅里身临其境地领略历史文化遗产的唯美意蕴;根据景区不同的文化内涵,进行科技仿真、量身定做,个性化地打造系列纪念品;多类型开发挖掘独具特色的文化典籍、民间故事、风土人情等原生态文化,并对其进行富有创意的改编和演绎,打造一批阐释和再现有特色文化的影视、歌曲、舞蹈等动漫创意作品;以举办各种重大历史主题文化活动为平台,制造综合性的节会效应。保真创新,既可以较为原汁原味地展示文化遗产的原生态和存续态,也能不违背其作为文化遗产的特定内涵,还能结合现代社会思维、艺术和技术的要求,进行文化遗产历史价值的呈现和故事叙述,以此满足人们知晓、回顾、娱乐、体验等需求。事实上,彰显价值也是另外一种创新保护。

其次,在文化遗产的价值定位方面。文化遗产有着一定族群、区域的文化历史传统的承载,有着深厚的文化积淀和传承。"一带一路"的文化交流谱系中的不同文化圈源于丝路沿线国家千百年产生、发展和演绎的多元文化,包含各自不同的文化价值和魅力精粹。正是由于散发着有异域芳香的文化气息,"一带一路"文化圈才产生强大的人文吸引力。每个文化圈、每处文化遗产在"一带一路"中的大家庭中都有自己的独特魅力和历史价值。文化遗产是诸多文化的记忆载体,要不断挖掘、整理每处文化遗产留存的丰富故事元素和人文信息,扩大和丰富其所在的区域、族群的历史存储和现实影响,加快提升文化附加值和文化品位。要么直言其在"一带一路"上的历史地位和重大意义,要么唤起不同地域、族群的荣耀和沧桑的记忆,以此让身边的文化遗产得以进行活态化呈现、价值的最大化转换。

最后，在文化遗产保护的多维建设方面。文化遗产的保护是为了更好地彰显文化遗产的价值。文化遗产是一个动态开放的概念，保护和彰显价值的思路也正在从单一保护转向多维度建设。第一，要处理好"点""线""面"之间的关系，从保护单体古文化建筑遗址，发展到保护建筑物群区和大型文化线路，甚至进行跨界保护，即跨地域、跨国别进行认定和保护。第二，文化遗产保护主体由官方、专业机构转向大众的、全社会的主体参与。传统即现在，文化即个人。文化遗产与社会的每个人都是休戚与共、息息相关的。第三，处理好历史文化遗产与现代建筑环境的关系。我们既要完整原真地保存历史文化遗产，又要使现代建筑环境在布局、体量、色彩等方面进行有机协调，促进文化遗产与现代社会之间的和谐共处。第四，强调物质历史文化遗产和非物质历史文化遗产并重的原则。物质历史文化遗产往往是外在形式，而与此相关的口头传说、歌舞表演、民间仪式等则是其内在精神和人文意义的表现。第五，处理好历史文化遗产与自然遗产的关系。很多时候，二者是相互衬托、融为一体的关系。保护历史文化遗产，不得破坏自然遗产，并使二者相得益彰。

第三节　制定文遗战略，提倡共同保护

一、制定文化战略和文化遗产战略

"一带一路"倡议的实施建设，需要以文化战略建设为重点，以文化遗产战略为基石进行展开。当前，随着我国各个领域对接"一带一路"倡议，各类学术研讨会和项目洽谈会正日益增多。"一带一路"倡议必将带动共建各国和中国学界对陆上、海上两条丝绸之路的相关问题展开广泛研究，这

是涉及政治、经济、历史、文化、艺术、宗教、法律、军事、地理等多领域、多学科的全方位研究。比如，文化战略的制定和实施，既有助于中国优秀传统文化复兴，推动全球深层次的文化交流和文明对话的开展，又有助于沟通人类历史现实与未来趋势，促进整个人类的文化复兴和世界新文明建设。

在开展经贸交流之前或者之时，也要尽可能地对相互的历史、文化、语言、民俗、政治制度等进行研究，并有所尊重；在经贸中，除了资源、产品的互通有无、互相补充，也应该考虑对民生包括环保、文保和文化设施等基础设施的投入和建设；应该从资源、产品、信息、知识和思想等进行全方位的交流、设计和探索；那些"走出去"的企业也要加强环保责任、社会责任和文化责任。"一带一路"倡议中应该有专门的文化战略甚至遗产战略。

2016年12月，我国发布的《文化部"一带一路"文化发展行动计划（2016—2020年）》（简称《行动计划》）中提出，把握"一带一路"倡议精神，全方位提升我国文化领域开放水平，秉承立足周边、辐射"一带一路"、面向全球的合作理念，构建文化交融的命运共同体。《行动计划》将着力实现文化交流合作机制逐步完善、文化交流合作平台基本形成、文化交流合作品牌效应充分显现、文化产业及对外文化贸易渐成规模四个方面的目标。

在文化遗产方面，《行动计划》指出三点：第一，推动与沿线国家和地区建立非物质文化遗产交流与合作机制、文化遗产保护和世界遗产申报等方面的长效合作机制。

第二，积极贯彻落实我国与"一带一路"共建国家和地区签订的文化合作（含文化遗产保护）协定、年度执行计划、谅解备忘录等政府间文件，加强我国与"一带一路"共建国家和地区文化交流与合作机制化发展，推动成立丝绸之路国际剧院联盟、丝绸之路国际图书馆联盟、丝绸之路国际博物馆联盟、丝绸之路国际美术馆联盟、丝绸之路国际艺术节联盟、丝绸之路国际艺术院校联盟等，与"一带一路"重点共建国家和地区组织逐步建立深层次的城际文化交流合作机制。

第三，推动实施"一带一路"文化遗产长廊建设计划。其中包含与"一带一路"共建国家和地区共同实施考古合作、文物科技保护与修复、人员培训等项目，实施文物保护援助工程，举办以"丝绸之路文化遗产"为主题的研讨交流活动，推进海上丝绸之路申遗及世界文化遗产"丝绸之路：长安—天山廊道的路网"扩展项目的实施等。

另外，我们还可以根据《行动计划》的精神和具体要求，指导我们在"一带一路"倡议实施中的具体工作，既有具体的合作项目、固定的合作平台和机构组织，又可以建立长期合作机制，为包含文化在内的各领域合作"搭好桥、牵好线"，进而为"一带一路"共建国家和地区的全面合作夯实基础。

二、面临文化遗产破坏和保护困境

（一）面临毁灭破坏

文化遗产大多经历了漫长的历史，其中政治取向、统治者个人喜好、战乱动荡、环境侵蚀等因素都会给文化遗产带来毁灭性的破坏。这些破坏主要包含三点：第一，历次军事战争带来的野蛮破坏。其中，不仅"一带一路"共建国家历代积淀的文化遗产被破坏，甚至一些国家几经更迭或消失于历史长河，或最后融于其他民族国家中继续生存和发展。第二，某种强势偏颇的文化势力对其他文化价值及遗产的遮蔽与扼杀，如许多历史古迹被焚毁、拆损，或全球化浪潮导致文化冲突加剧，从而忽略本民族的文化遗产。第三，自然灾害对文化遗产的破坏也是十分巨大的。有些文化遗产因为环境变化、地理空间环境的恶化，已经遭受了灭顶之灾。

另外，在非物质文化遗产方面，一些古籍、画作、书法等被历代文人反复增涂或删改，尤其体现在口述传说、表演、社会风俗、礼仪、节庆等方面。它们大多缺乏相对具体的文化形态，且受到传承者主观记忆的影响，其中时代变化等不可控因素的作用力更为明显。这些文化历史印迹一方面影响着文化遗产的原有形制（如样式、色泽等）或表现形式，另一方面，它们仍是历史遗留的产物，是文化遗产本身历史演变的见证。①

（二）保护困境

"一带一路"倡议涵盖亚欧及北非的部分大陆和沿海国家，涉及几十个截然不同的国家历史背景、地理环境、宗教习俗等，加上领土纠纷、宗教隔阂、保护技术落后及对华关系的亲疏远近等原因，导致"一带一路"共建国家对于文化遗产保护的认知、认同、投入及对我国"一带一路"倡议的接受程度存在迥然有别的差异。

较为突出的是，"一带一路"共建国家对于非物质文化遗产的认定标准、保护原则和措施并不十分相同。哈萨克斯坦等国将"某个民间或者传统文化活动集中的地区"，即"文化空间"，纳入"非遗"保护范畴，而我国《中华人民共和国非物质文化遗产法》尚未明确指称"文化空间"。如认定标准之类的差异障碍将为"非遗"保护的跨国合作进入精细化的实操层面增加困难。另外，各国对"非遗"保护的重视程度不尽相同。比如，俄罗斯政府至今未加入《保护非物质文化遗产公约》，对使用"非物质文化遗产"概念也十分谨慎，只在俄文化部《关于批准"2009—2015年俄罗斯非物质文化遗产保护和发展纲领"的命令》中使用该词。俄罗斯在国家层面对塞梅斯基文化空间与口头文化、英雄史诗欧隆克两项世界非物质文化遗

---

① 闵祥鹏，卢勇．"一带一路"文化发源地挖掘与当代重建：以文化遗产的数字保护与虚拟重建为例［J］．淮阴工学院学报，2016，25（2）：22-26．

产的保护也缺乏有力措施，地方政府的投入也有限。①

现实的困境还存在于"一带一路"共建国家中的多数发展中国家经济文化发展水平很不均衡。无论在政治环境的稳定、财力的充实程度方面，还是在对文化遗产的重视程度和保护能力等方面都十分令人担忧。尤其"在规则制定、项目评审、专业机构、专家参与等方面，发展中国家的参与程度都远远低于西方国家。来自发展中国家的专业机构和专家，往往由于语言、学术传统和规范等方面问题，难以深度参与《公约》的实质性工作"②。简言之，"一带一路"部分共建国家因受制于战乱、社会动荡、贫病交加、难民安置等历史遗留和现实问题，使得"一带一路"背景下的文化遗产保护合作陷入瓶颈。

（三）技术难题

1. 文物重建面临许多技术难题

雅典是古代欧洲文明的发源地之一，帕特农神庙则是雅典最重要的建筑遗产，至今已历经两千多年。由于时代久远，帕特农神庙经历了火灾、地震、爆炸等多次劫难，致使庙顶坍塌，大理石雕塑表面开裂、剥离，其中部分雕像被转运至大英博物馆等地，现在当地仅残存廊柱等外部建筑。同样，罗马文明是世界重要的文明类型，罗马也是丝绸之路沿线的重要地区。20世纪90年代，意大利曾对罗马城进行修复重建。其中许多彩色壁画修复后虽面貌一新，但仍有部分批评者认为修复后的样貌未能展现作品原貌，甚至有些细节修复部分破坏了原作。③

---

① 闵祥鹏，卢勇．"一带一路"文化发源地挖掘与当代重建：以文化遗产的数字保护与虚拟重建为例［J］.淮阴工学院学报，2016，25（2）：22-26.
② 国季．解读《保护非物质文化遗产公约》 透视中国在国际层面履约现状［J］.文化月刊，2011，（7）：17-19.
③ 闵祥鹏，卢勇．"一带一路"文化发源地挖掘与当代重建：以文化遗产的数字保护与虚拟重建为例［J］.淮阴工学院学报，2016，25（2）：22-26.

2. 修复重建技术或方式不佳

受技术限制、文化保护意识缺失、经济利益诱导等多方面影响，政府重视大规模的实体重建，重视场馆、建筑物、工程的规划设计，忽视文化遗产本身的保护、修复与传承，致使许多文物遗迹不能"修旧如旧"，其结果是复原重建后往往沦为人造景观。这些人造景观不仅在展示方式上无法适用文化遗产的应有形式，参观者也无法真切地感受到文化发源地的人文气息，其所要发挥的文化传承与文化资源的应有功效最终也无从谈起。许多文化发源地为争夺文化品牌的独有性打造所谓的城市地标，耗费巨资进行遗址重建，并增建主题公园、博物馆等相关场所，但多数缺乏创意、形式雷同。部分新建筑可能成为城市地标，但并不能起到保护文化发源地的实质作用。不仅如此，城市地标的重复建设反而造成了更多资源的闲置和浪费。

三、采取保护策略

"一带一路"共建国家大多属于新兴经济体和发展中国家，都面临着社会经济发展和文化遗产保护层面的现实问题。对"一带一路"共建国家的文化遗产保护，需要采用科学的应对策略。

（一）推动共同保护策略

2015年3月，国家发展改革委、外交部、商务部联合发布《推动共建丝绸之路经济带和21世纪海上丝绸之路的愿景与行动》（简称《愿景与行动》），2016年12月原文化部发布《文化部"一带一路"文化发展行动计划（2016—2020年）》（简称《行动计划》）。《愿景与行动》提出要"联合申请世界文化遗产，共同开展世界遗产的联合保护工作"，"支持沿线国家地方、民间挖掘'一带一路'历史文化遗产"。《行动计划》则提出"推动与沿线国家和地区建立非物质文化遗产交流与合作机制"，"积极探索与

'一带一路'沿线国家和地区开展同源共享的非物质文化遗产的联合保护、研究、人员培训、项目交流和联合申报"。

这两个顶层规划涉及"一带一路"共建国家文化遗产保护的表述均属于纲领性、方向性的表述，为后续系统化的操作实践提供了宏观战略上的指引。在具体操作方面，我国要积极争取沿线国家的理解、支持和合作，共同开展对"一带一路"共建国家历史文化的挖掘及彼此间交流、借鉴成果的研究；同时开展文化遗产对新时期"一带一路"共建各国文化交流、经贸发展及文化旅游经济的促进研究，推动共建国家（地区）的社会、经济、文化、生态等方面的和谐发展。

在合作方面，争取做到"一国一规划"，贯彻共商、共建、共享原则，通过推进"一带一路"共建国家发展战略的互惠互利，实现共同发展。总之，需要让对象国愿意参与进来，实现"一带一路"共建国家和地区文化遗产的自觉保护和共同保护。

（二）坚持实物保护、虚拟重建的理念

面对已被破坏或严重改变的历史文化遗产，采用最先进的技术恢复和重现遗产显得尤为重要。当前，世界各国极为重视数字化、虚拟重建在文化遗产保护中的应用。其中，数字技术可视为文化发源地挖掘与重塑的主要方式之一。因此，对"一带一路"文化发源地的挖掘与重建，也应借鉴国际文物保护的经验，坚持实物保护、虚拟重建并举的理念。尤其是实物遗址或遗存应以修复保护为主，尽量避免采用大规模实体重建、扩建等急功近利和浪费资源的方式。对"一带一路"文化发源地的挖掘与重建，需要在对原有遗迹和文化资源保护与修复的基础上，利用数字化虚拟技术重塑原有建筑遗迹和人文景观，甚至复原音乐舞蹈、绘画雕塑或民俗表演文化场景。①

---

① 闵祥鹏，卢勇."一带一路"文化发源地挖掘与当代重建：以文化遗产的数字保护与虚拟重建为例［J］.淮阴工学院学报，2016，25（2）：22-26.

"一带一路"文化发源地重建的理念与路径是将传统的文化资源重建与虚拟技术重建相结合。尤其在探讨"一带一路"文化发源地重建的具体措施中，尝试在文化挖掘与保护中引入数字技术、全息技术、虚拟成像技术来复原、重建文化资源，包括引用遗址复原、场景模拟和实景体验等具体方式。

（三）建立文化遗产联合保护的机制和组织

近年来，我国在合作机制方面与上海合作组织、东南亚国家联盟、阿拉伯国家联盟等多个组织成员国及中东欧地区创建了人文合作委员会和文化联委会机制，与蒙古国、菲律宾、印度、土耳其等十多个国家签订了文化交流合作协定，防止盗窃、盗掘和非法进出境文物协定及关于文化遗产保护的协议或谅解备忘录。

通过联合成立文化遗产组织，我们可与"一带一路"共建国家签订文化遗产保护条约，在此框架内成立政府间的区域性保护联盟，即"一带一路"共建国家共享文化遗产保护组织。其主要目的是通过成立共享文化遗产保护组织，合力构建共享文化遗产的保护制度。如2017年5月18日丝绸之路国际博物馆联盟的成立，为丝绸之路沿线博物馆的交流合作建立了良好平台。以此为开端，今后，我们将努力推动更高层次的"一带一路"共建国家的文化遗产保护与交流。在2016年9月首届丝绸之路（敦煌）国际文化博览会上，我国发布了丝路沿线国家一致通过的《敦煌宣言》。《敦煌宣言》称，与会丝路沿线国家将保护和传承各国历史文化遗产和优秀传统文化，珍惜各国悠久灿烂的文明成果和文化创造，深化各国在物质文化遗产、非物质文化遗产等领域的交流与合作，持续推动各国优秀传统文化的创造性转化和创新性发展。

建立"一带一路"遗产地数据库与信息共享平台，开展世界遗产空间多模式监测与评估、大数据密集型计算和信息挖掘，将有助于实现"一带一路"文化遗产保护目标的预防性修复与智能保护。建设丝路文化旅游线

结　论

路与交流的网络平台，拓展和深化沿线国家之间贸易、农业、工业、金融、文化旅游和资源开发等国际合作，将助力于实现共同建设、共同开发、共同分享、共同保护和共同成就，有效实现新时代的文明新融合。①

（四）实现广泛国际合作和深度信息共享

充分发挥空间信息技术在遗产保护与监测中的作用。丝绸之路文化遗产空间跨度大，在部分环境恶劣的地区，空间信息技术是综合认识遗产状况的有力工具。基于空间信息技术，可以及时识别遗产病害风险，有效进行调查评估，从而提出针对文化遗产地破坏性风险的保护预案，确定最适宜的管理方法和修复方法。针对"一带一路"共建国家气候、地理、人文区域带的不同差异，联合开展遗产空间适用性观测方法和关键技术研究，基于"星－机－地"的空间观测手段构建空间考古和遗产监测方法已成为遗产保护的迫切任务。

第四节　深入交流协作，掌握国际话语

回顾多年来"一带一路"文化遗产的国际交流合作，我们可以看到，我国不断取得显著的成绩，集中表现在交流合作形式的多元化、沿线国家参与度的提高、合作领域的广泛拓展等方面。中国也逐步向国际文化遗产领域的参与者、贡献者和引领者进行转变。可见，"一带一路"文化遗产更深入的交流协作正当其时。

2017年，国家文物局相关负责人在文化遗产与"一带一路"论坛主旨报告中指出，中国政府高度重视文化遗产保护工作，并不断扩大文物对外

---

① 王心源，刘洁，骆磊，等."一带一路"沿线文化遗产保护与利用的观察与认知［J］.中国科学院院刊，2016，31（5）：550-558.

交流与合作。近年来，通过跨国申遗、文物外展、援外工程、联合考古等途径，中国开展了一系列行之有效的交流合作。国家文物局不断加强"一带一路"沿线文化遗产保护，加强顶层设计，加大文物保护利用，深化国际合作，推进学术研究。借助历史文化遗产，深化与丝绸之路沿线国家的交流与合作，为"一带一路"建设夯实民意基础、筑牢社会根基。

2019 年，中国围绕"一带一路"人文交流主题，以中亚地区、蒙古国、俄罗斯等沿线国家与地区为重点，积极与合作国进行联合考古工作近50 项，开展相关专题研究及遗址发掘与保护等项目，进一步促进世界文明的交流互鉴。2020 年，文化和旅游部开展了"一带一路"文化产业和旅游产业国际合作重点项目的征集与扶持工作，重点拓展数字文旅产业合作、加强创意设计合作、推动旅游演绎合作、促进文化和旅游投资合作、建设文旅产业国际合作服务平台并强化国际化产业人才培养，积极促进我国与"一带一路"共建国家和地区的文化交流与合作。

可以看出，国际交流协作在政府高层、企业组织及民间机构之间已经形成共识，我们要以此为基础，积极探究合作格局和形式，在文化遗产合作层面形成合力，掌握国际话语权，形成文化遗产保护的实践管理体系。

一、提出文化遗产保护合作的共同诉求

"一带一路"共建国家众多，那么如何让拥有不同话语体系和历史经验的国家与民族相互之间的交流与合作更顺畅呢？上海社会科学院院长王战认为，"非遗"是很好的载体，"虽然各个国家的经济、社会、文化生态有所不同，但保护好祖先留存下来的智慧遗产是大家共同的诉求"。"一带一路"共建国家拥有丰富的"非遗"资源，如被列入世界非物质文化遗产名录的格鲁吉亚复调演唱、意大利西西里木偶剧、俄罗斯塞梅斯基的文化空间与口头文化、土耳其的迈达赫艺术等"非遗"项目，都是沿线国家珍贵

的文化遗产。就我国的文化遗产而言，目前共发掘出各类"非遗"资源近87万项，其中39个项目跻身于人类非物质文化遗产代表作名录，位居世界第一，展现出瑰丽多彩的中华文化景观。

由于非物质文化遗产具备濒危属性，这使得加强"一带一路"共建国家在"非遗"领域的合作具有一定迫切性。以敦煌为例，作为已有2100多年历史的名城，古丝绸之路的"咽喉""锁匙"，敦煌拥有丰富的文化遗产，尤其是有"墙上博物馆"之称的敦煌壁画，精美繁复地记录了古丝绸之路的繁荣盛况，是丝绸之路多元文化交流的成果。但由于敦煌壁画十分脆弱，到目前为止，自然和人为因素都在持续加速它的消损。因此，借助"一带一路"倡议，有效整合分散在世界各地的有关敦煌壁画的研究史料和成果，是一条行之有效的应对之道。

文化遗产保护的重要性和急迫性，使得沿线国家不同民族、不同文化背景的人民凝聚一起，表达着对文化遗产保护的诉求，此商谈是涉及祖先、现代、后辈的文脉延续和民族延续的大事。2017年5月14日至15日，围绕"加强国际合作，共建'一带一路'，实现共赢发展"的主题，"一带一路"国际合作高峰论坛在北京举行。会议达成了五点重要共识：第一，致力于推动"一带一路"建设合作，携手应对世界经济面临的挑战；第二，支持加强经济政策协调和发展战略对接，努力实现协同联动发展；第三，推动各领域务实合作不断取得新成果；第四，架设各国民间交往的桥梁；第五，坚信"一带一路"建设是开放包容的发展平台，各国都是平等的参与者、贡献者和受益者。

二、开拓文化交流合作的前景

从交流合作的历史基础来看，张骞、郑和等开启了两条联结东西方文化的道路，千百年来，各国商人、使者络绎不绝，不同国家、民族互通有无，为多元文明的交流奠定了深厚的基础。丝绸之路的璀璨在各国民众心中积淀、升华，激活和激发了沿线国家和地区人民的共同历史文化记忆和美好向往。由于"一带一路"横贯多国、支线众多，又历经国家更迭、民族融合等复杂的历史变迁，其文化遗产的文化和历史基因刻上了多民族、多国家、多文化的烙印。因此，对于"一带一路"文化遗产而言，开展多国联合研究和保护工作是合理且必要的。

从交流合作的现实基础来看，自2013年我国提出"一带一路"倡议，不少沿线国家积极响应和参与建设，他们也弘扬丝路精神，在科学、教育、文化、卫生、民间交往等各领域广泛开展合作，为"一带一路"建设夯实民意基础，筑牢社会根基。在文化遗产合作方面，各国也形成共识，与中国一起积极推进"一带一路"文化遗产领域的合作，努力寻求更加丰富的文化交流内容及更新的交流合作形式。中国政府及其相应地方政府还设立了丝绸之路专项奖学金，促进和鼓励国际文教交流。此外，各类丝绸之路文化年、旅游年、艺术节、影视桥、研讨会、智库对话等人文合作项目百花齐放，各国人民友好交往，在沟通和互动过程中不断拉近彼此的距离。

正如习近平总书记所说，"一带一路"倡议正因其具有"深厚历史渊源和人文基础"，所以唤起了沿线国家的历史记忆。从历史文化研究角度来看，"一带一路"倡议提出"五通"，即政策沟通、设施联通、贸易畅通、资金融通、民心相通，其中民心相通主要集中于文化交流和民间合作领域，而这些方面正是丝路历史文化研究的基本领域，也是唤醒历史记忆的优势所在。"民心相通是'一带一路'建设的社会根基"，凸显了该领域研究的根本价值，这一根本价值也被概括为"传承和弘扬丝绸之路友好合作精神，广泛开展文化交流、学术往来、人才交流合作、媒体合作、青年和妇女交往、志愿者服务等，为深化双多边合作奠定坚实的民意基础。"[①]

---

① "一带一路"版图发布 首次加入海上丝路南线［EB/OL］.［2015-04-14］. http://jingji.cntv.cn/2015/04/14/ARTI1428973058487984.shtml.

结　论

2017年5月14日，习近平总书记在"一带一路"国际合作高峰论坛开幕式上发表了主旨演讲，表示中国将加大对"一带一路"建设资金支持，向丝路基金新增资金1000亿元人民币，鼓励金融机构开展人民币海外基金业务，规模预计约3000亿元人民币；同时还提供600亿元人民币，为参与"一带一路"建设的发展中国家和国际组织给予援助，建设更多民生项目。可见我国为"一带一路"文化遗产保护和合作提供了充足的资金支持，同时也为沿线国家的交流合作提供了一定的扶持援助。

针对"一带一路"共建国家文化遗产保护，各国之间进行了深入的交流合作，既遵循历史经验，也符合现实需要，具有广阔多元的前景。对我国来说，这是传承和弘扬中华优秀传统文化、增强文化自信和文化自觉的有效途径；同时，这也是促进沿线多民族、多国家文化交流，增进理解、提升包容和欣赏的有效渠道。

三、呈现多元的交流协作形式

对"一带一路"共建国家文化遗产的保护不是某些专家或某国政府的专门任务，而是沿线每个国家和民族的义务和职责，甚至可以说是全人类共同进步和发展的使命和担当。为了开展和推动协作交流，加强联合研究和保护工作，还需要创新合作机制和搭建交流平台，积极探索与"一带一路"共建国家和地区开展文化遗产保护的多元交流协作形式。

联合保护和联合考古。国家文物局积极发挥文物工作独特优势，不断加强与联合国教科文组织、世界银行等国际组织的深度合作，不断提高文化遗产国际参与能力，同时向世界传播文化遗产保护的中国声音。国家文物局颁发《国家文物事业发展"十三五"规划》，提出要加强与文化遗产国际组织的深度合作，提高文化遗产国际公约履约水平；扩大与各国政府间文物交流互动，推动与更多国家签署防止盗窃、挖掘和非法进出境文物的双边协定，构建稳定、多维的政府间文物合作网络；加强文物进出境管理，推广文物身份电子标识，实现文物进出境审核管理信息化、标准化；积极建设"一带一路"文化遗产长廊；加强中华文化对外交流，推出一批具有中国内涵、国际表达、创意融合的对外文物展览，引进一批高水平来华文物展览。继2014年"丝绸之路：长安—天山廊道的路网"申遗成功之后，中国积极推动海上丝绸之路申遗，还与塔吉克斯坦、印度、孟加拉国、伊朗等沿线多国合作开展古丝绸之路遗址的考古发掘，积极推进柬埔寨吴哥窟古迹茶胶寺、乌兹别克斯坦花剌子模州希瓦古城、蒙古国科伦巴尔古塔等文物修复项目，既填补了丝绸之路沿线国家文明发展史上的空白，又使丝绸之路的精神得到更好的延续。总之，国家政府机构可以采取通过跨国申遗、援助修缮、联合考古等方式，规划一系列富有成效的文化遗产国际交流与合作的路径。

联合举办国际文化活动。如实施"非遗"的跨国界、跨区域的文化交流和展演活动。从2003年起，我国逐步开展对外文化交流活动，先后举办了中法文化年、中俄文化年、中意文化年等大型活动，将我国传统戏曲、杂技等特色"非遗"项目向外国民众进行了集中展演。近年来在节庆盛典、旅游展览中传播推广"非遗"项目越来越成为"一带一路"共建国家和地区的共识，一系列"非遗"传播平台和活动也彰显出巨大的影响力和创造力。重要的节庆活动包括中国举办的亚洲艺术节、成都国际非物质文化遗产节、丝绸之路（敦煌）国际文化博览会、中国-东盟博览会、南宁国际民歌艺术节、甘肃天水伏羲文化旅游节，以及沿线国家举办的东盟木偶节、越南-东盟联合国教科文组织遗产节、阿布扎比中国"非遗"文化艺术品博览会、老挝"欢乐春节"庙会、大马文化缤纷节、菲律宾狂欢节、柬埔寨高棉文化展、缅甸结夏点灯节和克钦族目瑙节等。随着"一带一路"的持续推进，我国沿线各地的"非遗"保护工作更加主动，如福建先后举办了海上丝绸之路非物质文化遗产系列展、"一带一路"非物质文化遗产精品展，新疆积极组织麦西热甫到卡拉奇、德黑兰、安卡拉、塔什干、杜尚别等国外城市演出，有效带动了商贸、旅游业的发展。①

成立交流合作的联合组织。联合组织可以围绕共同关心的事物和问题，进行联合攻关，形成合力，进而带动资源共享、成果转化、人才交流并发挥智库智囊作用。2017年，丝绸之路文物科技创新联盟在上海成立，该联盟是全新的文化遗产国际保护平台，在国家文物局指导下，由国内外文博机构、高等院校、科研院所和相关企事业单位等共同建立，是聚焦丝绸之路文物科技创新领域的跨学科、跨领域、跨行业、跨部门的非政府科技合作组织。丝绸之路文物科技创新联盟致力于战略研究和技术创新，为丝绸之路沿线国家的文物科技创新提供资源共享、成果转化和人才培养服务，充分发挥科学技术对文物保护的支撑引领作用，以此服务"一带一路"长远愿景。例如，除了人员交流、人员培训，丝绸之路文物科技创新联盟"将加快推进智库建设，强化在文物科技创新的顶层设计、政策制定、平台建设、人才培养和公共服务等方面的能力；制定跨区域文物科技的发展战略与中长期规划，为整合利用社会优质科技资源、开展技术协作、提高丝绸之路沿线文物科技水平提供指导"。2019年6月，由多个中外学术机构组成的国际丝绸之路研究联盟、中国博物馆协会丝绸之路沿线博物馆专业委员会倡议于每年6月22日前后一周内举办不同形式与丝绸之路相关的主题活动。"2020丝绸之路周"在此倡议下应运而生，由中国学者发起和主导，12个丝路沿线国家专家学者共同参与的"世界丝绸互动地图"也同时启动，采集世界范围内的丝绸之路相关遗产，共同研究展示丝绸起源、传播、交流的时空规律。

举办高级文化遗产保护论坛。举办研讨论坛，联合出版成果。作为人类智慧的结晶，非物质文化遗产是民心相通的重要桥梁，在深化文化交流

---

① 谢中元."一带一路"建设与非物质文化遗产保护问题探论［J］.理论导刊，2017，392（7）：78-82.

方面具有独特优势。2017年6月，第五届国际（上海）非物质文化遗产保护论坛在上海举行，8个"一带一路"共建国家的"非遗"保护领域专家一致认为，加强"一带一路"共建国家在"非遗"领域的合作是正当其时的举措。

以共商、共建、共享为原则，促进文明交流互鉴，积极推动中华文化走出去。中国与"一带一路"共建国家的文化文物交流合作形式新、内容多、规模大、影响广，一座座"民心相通之桥"正在中国与各国之间搭建起来，尤其对于同源共享的文化遗产联合保护、研究、人员培训、项目交流和联合申报有着独特的优势，是大有可为的领域。

四、不断增强话语权

过去，世界文化遗产保护与传承理念的提出和体系设计，在很大程度上是从西方文化遗产保护和管理实践的总结基础上得出的，它的发展与完善也主要由西方国家主导和推进。比如，与中国接壤的中亚国家是与丝绸之路、中国历史和文化最密切的地区，甚至可视为唐代历史的一部分。这里常年有俄罗斯、英国、法国、意大利、日本等国家的考古队在从事发掘工作，以至于我们在与中国历史和文化有密切关联的国际粟特学、突厥学、波斯学等领域少有建树和发言权。①

随着文化遗产受到全世界人类的重视和各国政府的积极响应，特别是世界各文明之间不断地相互交流、彼此影响，许多国家将文明弘扬、文化遗产传承作为提升文化软实力的重要举措，并将推广、宣传核心文化价值观作为提高国际影响力和竞争力的重要战略。世界文化遗产保护和传承领域的话语权逐渐多元化，我国也逐渐树立并完善文化遗产保护的大国形象，

---

① 李丕宇. "一带一路"背景下"丝绸之路"历史文化遗产研究的双向视域[J]. 齐鲁艺苑，2017，155（2）：4-8.

同时强化了话语权意识，并采取了一系列相应工程措施。

（一）加强外向型研究

内向型研究的国家主要研究自身和内部事务，主要热心于对进入、传入、带入辖境内外来事物的相关研究，具有维护自我的用意和价值取向。这种类型的研究在我国古代历史中较为明显，特别是在盛世时期更为常见。外向型研究采用的是一种立于自身而关怀天下的思维和研究视角，重视对境外国家、国际事务、异域历史文化的主动性、开放性、长远性、战略性研究，同时高度重视对中国走出去、参与国际文化建构等方面的相关研究。

在对外研究方面，包括文化遗产研究的文化研究与国家、种族、文化、艺术和政治的综合研究密不可分。因此，研究过程应把握三个重心：首先，应对域外国家进行有计划、深入、全面的研究，而不是临时抱佛脚式、片面、临时的研究，如可对语言、历史、宗教、文化、艺术、风俗、政治、经济、法律、地理、军事等方面进行长期的研究。其次，对国际关系、区域关系和全球格局进行宏观性、战略性的研究，而不是瞎子摸象式的猜测和以"专家"误判作为托词，如世界政治权力和管辖权的变换、民族冲突和迁徙、征伐和议和等，现实中的领土和边境争议、国家和军事利益、政治经济和资源格局、国际法和各国法律等。再次，对有着紧密政治地缘关系、文化同源的区域进行相关统一规划，最好做到"一国一研究"，以此争取文化遗产研究乃至文化战略研究的话语权。"如果说内向型研究是一种守己以应事、吸纳以归化的研究思路，那么外向型研究则可以说是知彼以谋事、合作以通化的研究思路。可见，只有具备双向研究视域，才是全面的、主动的、可以立于不败之地的研究策略。"[1]

同时，不断加强历史上的"走出去"研究。在文化遗产研究中，在涉

---

[1] 李丕宇."一带一路"背景下"丝绸之路"历史文化遗产研究的双向视域[J]. 齐鲁艺苑，2017，155（2）：4-8.

及历史上中国人走进西域、走向海外和中国文化西传的历史研究中，要先挖掘其历史价值，展示其"走出去"的智慧，而后着重分析对后世的影响，如中国走进西域的历史人物在当地的史记、中国在西域的历史遗迹、中国文化在西域诸国的传播和影响研究等。另外，还有关于西域诸国对中国人和中国文化历史的回应、域外国家对中国历史的记述和研究记载等研究，如国外寺庙宫殿遗址、古建筑、壁画碑文等。通过"走出去"研究，专家学者可以进行当代中国"走出夫"战略、途径和方式方法的深度思考，开展"一带一路"共建国家对当代中国的认同、理解和欣赏等方面的研究。

（二）开展文物保护援外工程

实施保护文物援外项目的过程也是促进文化交融、民心相通的重要过程。文物保护援外也被称作暖心之举，因为帮助当地人修复具有重要历史意义和文化价值的古建筑、古遗址等项目，其影响力和受欢迎程度远超过一般性工程。文物保护援外工程在国家外交中的独特作用日渐突出，已成为"一带一路"倡议实施的重要推动力。往往这些工程项目由多国文物保护专业队伍申请和竞标，而我国的参与具有两方面意义：一是提高我国的文物修复能力和水平，和同行交流积累保护修缮经验；二是有助于展示我国文化价值的标准和规则，提供中国方案，同时展示好中国形象、传播好中国声音。

近年来，中国开展文物保护援外和联合考古工作取得一定成绩。国家文物局相关负责人介绍，中国文物保护援外和联合考古项目在周边国家已形成较为完整的项目链。其中，历史古迹保护修复覆盖6个国家的8个项目，联合考古合作覆盖12个国家的15个项目，为"一带一路"文化建设提供了坚实支撑。2014年，中国同乌兹别克斯坦共同决定在希瓦古城开展历史文化遗迹保护修复工作。2018年，国家文物局除了稳步推进已有项目，还在巴基斯坦、斯里兰卡等国家择机开展新的文物援助项目，并在

"一带一路"框架下推进在沙特、伊朗、乌兹别克斯坦等国家的联合考古、规划设计和保护修复项目。在中乌两国文物保护工作者的共同努力之下，2020年，中国援助乌兹别克斯坦花剌子模州历史文化及修复项目作为首个中乌文物保护修复项目圆满完成。国家文物局有关负责人表示，下一步将逐步建立中国文物保护援外工作机制，广泛动员并充分依靠地方、行业和高校力量，支持更多有能力、有水平的中国文物保护力量"走出去""落下地"[①]。

---

① 陈璐.文物保护援外工程成文化外交新亮点［N］.中国文化报，2018-02-14（4）.

第一章
"一带一路"文化遗产概述

> 本章节主要从理论思维和概念辨析的基础层面,对"一带一路"文化遗产的概念、类型、特征和文化使命进行文献整理和分析论述,在凸显烘托丝路文化建设意义和价值的同时,从理论理念基底搭建层面为其后章节从多种不同维度探讨展开做好铺垫。

中国自古以来就有与其他国家友好来往的传统,习近平主席在博鳌亚洲论坛2015年年会的主题演讲中提到,"一带一路"倡议不是中国一家的独奏,而是沿线国家的合唱。古丝绸之路是东西方文明交流的核心纽带,从中国丝绸、茶叶、瓷器和四大发明到西域香料、珠宝、医药、汗血马,丝路连通的不只是商品经济贸易,更是东西方文明的文化缔结。[①] 在漫长的历史岁月中,两条丝绸之路已经成为横跨欧亚的走廊,如何保证长效合作机制持续性焕发生命力,经济贸易协作是基础,文化文明建设是精神底蕴和根基。因此,文化建设是"一带一路"的重大议题,文化遗产保护决定

---

① 范周."一带一路"的文化遗产价值体现与保护利用[J].遗产与保护研究,2016,1(1):18-21.

了"一带一路"文化发展的底蕴和潜力。① 丝路这条绵长的文化走廊上融合了不同的文化，集合了不同地域的文明精粹，如东西方文明、阿拉伯文明、恒河文明、游牧文化、农耕文化、海洋文化等。"一带一路"的文化精神是开放包容、求同存异的，既追求多元文化的拥抱和融合，也保护不同文明、价值观体系、民族信息和异质文化等方面共生共存的合理性需求，这是顺应文化全球化发展趋势和遵循和而不同事物发生发展规律的。可以说，文化多样性是文化遗产保护的价值基础，"一带一路"所倡议的文化包容的利益共同体理念和和平、发展、合作、共赢的主旨，都与联合国教科文组织保护非物质文化遗产的实践在尊重文化多样性、促进文化间对话、建设和谐文化的目标上是一致的。②

第一节 概念界定

一、文化遗产概念

文化遗产（cultural heritage）作为一个新兴的概念使用越来越广泛。对这个概念进行科学界定，对"一带一路"共建国家文化遗产的探索、研究、保护和策略化应用都具有重要的指导意义。要定义"一带一路"文化遗产，必须先了解"文化遗产"的概念。"文化遗产"在中国是一个全新的概念，在学术界尚未形成一致的界定。目前我们见到的"文化遗产"的概念大多

---

① 范周."一带一路"的文化遗产价值体现与保护利用［J］.遗产与保护研究，2016，1（1）：18-21.
② 朱刚."一带一路"倡议与非物质文化遗产保护的国际合作［J］.西北民族研究，2017，94（3）：39-47.

来自国际公约或政府性文件,且自20世纪50年代以来,"遗产"或"文化遗产"概念从内涵到外延都有了相应的拓展和延伸。① 具体而言,"文化遗产"概念指涉范围越来越广,它同时包含两种相互关联遗产形态——物质文化遗产和非物质文化遗产。2003年,联合国教科文组织颁布了《保护非物质文化遗产公约》,将文化遗产进一步分为物质文化遗产和非物质文化遗产。非物质文化遗产指与人的生活世界息息相关的口头传统、表演艺术、仪式、节日、传统知识和传统手工艺等文化表现形式。这种概念的界定主要是从有无具体物理空间形态角度来说的,既引导人们承认"人类共同享有的遗产",又在肯定文化多样性的基础上为文化形塑提供源源不断的创造力之源。

此外,一些标志性且具有历史象征意义的文件也从不同学科研究视角及物质性呈现、艺术审美的角度对文化遗产进行了相应的概念性界定。1972年11月16日,联合国教科文组织大会第17届会议在巴黎通过了《保护世界文化和自然遗产公约》,该公约对文化遗产做了以下规定:

> 文物:从历史、艺术和科学角度来看,具有突出的普遍价值的建筑物、碑雕和碑画,具有考古性质成分或结构的铭文、洞窟及联合体;建筑群:从历史、艺术和科学角度来看,在建筑式样、分布均匀或与环境风景结合方面,具有突出的普遍价值的单立或连接的建筑群;遗址:从历史、审美、人种学或人类学角度来看,具有突出的普遍价值的人类工程、自然与人联合工程及考古地址等地方。

该公约将文化遗产分为三大类:文物、建筑群、遗址,从内容上看,这些文物相当于我国"文物"概念中的不可移动文物。世界遗产名

---

① 朝戈金."一带一路"话语体系建设与文化遗产保护[J].西北民族研究,2017,94(3):5-16.

录中以文化遗产、自然遗产和自然文化混合遗产三种类别进行相应的划分。随着第41届世界遗产委员会于2017年7月在波兰克拉科夫落幕，列入该名录中的遗产项目已达1073处，文化遗产832处。此外，联合国教科文组织于1992年发起世界记忆工程，目的是实施对世界文化遗产的保护和保管任务，促进文化遗产应用的民主化。在联合国教科文组织第38届大会期间批准的《关于保存和获取包括数字遗产在内的文献遗产的建设书》(2015年)，也已经成为保护世界文献遗产的标准化工具。除了对陆上文化遗产的保护，水下遗产的定义和保护范畴也是有相关规定的。2001年《保护水下文化遗产公约》规定，水下文化遗产主要指的是至少100年来，周期性、部分或全部位于水下的具有文化、历史或考古价值的所有人类生存遗迹，如遗址、建筑、房屋、工艺品、人类遗骸及有考古价值的环境和自然环境。古沉船、沉没的城市及被淹没的洞穴等都对人类文明具有重大的历史文化意义，应给予广泛的关注和高度的重视。

我国起初没有"文化遗产"这一概念，与之相对应的是"文物"，《中华人民共和国文物保护法》第2条第1款明确规定了受法律保护文物的范围。为了做好我国的文化遗产保护工作，2005年《国务院关于加强文化遗产保护的通知》(国发〔2005〕42号)发布，该通知规定："文化遗产包括物质文化遗产和非物质文化遗产。物质文化遗产是具有历史、艺术和科学价值的文物，包括古遗址、古墓葬、古建筑、石窟寺、石刻、壁画、近代现代重要史迹及代表性建筑等不可移动文物，历史上各时代的重要实物、艺术品、文献、手稿、图书资料等可移动文物，以及在建筑式样、分布均匀或与环境景色结合方面具有突出普遍价值的历史文化名城（街区、村镇）。非物质文化遗产是指各种以非物质形态存在的与群众生活密切相关、世代相承的传统文化表现形式，包括口头传统、传统表演艺术、民俗活动、礼仪和节庆、自然界和宇宙中的民间传统知识和实践、传统手工艺技能等，以及与上述传统文化表现形式相关的文化空间。"这个规定明显是根据联合国教科文组织关于文化遗产的两个公约整合而成。

由此可见,以上概念阐释主要是基于文化遗产的物理空间形态及其在不同审视维度所包含的具体范围而言的。概言之,"文化遗产"概念主要包括几个方面的特征:首先,它是伴随历史、文化和社会进程不断延续且动态发展的,具备一定的时间积淀,具有历时性特征和文化情境稀缺所属特性;其次,具备自然属性和空间特征,如陆地和水域、物质和非物质;再次,具备一定的学科研究归纳特点,同时具有官方定义和民俗民族文化参与的特性。"文化遗产"作为一个新兴的概念,本身并非一成不变的,随着社会的发展和人们认识水平的提高,人们对文化遗产也会有不同的理解和看法,所以给"文化遗产"一个准确的概念是非常困难的,这需要在理论研究和实践应用中慢慢探索。

二、"一带一路"文化遗产

"一带一路"倡议是中国提出构建人类命运共同体的重要平台,它对世界非物质文化遗产保护共同体的建设和全球多元文化持续发展提供和传播中国智慧和中国策略。古丝绸之路的历史文明符号并没有随着时间的推移而消逝,共同打造政治互信、经济融合、文化包容的利益共同体、命运共同体和责任共同体,应是整个人类社会的美好追求。习近平主席在"一带一路"国际合作高峰论坛开幕式上发表主旨演讲时强调,"一带一路"建设植根于丝绸之路的历史土壤,重点面向亚欧非大陆。不论来自亚洲、欧洲,还是非洲、美洲,都是"一带一路"建设国际合作的伙伴。[1]

---

[1] 习近平. 携手推进"一带一路"建设:在"一带一路"国际合作高峰论坛开幕式上的演讲(2017年5月14日)[M]. 北京:人民出版社,2017.

第一章 "一带一路"文化遗产概述

"一带一路"共建国家的历史文化资源、物质文化遗产和非物质文化遗产异常丰富。联合国教科文组织人类非物质文化遗产代表作名录中对于人类文明传承和实践有着重要意义的文化遗产做了翔实的记录。其中有很多编写在内的遗产名录都来自"一带一路"共建国家,如俄罗斯塞梅斯基的口头文化、意大利西西里木偶剧、土耳其迈达赫艺术等"非遗"艺术资源,还有我国境内陕西、河南、青海、宁夏、甘肃和新疆等区域的历史文化遗址,都是"一带一路"文化遗产。① "非遗"材料原真、类型多广,富含多元地域基因元素和民俗文化色彩,有着深厚的人类文明传承意义和国际市场价值。根据世界文化遗产公约和我国对文化遗产的划定,可以认为"一带一路"文化遗产是在陆上和海上丝绸之路存续期间,沿线各国、各族人民创造的一切物质财富和精神财富,包括以下内容:在古代陆上和海上丝绸之路沿线或与两者有关的有历史、艺术和科学价值的文物,包括古遗址、古墓葬、古建筑、石窟寺、石刻、壁画等不可移动文物;在古代陆上和海上丝绸之路沿线或与两者有关的艺术品、文献、手稿、图书资料等可移动文物;在古代陆上和海上丝绸之路沿线或与两者有关的各种以非物质形态存在的与群众生活密切相关、世代相承的传统文化表现形式,包括口头传统、传统表演艺术、民俗活动、礼仪和节庆、自然界和宇宙中的民间传统知识和实践、传统手工艺技能等。

如同文化遗产一样,准确定义"一带一路"文化遗产是较为困难的。结合"一带一路"倡议,简单而言,"一带一路"文化遗产,即分布在陆上和海上丝绸之路沿线或与两者有关的文化遗产。从时间来看,它应该贯穿陆上和海上丝绸之路的全部历史时期;从空间来看,它应该包括陆上和海上丝绸之路沿线的一切国家和地区;但从构建人类命运共同体维度来看,它又不仅限于这些沿线地域和疆土,因为蕴含和平合作、开放包容、互学

---

① 范周."一带一路"的文化遗产价值体现与保护利用[J].遗产与保护研究,2016,1(1):18-21.

互鉴、互利共赢的丝路精神是鼓励文明交流互鉴和共建全人类美好家园的。丝路仅是开端，并不是终点，是不断流动延展的征程，而非孤立封闭的圈地。冲破地域或区域隔阂，推动不同文明的碰撞，促进人类和谐共进，是"一带一路"倡议的应有之义，而在其之上的文化遗产保护是非常行之有效、可持续性推动、对弘扬丝路精神大有助益的重要发展维度，应是全球范围内共同关注的议题。

第二节 类型辨析

一、文化遗产类型

从联合国教科文组织和我国对文化遗产的规定来看，文化遗产主要分为物质文化遗产和非物质文化遗产。这种分类方法较为全面地概况了文化遗产的内容，得到了部分学者的认可。物质文化遗产也称"有形文化遗产"，即传统意义上的文化遗产。根据《保护世界文化和自然遗产公约》（简称《世界遗产公约》），物质文化遗产主要包括历史文物、历史建筑和人类文化遗址等。依据《中华人民共和国非物质文化遗产法》，非物质文化遗产是指各族人民世代相传并视为其文化遗产组成部分的各种传统文化表现形式，以及与传统文化表现形式相关的实物和场所。非物质文化遗产主要包含六个部分，即传统口头文学及属于传统口头文学组成部分的语言文化遗产；传统美术、书法、音乐、舞蹈、戏剧和曲艺文化遗产；传统技艺、医药和历法遗产；传统礼仪、节庆等民俗遗产；传统体育、游艺、杂技遗产及其他非物质文化遗产等。

还有学者提出了其他分类方法，孙华将物质文化遗产分为不可移动文物和可移动文物。①其中不可移动文物包含遗址、文物（纪念物）、建筑和雕刻等，节庆礼仪、民间美术、表演艺术、技术工艺和传说故事等则属于非物质文化遗产。此外，他还将"文化景观"独立于物质文化遗产和非物质文化遗产之外，列为第三种文化遗产。

　　熊寰将中国目前的文化遗产分为四大类：物质性文化遗产、记忆性文化遗产、技术性文化遗产和社会性文化遗产。②物质性文化遗产主要指重要的不可移动类文物，如故宫、半坡遗址等。因为物质性文化遗产承载和生产的文化已经消亡，所以其主要特征为关注"物"及其消逝的文化，以及着力于如何妥善保护、保存物质性文化遗产的问题。记忆性文化遗产指口头传说、节庆仪式等与集体记忆相关的非物质文化遗产内容。其共性是要依靠人的记忆传承，如果中断传承，就无法再恢复此类记忆遗产。由于该类遗产受社会文化变迁的束缚较小，其体现更多的是社会文化内涵，所以此类文化遗产的传承如果受到社会重视，则比较容易得到永续传承和复兴。技术性文化遗产是指传统技艺类非物质文化遗产，这类技艺主要通过传统式的师徒传授方式传承，但在一定程度上，一些技术性文化遗产也可以通过现代科技分析其原理的方式得到恢复。如传统制瓷技艺，历史上许多釉色品种的制作技艺都已失传，但后世仍可依靠其制作原理，使用传统方法进行复原，从而使遗产得到再现和传承。社会性文化遗产指以物质为载体，重点关注与其密切相关的社会文化内涵，如乡土建筑、传统服饰等。同时，社会性文化遗产中的物质不仅是载体，它还生产与之相关的社会文化，在本质上仍属于文化研究。由于社会性文化遗产受社会结构和文化的影响较大，所以变化得比较快，因此该类文化遗产要实现实质性传承和复兴具有一定难度。

---

① 孙华，陈筱.文物保护建筑初论[J].中国文化遗产，2018（1）：63-77.
② 参见熊寰《空间生产视域下的乡土建筑遗产研究：以广东上长岭村围龙屋为中心》[选自《艺术人类学与当代社会发展：2015年中国艺术人类学国际学术研讨会论文集（上）》]。

此外，文化遗产根据不同的内容，还有文化景观、文化线路、产业遗产、文献遗产、记忆遗产等形式。基于以上内容可以基本认同：文化遗产可分为物质文化遗产和非物质文化遗产两大类；物质文化遗产可分为可移动文物和不可移动文物；非物质文化遗产依据《中华人民共和国非物质文化遗产法》中的认定内容进行分类。

二、"一带一路"文化遗产类型

陆上和海上丝绸之路属于文化线路遗产。"文化线路"是一个新兴概念，1994年，文化线路遗产专家会议在西班牙马德里召开，会议一致认为：应将文化线路作为文化遗产的一部分，由此第一次提出了"文化线路"这个新概念。会议报告中将文化线路定义为："遗产线路是由物质要素构成的，它的文化重要性源于国家和地区之间的交流和对话，它反映了在时空范围中由运动产生的文化交流间的相互作用。"1998年，国际古迹遗址理事会（ICOMOS）成立了文化线路国际科学委员会（CIIC），对"文化线路"这个新概念的内涵、价值、意义及其保护策略展开了研究。2008年，在加拿大魁北克召开的国际古迹遗址理事会第16届大会上通过了《关于文化线路的国际古迹遗址理事会宪章》，该宪章认为，文化线路是指"任何交通线路，无论是陆路、水路，还是其他交通类型，以拥有清晰的物理界限、自身特定活力和历史功能为特征，且必须满足以下三个条件：第一，文化线路必须产生于人类跨越较长历史时期的民族、国家和地区之间，反映人类进行具有多维、持续和互惠特征的商品、思想、知识和价值观的相互往来和交流；第二，文化线路需要在时间上促进文化交流，并以物质和非物质文化遗产的形式反映交流成果；第三，文化线路需要存在于历史和文化遗产相关联的动态系统中"。

自1993年以来，西班牙的康波斯戴拉的圣地亚哥线路、法国境内的康波斯戴拉的圣地亚哥线路、沿安第斯山脉南北贯通整个南美洲的（The Qhapaq Nan）安第斯山区道路系统、我国的京杭大运河和"丝绸之路：长安—天山廊道的路网"等都被作为文化线路列入世界遗产名录。需要指出的是，文化线路并不是一种文化遗产类型，而是一个概念。截止到2014年4月，文化线路还尚未作为新型的遗产类型被纳入联合国教科文组织世界遗产名录的范畴。

根据文化遗产的概念、分类方法和"一带一路"文化遗产的实际情况，我们将"一带一路"文化遗产主要分为物质文化遗产和非物质文化遗产两大类型。

（一）"一带一路"物质文化遗产

"一带一路"物质文化遗产主要分为不可移动文物和可移动文物。

1. 不可移动文物

不可移动文物，即不可通过外力移动，且移动后会影响其文化价值和文化性能的文物，主要分为古遗址、古墓葬、古建筑、石窟寺、石刻和壁画等。

（1）古遗址。

古遗址是指古代人类社会生产生活活动留下的遗迹。在丝绸之路沿线，古遗址数量和种类众多。例如，位于新疆吉木萨尔县的北庭古城遗址，曾是公元7世纪至14世纪唐代庭州、北庭都护府和北庭节度使的治所。该古遗址主要包括北庭故城城址、城址西部的北庭高昌回鹘佛寺遗址两部分。又如位于陕西省西安市的汉长安城未央宫遗址曾是汉长安城的核心组成部分，是西汉都城最重要的宫殿之一。其宫城平面近似正方形，面积为4.8平方千米，前殿北部主要有椒房殿、中央官署及少府等皇家建筑，宫城北部有皇室的文化性建筑，如天禄阁、石渠阁等，西南部为皇宫池苑区，有沧池等文化遗存。

（2）古墓葬。

古墓葬指古代人采取一定风俗方式对死者进行埋葬的遗迹，包括墓穴、葬具、随葬器物和墓地。例如位于陕西省固县的张骞墓，张骞是丝绸之路的开创者，其墓葬坐北朝南，南北长35.6米，东西宽20米，高5米，呈覆斗形。1938年国立西北联合大学对张骞墓进行了初步发掘，出土的"博望造铭"封泥、墓前碑石和汉代石雕等文物，使之确认为汉博望侯张骞之墓。又如位于南京牛首山的郑和墓。郑和是明代伟大的航海家，其墓圹呈长方形，长约150米，东西宽约60米，墓顶高约8米。墓盖下部雕饰祥云草叶莲花座，顶部有青石所制塔式墓盖，刻有阿拉伯文"泰斯米叶"，具有重要的文物遗产研究价值。

（3）古建筑。

古建筑是指具有历史、艺术、科学价值的古代建筑。丝绸之路沿线分布着众多各个历史时期的古代建筑，如位于新疆库车县城西北的克孜尔尕哈烽燧，烽燧呈长方形，残高约13米，东西长6.5米，南北宽4.5米，由基底向上逐渐收缩呈四棱台状。该烽燧是公元前2世纪至公元3世纪汉代设在天山南麓交通沿线的军事警戒保障设施，是丝绸之路交通沿线诸多烽燧遗迹中至今保存最好、规模最大的代表性烽燧，对研究丝路交通、军事通信、文化、建筑等都具有较高的历史文化价值。海上丝绸之路沿线古建筑也十分有特色，如位于泉州市的洛阳桥，又名"万安桥"，始建于北宋皇祐五年（1053年），1059年完工。洛阳桥由花岗石砌筑，长731米，宽4.5米。桥墩45座，两侧护栏有500根栏杆石柱，其中28根为狮身栏柱，所用石桥板最大的长11米，宽0.98米，厚0.8米。每块桥板重几吨至十几吨，施工难度非常大。此桥的建设运用了养蛎固基法，这也是世界上第一个把生物学运用于桥梁工程的创举。泉州桥梁众多，仅有记载的大型桥梁就有106座，有"闽中桥梁甲天下，泉州桥梁甲闽中"之称，洛阳桥是其中最为杰出的中国历史上第一座跨海梁式石桥。

(4) 石窟寺。

石窟寺是指依靠山势，从山崖壁面向内部纵深开凿的古代庙宇建筑，里面大多有宗教造像或宗教故事的壁画。丝绸之路沿线各地基本上都存在佛教石窟寺，著名的有敦煌石窟、龙门石窟、克孜尔石窟等。如位于陕西省彬州市城关镇的大佛寺石窟，始凿于南北朝时期，大规模开凿于唐初，唐太宗贞观二年（628年）基本建成。该石窟是盛唐时期唐代都城长安及周边地区中国式佛教石窟艺术的重要遗存，现存石窟116个，佛龛446处，造像1980余尊，其大佛形象以阿弥陀佛取代释迦牟尼，展现了佛教东传至中原后的中国本土化吸收、演变和发展历程。

(5) 石刻。

石刻是在山崖或单体石块上进行刻画的艺术形式。如泉州九日山祈风石刻，共有石刻78方，是12世纪至13世纪泉州地方政府主持航海祭祀活动的重要石刻文字记录，也是现存唯一的古代政府对航海活动进行国家祭典的石刻文字记录。该山石刻体现了古代泉州海上贸易的繁盛及海洋贸易管理制度的成熟，也反映了顺应自然、独具特色的东方海洋文化。又如清源山是多元宗教文化荟萃之地，有宋元时期雕刻7处，涉及佛教、道教等不同宗教内容，这些石刻生动见证了海上丝绸之路繁荣时期泉州地区文化生活的兴盛。

(6) 壁画。

壁画是指在墙壁上的画，大多出现在古代石窟、墓室或寺观的墙壁上。丝绸之路沿线的壁画大多是佛教题材的壁画，著名的有敦煌石窟壁画、克孜尔石窟壁画、柏孜克里克石窟壁画等。敦煌壁画包括敦煌莫高窟、西千佛洞和安西榆林窟等石窟共552个，历代壁画有5万多平方米，是我国乃至世界壁画最多的石窟群。敦煌壁画内容丰富、规模巨大、技艺精湛，是敦煌艺术的主要组成部分。柏孜克里克石窟位于吐鲁番东部的火焰山木头沟中，现存洞窟83个，其中有壁画的石窟40多个，壁画保存面积达1200

多平方米，大多为高昌回鹘时期的壁画。

2. 可移动文物

可移动文物，即可以通过外力移动，且移动后不改变其价值和性能的文物，分为重要实物、艺术品、文献和手稿等。

（1）重要实物。

文物实物是研究丝绸之路沿线历史文化的重要资料，如在丝绸之路沿线出土的大量波斯金币和罗马金币，就很好地证明了当时中国与丝绸之路沿线国家间广泛的经济交往和文化交流。同时，唐朝各类胡人乐俑的出现，说明了当时长安城里居住着大量的胡人商人。

（2）艺术品。

陆上和海上丝绸之路沿线国家的艺术品可谓种类繁多、琳琅满目，遍及各个历史时期，主要有金银器、玉器、瓷器、陶器和丝织品等，这些艺术品都间接证明了陆上和海上丝绸之路的繁华。

（3）文献。

文献对文化历史的科学研究至关重要。如著名的敦煌文书的发现，对研究古代敦煌及河西走廊地区的政治、经济、文化、社会发展等各方面内容提供了丰富的文献材料。

（4）手稿。

新疆各地出土的各类汉文、龟兹文、焉耆文、回鹘文等文字简牍、文书、信件和经文等重要文物手稿，不仅是研究中国历史文化的珍贵一手资料，而且其承载的历史文化信息对中亚乃至世界民族、文化史的研究也有着不可或缺的意义。

（二）"一带一路"非物质文化遗产

"一带一路"非物质文化遗产主要分为节庆礼仪、民间美术、表演艺术、技艺及传说故事等。

1. 节庆礼仪

在海上丝绸之路沿线国家，大多存在着妈祖文化。妈祖又称天上圣母、天后、天后娘娘、天妃、湄洲娘妈等，传说是北宋福建莆田湄洲屿的一位女子，因在海上救人而死，于是人们就在湄洲屿立庙祠供奉之。每年的农历三月二十三和九月初九分别是妈祖的诞生日和忌日，这一天东南沿海的居民都会举行隆重的纪念活动。

2. 民间美术

民间美术在海上丝绸之路沿线国家非常盛行且种类繁多。较为著名的有广州的象牙雕刻、核雕、玉雕及泉州的剪纸艺术等。

3. 表演艺术

丝绸之路沿线国家人民能歌善舞，木卡姆艺术就能很好地诠释这一点。木卡姆源于西域本土民族文化，深受波斯－阿拉伯音乐文化的影响。木卡姆的阿拉伯语语义为规范、聚会等。木卡姆艺术运用音乐、文学、舞蹈、戏剧等多种语言和艺术形式表现了维吾尔族人民丰富多彩的生活内容和乐观向上的性格，被称为维吾尔族人民社会生活的百科全书。木卡姆分布地区广泛，种类繁多，阿拉伯、波斯、土耳其、印度、中亚等丝绸之路沿线国家均有木卡姆艺术。"一带一路"倡议对丝路沿线国家表演艺术的广泛传播和文化交流所发挥的巨大作用可见一斑。

4. 技艺

技艺是非物质文化遗产的重要组成部分。海上丝绸之路沿线国家广泛保存着很多流传至今的传统技艺，如泉州的福船制造技艺，黄氏造船世家曾参加大规模的造船工程，统管船艺设计、工程规划、材料统筹及监匠训导。洪武年间，随着黄氏入闽福船，制造技艺也随之传入泉港区峰尾镇，并世代相传。泉州的福船制造技艺不仅在泉港地区广泛传承，而且还流传到福州、厦门、湄洲湾和惠安辋川、净峰、崇武、浙江温州等沿海地区，对我国的造船技艺产生了广泛影响。

5. 传说故事

丝绸之路沿线国家民间传说故事不胜枚举。其中著名的维吾尔族史诗《乌古斯传》，是目前所发现最早的回鹘文手抄本，至今已流传一千多年，现藏于法国巴黎国民美术馆。该史诗从以众口相传的方式传播到形成书面形式得以保留，经历过一段漫长的历史过程，内容融会了不同历史时代的特点，并得以不断丰富，艺术上也逐渐臻于成熟。

第三节　基本特征

经过两千多年的发展，陆上和海上丝绸之路留下了丰富的文化遗产，它们既是历史上中国与沿线各国经济贸易的见证，也是文化交流中最大的文化成果。这些成果经历两千多年的历史洗礼依然焕发着勃勃生机，如今的我们既是成果的见证者，也是享受者。

一、悠久的历史和不间断的文化传承

伴随着陆上和海上丝绸之路的起源、兴盛和衰弱，"一带一路"共建国家的文化遗产是两条重要经贸路线悠久历史的见证。

丝绸之路在先秦时期已经形成，西汉时期张骞出使西域，开启了一段惊天动地的历史传奇，距今已经有两千多年。张骞出使西域后，中原地区与新疆地区的文化交流更为频繁和密切。另外，汉朝时期"出使安息、奄蔡、犁靬、条支、身毒等国的使者，一年中多达十几批，少则五六批"[①]。历史上，朝代更替频繁，国策变幻莫测，但是这些都没能阻止人们要求经

[①] 《简明新疆地方史教程》编写组.简明新疆地方史教程[M].乌鲁木齐：新疆教育出版社，2020：29.

济贸易和文化交流的愿望,丝绸之路尽管曾遭受阻断,但一直延续了下来。这使得丝绸之路沿线的文化遗产覆盖了所有的朝代,不仅历史悠久,而且从未中断。就丝绸之路留下的文化遗产来说,既有先秦时期的崤函古道,又有西汉的张骞墓;既有唐代的大雁塔,又有明朝的嘉峪关。

海上丝绸之路也同样有着悠久的历史和连续的传承。西汉时期,南越王墓、南越国宫署遗址等历史遗迹都是早期海上丝绸之路的重要见证。唐朝和宋朝是中国历史上的繁荣鼎盛时期,这一时期,海上丝绸之路也随着国家经济实力的增强而迅速发展起来,文化史迹不胜枚举,如广州的光孝寺、六榕寺塔,泉州的开元寺、清净寺、江口码头,宁波的它山堰、渔浦门码头遗址,福州的怀安窑址等。明清两代,尤其是明代时期,中国的对外交流尤为频繁,海上贸易极为突出,特别是郑和下西洋。无论从当时的朝代兴盛来看,还是站在历史的角度来看,郑和下西洋都极大地加强了中国与亚非国家的友好交往,并且关于郑和的文化遗产更是不胜枚举,如南京的郑和宝船厂遗址、郑和墓,福州的长乐天平港郑和下西洋船队驻泊基地遗址等。可见,以上这些史迹都说明了"一带一路"文化遗产拥有悠久的历史和文化传承。

二、跨区域的地理分布和多国家的关联属性

陆上和海上丝绸之路作为文化线路遗产穿越亚欧大陆,横跨大洋,涉及的范围极为广泛。陆上丝绸之路以中国长安(今西安)为起点,经过中亚向西到达地中海地区,向南则到达印度,东西长约 10 000 千米,南北宽约 3000 千米,区域极其辽阔。海上丝绸之路在中国几乎遍及东方海岸线,一直到达非洲。两者的范围决定了其文化遗产分布的广泛性。

从丝绸之路申报世界文化遗产的角度来看,这不是中国一个国家进行申报,而是多国联合申报。在 2006 年,中国与中亚五国(哈萨克斯坦、乌

兹别克斯坦、吉尔吉斯斯坦、塔吉克斯坦、土库曼斯坦）达成跨国联合申报世界文化遗产名录的共识。在 2011 年，丝绸之路又分为两条路线各自申报：一条是中国、哈萨克斯坦和吉尔吉斯斯坦的跨国廊道；另一条是塔吉克斯坦和乌兹别克斯坦的跨国廊道。在 2014 年 6 月，由中国、哈萨克斯坦、吉尔吉斯斯坦跨国联合申报的丝绸之路项目"丝绸之路：起始段和天山廊道的路网"成功列入世界遗产名录。丝绸之路中国境内有 22 处遗迹，其中包括河南 4 处、陕西 7 处、甘肃 5 处、新疆 6 处，哈萨克斯坦、吉尔吉斯斯坦境内分别有 8 处和 3 处遗迹，这都充分说明丝绸之路文化遗产分布的范围是极其广泛的。

海上丝绸之路的申遗工作也同样如此，已知的中国境内的有南京、北海、广州、漳州、泉州、宁波、扬州、蓬莱、福州等城市共同推进海上丝绸之路列入世界文化遗产名录。随着丝绸之路跨国申报的成功，多国联合申报世界文化遗产在不久的将来也会出现。

迄今为止，"一带一路"倡议已经得到了 60 多个国家的积极响应，而这些国家的文化遗产都可以看作"一带一路"文化遗产，遍及亚洲、欧洲、非洲。

三、多样的遗产类型和丰富的人文内容

"一带一路"文化遗产种类繁多，内容丰富，基本上涉及了文化遗产的所有类型。以已经申遗成功的"丝绸之路：长安—天山廊道的路网"为例，文化遗产就有 33 处之多，类型主要有：

古城镇：交河故城、塔尔加尔遗址、开阿利克遗址等；
古建筑：隋唐洛阳城定鼎门遗址、大雁塔、小雁塔等；
佛教石窟寺：克孜尔石窟、苏巴什佛寺遗址、炳灵寺石窟等；
军事设施：玉门关遗址、克孜尔尕哈烽燧等；

交通设置：悬泉置遗址、新安函谷关遗址、崤函古道遗址等；

墓葬：张骞墓。

这仅仅是大遗址的种类，而每个遗址又有各自丰富的内容。如佛教石窟寺除了佛教造像，还有大量的壁画、石刻、经书等；锁阳城遗址包括锁阳城城址、农业灌溉渠系遗迹、锁阳城墓群和塔尔寺遗址等，出土文物主要有三彩马、驼、俑、丝绸、瓷器、钱币、镇墓兽等；玉门关遗址主要包括小方盘城遗址、大方盘城遗址、汉长城边墙及烽燧遗址等，出土文物包括2400余枚简牍文书和丝织品、兵器、屯田工具、粮食、陶器、积薪、大苣、漆器等。

海上丝绸之路文化遗产的种类也是多种多样，以泉州申遗史迹为例来说，有墓葬——伊斯兰教圣墓，古建筑——洛阳桥，宗教遗迹——开元寺、草庵摩尼光佛造像，码头——石湖码头，石刻——老君像、九日山祈风石刻等。

在少数民族大融合的进程中，丝绸之路发挥着不可磨灭的历史性作用。在丝绸之路经济带上出土的少数民族文献举不胜举，这些文字文献无不印证着民族融合、民族团结与东西方文化的交流。其中不乏佉卢文文献、焉耆-龟兹文文献、于阗文文献、粟特文文献、突厥文文献、回鹘文文献、吐蕃文文献、西夏文文献、蒙古文文献、察合台文文献等在内的少数民族文献，还包括迦叶摩腾、竺法兰、鸠摩罗什、玄奘、通米桑布扎、野利任荣、耶律楚材、萨迦班智达、八思巴、安藏等在内的各国文化传播大师。

这些文化遗迹、文献记载与文化传播大师涉及政治、经济、文化、交通、风俗民情、宗教等多方面，展现了一幅波澜壮阔的丝路画卷。"借鉴丝绸之路各民族文化交往的经验，创造条件，大力进行文化交流"[1]，是历史赋予我们当代人义不容辞的使命。

---

[1] 史金波. 丝绸之路出土的少数民族文字文献与东西方文化交流［J］.敦煌研究，2020（5）：1-10.

四、深厚的文化底蕴和珍贵的遗产价值

两条丝绸之路之所以出名，不仅仅因为它是一条沟通商贸的经济通途。从本质意义来说，经历了两千多年的发展，这条商贸大通道在活跃了经济的同时，也促使多种文明的沟通融合。从地理空间来说，它连接了亚洲、欧洲、非洲等三大区域；从文化空间来说，它连接了中国、古印度、古巴比伦、古埃及四大文明古国，并促使四大文明融合共生，在中亚及中国境内形成了多种文明交汇的情况，开创了绝无仅有的区域文化特色；从历史维度来看，它的开通串联了波斯帝国、马其顿帝国、罗马帝国、奥斯曼帝国等政权，为不同时期的文明交融提供了连接点。

这种广泛的商业活动促使不同地区的文化和制度随着往来的商人进入中国境内。东汉时期佛教的摄摩腾和竺法兰，隋唐时期基督教聂斯托利派阿罗本，此后的孟高维、汤若望、利玛窦沿河丝绸之路进入长安；法显、朱士行、玄奘也沿着丝绸之路纷纷走出国门。从客观上来说，丝绸之路为佛教、基督教、伊斯兰教等世界性宗教的传播提供了便利。除了商贸往来，宗教也成为联系欧亚各个国家的重要纽带。

海上丝绸之路虽然从知名度上没有陆上丝绸之路那么出名，但它所代表的强大影响力同样有着不可取代的作用。自公元前2世纪开始，中国沿海一带的居民就已经开始与距离较近的区域和国家进行贸易。同时，随着航海技术的进步，远洋商贸船队对季风的掌握和利用、大型船只的出现，使得海上贸易得以向更大的范围扩展。

在客观条件上，西晋时期的永嘉之乱、两宋时期对陆上丝绸之路的阻塞，使得中国的对外贸易方式转向了海洋。2017年打捞出1987年发现的南宋沉船"南海一号"，1996年发现了"华光礁1号"，1998年印尼勿里洞岛打捞出了"黑石号"等。这些在海上丝绸之路航线上沉没的商贸船只见

证了海上丝绸之路的繁荣。从客观上来说，在海上丝绸之路上往来的不仅有商品，海上丝绸之路也是不同地区和民族在文化、宗教、技术、政治、人文等方面进行信息交流之源。同时，由于海上丝绸之路的存在，中国近海一带的居民在相当长的时间里进行着民族迁徙。在如今的东南亚一带形成了规模庞大的华人群体，东亚、东南亚、南亚、非洲、欧洲、阿拉伯半岛等区域通过海上丝路航线串联成一个整体，为地区间的交流合作构建了基础。

无论是陆上丝绸之路，还是海上丝绸之路，因商业贸易而兴盛的城市文明、不同建筑风格的融合、工艺技术的互动交流、科学知识的增长和转换，这些有形和无形的文化遗产都成为后人赖以继承的宝贵财富。

丝路上的每处文化遗迹都能折射出无穷的历史魅力，都能让我们感受到时空交错中的历史痕迹。我们可以徜徉在丝路沿线繁华的城镇，品味香醇的葡萄美酒；站在乘风破浪的商船船头领略域外境地的异国风情，在不知不觉中享受着丝路文化遗产带给我们的影响。

五、兼容并蓄的开放态度和开拓创新的精神气质

丝绸之路虽然由经济贸易往来形成，但它不仅是一条经济之路，还是一条多维度、全方位的文化交流之路。通过这条道路，东西方的物产、宗教、风俗、思想、艺术得到了充分融合，影响着东西方的文明进程。丝路沿线的文化遗产无不体现着这种兼容并蓄的开放态度。作为丝绸之路的起点城市，唐代的长安城不仅经济发达、规模宏大，更重要的是它的包容性，城市中不仅有中国人，来自中亚、西亚、欧洲、非洲的权贵、商人、学者也遍布城市的各个角落。大雁塔、清真寺、景教碑、墓葬、陶俑、壁画，无数的文化遗迹证明了世界各地的人们在长安的生活状态。这里友好、开放、繁华，整个城市散发着国际气息。丝绸之路沿线的贸易活动也催生了

许多繁华的商贸城镇，如张掖、武威、敦煌、哈密、乌鲁木齐、和田、莎车、喀什、轮台、库尔勒、库车、碎叶、撒马尔罕、伊斯坦布尔等。时至今日，吉尔吉斯斯坦的科拉斯纳亚·瑞希卡遗址，这座因丝绸之路贸易而兴盛起来的城市，依旧布满了丝路贸易的遗迹。城市遗址和城内遗存的宗教建筑明显带有佛教、景教、祆教的风格。同时，民族的交流融合使得中国文化、突厥、印度、粟特在这里交流融合，构筑了科拉斯纳亚·瑞希卡遗址多样的文明特色。科拉斯纳亚·瑞希卡遗址不仅是吉尔吉斯斯坦的国家文化遗产，也是"一带一路"共建国家中特色鲜明的遗迹典范。

在中国同样如此，从最早进入中国境内的克孜尔石窟壁画到丝路贸易的集散地敦煌，再到大同的云冈石窟、洛阳的龙门石窟，以石窟艺术为代表的佛教在自西向东的传播过程中彰显了中华文化兼收并蓄的包容性。早期犍陀罗风格明显的克孜尔石窟壁画演变为"秀骨清像"的中原风格，其中不仅有中国文化对佛教的接受，更有中国文化为佛教适应本土国情而做出的改变。这种开放和包容的态度是促使东方大国实现繁荣的重要原因之一。

丝路的旅途并非一片坦荡、一帆风顺，但勇于挑战、开拓创新一直是丝绸之路的精神气质。张骞披荆斩棘、矢志不渝，历经十几年"凿空"西域；班超弃笔投戎、智勇双全，在西域苦心经营 30 年；法显、玄奘穿越沙漠，爬过雪山，一心求法，终成高僧大德；那些无名的商人、水手驾驶着商船与海浪搏斗，与鲨鱼为伍。同样，那些不远万里、仰慕中原的阿拉伯商人几经辗转来到中国。他们都是文明交流的使者，在绵延万里的丝路上创造着一个又一个传奇。如今，历史已经消散，但精神不会远去。肃穆的张骞墓、庄严的大雁塔、冰冷的墓志铭、沉静的古码头，这些遗留下来的文化遗产都在向现在的人们诉说着那段开拓创新、奋勇向前的英雄史诗。

第四节　文化使命

丝路沿线的文化遗产是古人给我们留下的宝贵财富。在实施"一带一路"倡议的背景下，这些文化遗产远远超出了作为历史古迹的价值，逐渐被赋予更加重要的文化使命。

一、回顾友好的交往历史，联系感情的精神依托

丝绸之路是友好交往之路。在丝绸之路的历史上，中国一直奉行友好互助的外交政策，从未恃强凌弱和称王称霸，且总是对弱小国家伸出援助之手。张骞出使西域就是为了让西域各国摆脱匈奴的控制，盛唐对西北各民族的帮助加快了西北各民族的文明进程，唐太宗获得了"天可汗"的美名，而最能体现中国和平外交的是明朝的郑和下西洋。当时，中国虽然拥有全世界最强大的海上力量，但是在郑和出使西洋的漫漫长路中始终本着友好、互助的原则，对途中大大小小的国家都予以同样的尊重，并且对外贸易也不以营利为目的，大大提升了中国在国际上的地位和影响力。其间，60多个国家的使臣跟随郑和的船队来到中国，甚至有些国家的国王到中国朝贡。永乐六年（1408年），浡泥国（今文莱）国王麻那惹加那乃携王室、陪臣共计150多人来中国进行友好访问。他们从福建登陆，一路上受到了沿途州县的热情款待，到达南京后，明成祖朱棣在华盖殿宴请他们，给予最高等级的款待。同年10月，国王在南京病逝，年仅28岁。明成祖朱棣遵其"希望体魄托葬中华"的遗愿，以王侯礼仪埋葬，赐谥恭顺王，建祠祭祀，并让入中国籍的西南夷人为其守墓。如今，国王麻那惹加那乃的陵墓就坐落在南京的石子岗乌龟山，该墓是全国重点文物保护单位，也是南

京作为海上丝绸之路申遗的重要史迹。可以说，麻那惹加那乃国王墓见证了600年前中文两国的友好交往，这里已经成为文莱人民到南京的必去之地，中文两国多次举行各种活动，纪念这位为中文两国的友谊做出巨大贡献的伟大国王。

除了麻那惹加那乃国王墓，德州的苏禄王墓、泉州的伊斯兰教圣墓等都是中国和相关国家友好交往的见证。民心相通是"一带一路"倡议的重要内容，我们要充分利用这些文化遗产，在各国之间架起友谊的桥梁，编织信任的纽带，使其成为联系各国人民深厚感情的精神依托。

二、传承和弘扬中华优秀传统文化的重要载体

丝绸之路是中华文明传播远扬的重要通道。通过丝绸之路，中国的儒家思想、印刷术、瓷器、丝绸、茶叶、造纸术、文学、舞蹈、艺术等都传播到丝路沿线，既丰富了那里人民的思想和生活，也提高了中华文明在世界范围内的影响。例如，造纸术就是通过丝绸之路传到西方的。哈萨克斯坦境内的塔拉兹市地处丝绸之路的重要位置，被认为是古代怛逻斯的所在地。公元751年，唐朝大将高仙芝曾经在此地与大食军队展开了一场大战，结果唐军大败，3万多人大军仅有1000余人跟随高仙芝逃到安西。怛逻斯之战后，许多唐军被俘虏，俘虏中有很多造纸工匠，他们被带到了撒马尔罕，在那里传播造纸术，建造了阿拉伯帝国的第一个造纸场，撒马尔罕随即成为阿拉伯的造纸中心。后来，阿拉伯帝国在巴格达建立了新的造纸工场，自此中国的造纸术开始在西方流行使用。

当今世界是一个文明、多元化的时代，在"一带一路"倡议背景下，向全世界展示、推广中华民族优秀传统文化是一项重要的工作内容，而丝路沿线的文化遗产就是文化推广的重要载体。丝路文化遗产拥有丰厚的历史底蕴，我们可以依托这些文化遗产来展示中国文化的精髓，将中国的思

想、文学、书法、绘画、戏剧、风俗、观念等各方面展现出来，塑造中国传承历史、积极向上的文化大国形象。

三、开展文明对话、文化交流的广阔平台

陆上和海上丝绸之路并非中国独创的，而是沿线各国、各族人民共同创造并发展起来的。在进行经济贸易的同时，各国的文明也通过丝绸之路互相影响、互相交融，彰显了丝绸之路文化遗产独特的历史文化价值。

美国学者塞缪尔·亨廷顿提出了著名的"文明的冲突"理论。他认为，冷战之后的国际冲突表现为不同文明之间的冲突，而非意识形态方面的差别。他将目前世界上的文明划分为七大文明，即中华文明（或儒教文明）、日本文明、印度文明、伊斯兰文明、西方文明、拉美文明及非洲文明。这些文明具有明显的异质化特征，且相互之间由于宗教等核心的文化因素形成了难以打破的隔阂。虽然亨廷顿的理论具有一定的文化中心主义倾向，但其在文化研究的领域依旧有着极为重要的地位，这也引发了众多学者对不同文明进行深入思考。

可以看到，在全球化的今天，文明的冲突依旧存在，但这种冲突与交流是并行不悖的，二者共同推进了人类不断进步。"可以看出，'一带一路'倡议背景之下的文明呈现出更具包容性的特征，强调了多元文化互融互通，以及发展水平各异国家之间的优势互补。"[①] 丝路文化遗产渗透着各国不同文明的基因，在遥远的古代，这些国家能够在经济与文化等各方面交融互利。现在，"一带一路"倡议为东西方文明对话和文化交流提供了更为广阔的平台，这些国家及其文明同样能发挥出更为显著的作用。

随着古丝绸之路的兴盛与衰落，东西方文明也经历了交流与闭塞的过

---

① 李聪."一带一路"背景下文明观的转变［J］.中共济南市委党校学报，2019（6）：59-63.

程。随着大航海时代贸易与文化交流的兴起，西方资本主义世界开始飞速发展，以西方文明为基准的西方中心主义也随之而来，东西方被割裂成两个泾渭分明的阵营，这也造成了不同文明之间的隔阂。"一带一路"倡议的提出恰逢其时，有效地突出了国家与文明的平等与沟通，并致力于确立东方文明的文化身份认同，在很大程度上促进了东方文明的复兴。

借助文化遗产，"一带一路"共建国家之间的关系更加紧密。位于南京的浡泥国王墓在加深国际文化交流方面发挥了重要作用。自1958年浡泥国王墓被发现以来，文莱多次派专人前来拜谒。2001年，该墓被公开认定为全国重点文物保护单位，并同时加强了保护性修缮，不仅对文物本身进行了修缮，而且还将整个陵园建成一处富含浓郁文莱风情、人文特色的文莱风情园，成为东南亚游客前往南京的重要旅游目的地。2003年11月，文莱驻华大使阿卜杜勒·哈密德夫妇来到浡泥国王墓，并与历史学家进行了历史文化交流。2006年4月，文莱国苏丹长妹、外交和贸易部无任所大使玛斯娜公主来到南京，拜谒了浡泥国王墓，与南京市相关负责人一起为"中国－文莱友谊馆"开馆揭牌，随之拉开了中文建交15周年纪念活动的序幕。2008年，为纪念浡泥国王麻那惹加那乃逝世600周年，文莱文化青年体育部历史中心拍摄了一部有关浡泥国王墓的专题片，南京市有关部门在史料、翻译方面提供了大量帮助。2016年5月，南京成立了中国与文莱历史文化研究中心，这为中文两国的文化交流提供了更加广阔的平台，成为文化遗产促进文化交流的光辉典范。我们有理由相信，其他丝路文化遗产也一定会像浡泥国王墓一样为中国同世界各国的文明对话和文化交流做出应有的贡献。

四、实现和平共处、合作共赢的重要途径

中国自古以来就是一个爱好和平的国家，无论是近邻还是远朋，我们都以礼相待、互相尊重。丝绸之路繁荣2000余年，其原因不在于我们的丝

绸和瓷器如何受到西方的欢迎，而在于我们的优秀品德如何感动着丝路上的经贸人士。"一带一路"建设秉持共商、共建、共享原则，弘扬开放包容、互学互鉴的精神，坚持互利共赢、共同发展的目标，奉行以人为本、造福于民的宗旨，将给沿线各国人民带来实实在在的利益。多年来，"一带一路"倡议已经从愿景变为现实，取得了丰厚的成果。"一带一路"倡议不仅促进了沿线各国的发展，也为中国开辟了新的发展前景。截至2022年，已有149个国家和32个国际组织与中国签署了195份政府间合作协议。2019年4月，在北京举行的第二届"一带一路"国际合作高峰论坛筹备和举办期间，各方达成了283项务实成果，签署总额达640多亿美元的项目合作协议。

在实现与各国和平共处、合作共赢的途径中，特别要发挥文化遗产的重要作用。在历史文化遗产的视角下，推进现代国家之间的互利合作是一种新的历史文化观，也是开创新历史、发展新文化、造就新繁荣的重要立足点。在各国日益重视本国文化和传统的今天，国与国之间单纯的经济贸易已经缺乏吸引力。"没有人文合作的发展，很难实现经济合作的进步。"充分挖掘历史文化遗产，可以加强自身的文化认同，使之成为促进国与国之间经贸往来的催化剂和润滑油。现存"一带一路"文化遗产大大丰富和构筑了其深厚的历史底蕴，它所展示的正是全球性与开放性的一面，凸显和平、交流、理解、包容、合作、共赢的理念和硕果，对当今世界的发展具有划时代的启示。我们必须保护和有效利用"一带一路"的文化遗产，它们是历史的见证者，是古代商旅历史和文化互动繁荣的见证者；它们也是当代的眺望者，能够展现未来的发展，贯通古今、古为今用。

综上所述，"一带一路"文化遗产拥有悠久的历史传统和珍贵的文化价值，是全世界人类共同的精神财富。在"一带一路"倡议的指导下，它们一定能够架起各国文化交流的桥梁，促进国家间的交流与合作，在人类历史上将永远闪烁着耀眼的光辉。

第二章
"一带一路"文化遗产价值构建

> 千百年来,古老的丝绸之路将东西方文化融合在一起,融合了沿线的多样文明,其璀璨和辉煌在全世界人民的心中不断累积和升华,也激发了沿线国家和地区人民共同的历史文化记忆和美好愿望。深入探索"一带一路"共建国家文化遗产,是继承和弘扬中华民族优秀传统文化、促进沿线多民族和国家之间文化交流和包容的有效途径。对"一带一路"共建国家文化遗产进行深入研究,是传承和弘扬中华优秀传统文化,增进沿线多民族、多国家文化交流和包容的有效方式。"一带一路"文化遗产是丝绸之路贸易往来、文化交流、宗教传播和技术推广的重要实物见证。以和平合作、开放包容、互学互鉴、互利共赢为核心的丝路精神是人类文明的宝贵遗产。

习近平总书记在考察陕西省西安博物院期间曾经强调,要把"文物保护好、管理好,同时加强研究和利用,让历史说话,让文物说话"。"一带一路"共建国家大量的文化遗产,是东西方交流最直接的载体,是丝绸之路精神和民心相通的历史见证,同时也是实现"一带一路"倡议的文化基石。随着"一带一路"倡议的加速推进,对"一带一路"共建国家文化遗产价值的认知，以及文化遗产的保护与传承工作日益迫切而又极具现实意义。尤其对"一带一路"共建国家文化遗产价值的有效挖掘，将为大力推动"一带一路"倡议规划、增加其人文内涵提供重要支撑。

2000年，在世界遗产委员会第二十四次会议上制定的《凯恩斯决议》中规定，除了还没有遗产提名列入世界遗产名录的国家，所有国家每年只能参与一项提名。后来，在2004年第二十八届世界遗产委员会的会议上将其修正为：允许一个国家提名两项世界遗产，但其中有一项必须属于自然遗产项目，并同时规定世界遗产委员会每年仅接收45项世界遗产的申请。这不仅反映了世界遗产名录已经成为联合国教科文组织进行遗产保护的重要工作手段之一，而且也从一个侧面反映了世界遗产的申报越来越受到各国的重视，各个国家申报的积极性也随之越来越高涨。从经济学视角出发，我们可以发现造成这一现象背后的深层次原因。作为联合国教科文组织的一项"产品供给"，世界遗产名录的价值只有在有合适甚至高涨的需求时才会凸显出来；而各国中央和地方政府之所以会对世界遗产名录产生高涨的需求，恰恰是因为它有其独特的可持续发展价值。

学术界普遍认为，文化遗产首先应具有历史、艺术和科学等传统价值。直到2000年，艺术价值和历史价值才被认为是遗产的主要价值。由于存在这些价值，遗产成为艺术发展和历史事件的见证，"保护"主要意味着保存物质的真实性。随着经济的发展，人们更重视乡土建筑遗产和历史地段的保护。在一些案例中，当地政府曾将居民异地安置，将遗产地由居住地改为以旅游为目的的商业用途，造成了当地文化和传统的消失。随着国际上文化多样性保护运动的兴起，物质文化遗产与非物质文化遗产的价值都备受重视。对于文化价值的理解成为提升中国遗产保护和管理的重要一步。针对遗产文化价值和社会价值，虽然仍存在诸多争议，但广泛的认知已经开始影响到中国的保护与管理实践。随着从文物到文化遗产概念的变迁，在整个文化遗产保护中，保护文化多样性占有越来越重要的地位。当今，越来越多的研究者提出，对文化遗产的保护，应首先基于对保护对象文化价值的理解。

长期以来，人们对文化遗产缺乏足够的尊重，不理解它的价值和意义，无法领会遗产保护的重要性。缺乏遗产保护的法律意识，而相关的法律没有贯彻执行也是存在的问题之一。以上这些都导致文化遗产不能被妥善地加以管理。改革开放以来，中国经历着快速的经济发展和城市化建设，这给文化遗产带来了严峻的挑战和压力。一些遗存已经遭到损坏，甚至一些已经消失。文化遗产周边充斥着商业化和城市化，如果将其交由商业公司管理，将可能遭到掠夺性经营和过度开发，这均会给保护带来更多的问题。

对于"一带一路"建设来说，历史和文化是重要基础，而文化遗产在其中发挥着重大的作用。"一带一路"倡议为我国"一带一路"文物保护工作带来了新的机遇，同时也提出了更高的要求。"一带一路"文化遗产的价值认识尤为重要。

第一节　历史价值

文化遗产是指人类在历史活动中的遗留物质和精神，文化遗产的历史性是其典型特征。文化遗产在反映历史、证实历史、补全历史、传承历史等方面发挥着巨大作用，从而体现出人类历史记忆保存的社会功能。

文化发源地的挖掘和重建可以较强地唤醒人们对文化遗产历史源头和文脉渊源的回顾和了解。文化遗产价值彰显可以与文化资源的开发相结合，充分利用文化发源地的人文价值，以此更好地为经济和社会发展服务，这对于促进文化遗产可持续发展也有着极为重要的现实价值。如依据玄奘的《大唐西域记》，英国探险者定位和挖掘到了气势恢宏的佛教圣地——那烂陀寺。同样依据这本书，巴基斯坦、阿富汗等国逐渐找回了失去千年的历史遗迹，如阿富汗境内的觏货逻（吐火罗）故国、巴基斯坦境内的犍陀罗故国。这些古迹的发掘和重建对当地彰显这些文化遗产价值、增进民族记忆均有着无可取代的作用。

文化发源地的挖掘和重建并不是对物质文化遗产的环境、建筑、物件进行简单的复制，而是对文化进行的重大复兴工程。《巴拉宪章》中明确指出："应该尊重包括精神价值在内遗产地的重要意义，应当探索并利用机会对于遗产地的意义进行延续或复兴。若不是精神上复兴的意义要求，也没必要复制原遗产地，事实上也不可能进行一模一样的复原重建。"这对文化遗产的挖掘工作提出了基本的原则。从实际应用来看，在对文化遗产的开发中，原样复制占据了较大比例，但同时也面临着篡改历史、伪造文化遗产的现象。因此，对文化遗产的开发与利用，必须在客观现实的基础上对文化遗产进行创造性的转化，使之符合现代人的审美要求，而不是恶意篡改或博取关注。

一、文化遗产反映历史的价值

自新石器时代以来，丝绸之路已经跨越了整个人类历史，它涉及亚洲、非洲、欧洲整个旧大陆广阔地域，涵盖了多个国家、地区与民族。历史演变曲折复杂，不同地区、民族、国家的文化形态纷繁复杂、丰富深厚。尽管在中国自西汉、东汉之时，史学家司马迁、班固在他们所撰写的史学名著《史记》之《大宛列传》、《汉书》之《西域传》中就对丝路有所记载，后来在相关史书和诗文中的记述更不绝如缕；在国外，李希霍芬在其名著《中国》中论及丝绸之路，引述公元1世纪无名氏撰写的《厄立特里亚海航行记》，其中曾描述公元前后中国、印度及中亚地区的巴克特里亚，即大夏间的交通和贸易状况。自此以后，西方一些国家和地区的使者、商人便不断风尘仆仆地在丝绸之路上交互往来。其中，最为著名的是13世纪下半叶，即中国元代初期，沿丝绸之路东行来华的威尼斯商人马可·波罗。他所著的《寰宇记》，也被后世通称为《马可·波罗行纪》，对丝绸之路与他所到达的元代帝国相关地区的自然状况、风俗民情、宗教运动，特别是经济与商贸状况进行了翔实精彩的记载和描述。尽管如此，面对丝绸之路这一历时长近万年、地域广达数千万平方千米的庞然大物，对于其历史、文化方面的问题，揭示、研究与论述都还有很大的探索与挖掘空间。目前，丝绸之路的一部分已经被列入世界文化遗产名录，"一带一路"文化遗产反映的历史文化价值亟待得到可持续性的发掘、保护、规划和传承。

二、文化遗产证实历史的价值

人类有迹可循的历史事迹，主要依靠的是文字记录。虽然文字让人类进入了信史时代，但文字记录之前的历史却被我们置于角落，并且由于种种因素，文字记录也存在文献缺失、记录偏颇或人为改动等问题。在此情此景下，文化遗产作为一种非语言的存在，能够客观地呈现历史在某些维度的现实元素，从而在一定程度上弥补文字记录的不足。可以看到，文化遗产是人类实践的对象，具有历史的真实性，也就是说，它保留了所遗存的全部或部分历史信息及建造之初的客观环境。这样的真实性表明了文化遗产作为一种"社会的化石"，是确凿的历史资料和证据，与人类历史息息相关。它不仅能够直观地反映不同历史阶段的人类活动和社会特征，而且作为见证者很好地证实了人类的历史。以殷墟出土的甲骨文为例，夏商之际的甲骨卜辞常以"×方"来记录一些诸侯部落与国家，后来的学者从而确立了"方国"这一古代的联合城邦治国的称呼，并且其中的一个神秘的方国——虎方国，是在文物的发掘过程中发现的。在20世纪80年代末，江西省新干县出土了一些精美的青铜器，其中造型奇特的青铜虎一度成为考古学家们研究的重点。通过研究，学者确立了文物来源于夏商时期消失的虎方国。这一并无史料记载的神秘国度在文化遗产的印证之下被大众知晓。由此可见,文化遗产在其中具有尤为重要的历史文化价值。

三、文化遗产补全历史价值

由于文化遗产尤其是物质文化遗产能够以具象的实体得以呈现,真实地记录历史发展的脉络,因此它可以真实地弥补和纠正历史记述的不足和谬误。阿房宫作为中国古代宫殿建筑的珍贵代表,真实地记载了中华民族从分散走向统一的历史,同时也成为秦朝兴衰的一个历史印证。从2002年至2004年,考古队对阿房宫前殿进行了考古勘探,通过仔细发掘,并未在遗址的夯土台基上发现秦代建筑遗物堆积层和宫殿建筑遗迹,同时也并未发现被大火焚烧的建筑遗存。因此,考古队判定阿房宫只是一个尚未建成的宫殿,"工程仅完成了前殿建筑基址和部分宫墙的建设"[1],因而不存在被大火烧毁的问题,回应了"项羽焚殿"的争议,进一步纠正了民众对历史的认识。

我国北方少数民族地区过去曾被认为是荒蛮之地,直至20世纪中叶,北方少数民族原始社会至文明社会早期的文化遗产被越来越多地挖掘出来,不仅一一呈现了北方地区的文化历史发展情况,也弥补了此前史学文献中的些许不足,这为我们更好地了解中国历史提供了新的珍贵资料。夏家店文化、兴隆洼文化、红山文化等一系列珍贵历史遗存的发现,使人们意识到自己对北方少数民族文明的认识过于片面,同时也让人们对中华文明的起源与发展进行了重新认识,而不局限于黄河流域的诸多文化。其中,红山文化作为东北地区的新石器时代文化,在北方草原早期考古文化中具有重要的作用,同时也对中国文明起源和早期社会发展进程的研究具有十分

---

[1] 李海燕.大遗址价值评价体系与保护利用模式研究[D].西安:西北大学,2005.

显著的影响。此外，红山文化也是农耕文化与草原文化的交汇区域。通过与南方良渚文化进行对比，可以发现二者虽然在地理位置上相差甚远，且年代差距也较大，但从其考古挖掘出的文物来看，二者有着一定的文化相似性，这也进一步表明了华夏文明传播呈现出由北向南辐射的现象。从这个方面来看，红山文化的发现也为深入理解中华文明的发展脉络提供了有效助益，其价值得到了更为深刻的凸显。

习近平总书记在第一届"一带一路"国际合作高峰论坛圆桌峰会上的开幕致辞中指出，"'一带一路'建设根植于历史，但面向未来。古丝绸之路凝聚了先辈们对美好生活的追求，促进了亚欧大陆各国互联互通，推动了东西方文明交流互鉴，为人类文明发展进步作出了重大贡献"[①]。"丝绸之路"并非一个单纯的空间概念或经济贸易合作战略，而是将历史文化嵌于其内，具有深刻久远的文化凝聚力和影响力。"一带一路"文化遗产在充分体现以和平合作、开放包容、互学互鉴、互利共赢为核心的丝路精神基础上，从历史文化维度展现出丝绸之路的灵动和生命力。因此，对文化遗产价值的认识和了解是我们需要持续进行的工作，也是我们强烈的历史责任感赋予的义务和担当。

历史价值是文化遗产价值体系的核心和准则。文化遗产是基于一定历史条件产生的遗留物，具有历史文化烙印，反映了当时自然环境及社会、经济、政治、军事、文化等方面的情况。尤为重要的是，文化遗产既包括静态的、能够反映历史面貌的物质遗存，也包括更为灵活的、民间口口相传的非物质历史文化。这些珍贵的文化遗产在一定程度上都真实地反映出当时历史时期人类的活动及其背后所展现出来的社会背景和文化习俗，对于我们认识过去的历史文化、理解发展现有的文化有着积极的作用。

---

① 习近平在"一带一路"国际合作高峰论坛圆桌峰会上的开幕辞［EB/OL］.［2017-05-16］. http://cpc.people.com.cn/n1/2017/0516/c64094-29277193.html. （开幕辞应为开幕词。——编者注）

对于文化遗产的历史价值划分，不同学者有不同的维度。部分学者认为历史价值是文化遗产外在的使用价值，与其内在的存在价值相对应①；部分学者则基于系统论将文化遗产价值体系分为"'本底价值'、'直接应用价值'和'间接衍生价值'三个层面"②，其中历史价值应属于本底价值，重点突出了历史价值及其本底价值的基础性作用。无论哪种划分方式，学者形成的共识是，历史价值是文化遗产的价值构成中不可或缺的经典价值要素。由于历史的主观性与个人及其文化背景的差异，人们对于文化遗产的历史研究也各有千秋，因而对历史价值的探讨也更加具有魅力。因此，在"一带一路"文化遗产的历史价值研究过程中，必定会持续性地产生丰富多样的成果。

第二节 经济价值

文化遗产的经济价值主要体现在其独特的审美功能上。随着人们物质生活水平的提高，单纯的物质生活需求已经不能满足今天的人们对于高质量生活的要求。因此，人们对精神文化生活的需求变得越来越高，同时这种需求也并非简单的巫术祭祀，而是包含了形式多样、内容丰富的文化需求。从自然风光到文化遗产，不同风貌的审美客体满足了不同个体的需求。

从文化遗产保护的原则来看，原生地保护是当下遗产的主要保护原则，但如何对文化遗产进行有效的开发利用，使其发挥出最大的经济效能，是需要进行持续研究的议题。根据2019年8月份发布的我国首份数字文化产

---

① 孙华. 遗产价值的若干问题：遗产价值的本质、属性、结构、类型和评价[J]. 中国文化遗产，2019（1）：4-16.
② 陈耀华，刘强. 中国自然文化遗产的价值体系及保护利用[J]. 地理研究，2012，31（6）：1111-1120.

业报告——《中国数字文化产业发展趋势报告》，统计数据分析2017年我国数字文化产业总产值为2.85万亿元到3.26万亿元人民币，并预计2020年产值达到8万亿元人民币。可见，文化产业在国民经济中的比重越来越大，这也表明人们对文化产业需求的力度在逐渐增强。据《中国文化产业年度发展报告2020》，在2019年度文化产业十大关键词中，"文旅融合"排名首位，这突出反映了未来文化产业的发展状态和趋势。此番情形落实在文化遗产上也大体类似，在当下的文化产业发展进程中，文旅融合既能有效地对文化资源进行开发性保护，又能更好地促进经济效益最大化发展。文化资源在实际的发展过程中面临着发展和保护的矛盾性，如何平衡二者之间的关系需要文化产业的专业化介入。

文化遗产的重要价值，除了历史、艺术价值，经济价值也同等重要。对文化遗产价值体系的构建，要厘清发展与保护的关系，不能因保护而停滞发展，也不能因发展而破坏文化遗产其他价值的完整性。文化遗产的空间分布有着极大的不平衡性，而区域经济发展也是如此。在对遗产实施保护的过程中，经济是其决定性因素，经济发展较好的地区对文化遗产相关产业的开发投入较大，相应的发展也越好，反之则越差。因此，保护和发展是一个良性互动的关系，采用"以开发促保护、以保护带开发"的模式是文化遗产生存发展的有效途径。邻近的韩国和日本对传统民俗文化资源的利用，秉承开发与继承并重的原则，吸引了大批国内外游客前去参观，创造了可观的经济效益。例如，日韩两国有受中国文化深远影响的盂兰盆节祭、天神祭、江陵端午祭等民俗节日，而中国多种多样的文化资源则是我们进行文化产业开发的巨大宝库。

丰富的民族传统文化资源是我们发展文化产业的巨大优势，尤其在"一带一路"倡议背景下，沿线的自然景观、文化景观建构起了独特的文化资源带，为我们的"文化搭台、经济唱戏"发展策略提供了坚实的基础。但是在对文化资源进行开发的同时，要有适度的经济观念，要秉承"开发促保护"的发展理念，对那些独具特色且有着较大经济价值的文化资源，要引入科学发展的思路，进行精准的品牌定位，制定合理的发展战略，将自身的优势文化资源转变为强势文化品牌，充分实现文化产业经济价值的发展最大化。

通过活化文化遗产的方式彰显文化遗产的经济价值。活化文化遗产，要求社会效益和经济效益统一，其中社会效益先行。文化产业具有低投入、高产出、附加值高、绿色环保等特点。通过开发文化产业，使文化遗产价值彰显与当地经济建设发展、生态环境保护及民众生活提高进行实效有机结合，是一条活化文化遗产的有利途径。

通过文化产业活化文化遗产，使区域经济结构得到优化、当地传统产业转型升级、社会经济得到提质增效，产生一批知识性、体验型、休闲型的经济增长模式和文化消费模式，如通过举办国际文化节彰显文化遗产的民俗文化价值，形成世界人民相互了解和沟通的桥梁与纽带。通过消费文化遗产的价值，使社会大众感受到"一带一路"倡议带来的实惠，也能更坚定地响应"一带一路"倡议。"如果让民俗文化造福子孙后代，它就不能仅仅作为一种历史的记忆，相反，它必须成为一种常态，在现代人们的生活中继续流传。"[①]

第三节 艺术价值

无论是遗产保护还是文艺创作，都应与时代和国家发展的政治、经济、文化、技术、生态等因素息息相关。"一带一路"所蕴含的历时性、共时性元素也共同作用着丝绸之路文化遗产的艺术价值。英国历史学家彼得·弗兰科潘在其著作《丝绸之路：一部全新的世界史》中提及："丝绸之路曾经

---

① 陈平.传承的力量："一带一路"文化遗产与城市旅游经济的发展[J].大陆桥视野，2016（12）：57-60.

塑造了过去的世界，甚至塑造了当今的世界，也将塑造未来的世界。"① 诚如"一带一路"倡议的提出是基于推动人类命运共同体的宏图远景，它包含的美学精神也与文化多样性的融合交流发展趋势一脉相承，即费孝通先生曾强调的世界各民族文化要有"各美其美，美人之美，美美与共，天下大同"的美学精神。"一带一路"倡议在当前所涉及的沿线国家多达上百个，惠及 30 多亿人口，这些国家在历史上创造出风格繁茂的文明形态，共同凝聚成人类文明的瑰丽宝库。珍贵的文化遗产能够调动人类的艺术审美感知，并伴随着人类理念思维和媒体技术的革新给人们带来多维度的艺术审美体验。习近平总书记曾嘱咐："文艺作品不是神秘灵感的产物，它的艺术性、思想性、价值取向总是通过文学家、艺术家对历史、时代、社会、生活、人物等方方面面的把握来体现。"②《文化部"一带一路"文化发展行动计划（2016—2020 年）》为丝路文化建设工作绘制了路线图。近些年来，我国与中东欧、东盟、俄罗斯、尼泊尔、土耳其、希腊等国家、地区和国际组织共同举办 20 余场文化年、文化节活动，在弘扬文化遗产的艺术价值的同时，也积极创建"丝路之旅""中非文化聚焦""美丽中国"等文化和旅游品牌。

艺术价值是非物质文化遗产的固有价值，前者可以说是后者的灵魂。价值与属性不同，属性不以人的意志为转移，而价值可以体现主体与客体之间的相互关系，也就是文化遗产和人类艺术的相互关系。③ 丝路审美文化本身不是静态、固定、僵化的文化类型，而是一直处于流动中且不断发生变化的文化，它对东西方不同国家和民族的交融和协作、人类命运共同体

---

① 弗兰科潘. 丝绸之路：一部全新的世界史［M］. 邵旭东，孙芳，译. 杭州：浙江大学出版社，2016：6.
② 仲呈祥. "一带一路"为艺术精品开辟新世界［J］. 人民论坛，2018，587（7）：120-121.
③ 张叶露. 非物质文化遗产的艺术价值［J］. 河南教育学院学报（哲学社会科学版），2015，34（3）：32-35.

价值和作用的彰显均具有重要的意义。① 具体而言,"一带一路"文化遗产的艺术价值包括主体维度的艺术精神和民族民俗文化特征,以及客体维度的艺术审美感知与体验。

首先,艺术精神与不同国家的传统文化相互映照。文化遗产是不同历史时期、不同国家人民艺术智慧的结晶,历经不同时代人们的共同鉴赏和赞美,才能传承至今。因此,物质文化遗产和非物质文化遗产所蕴含的艺术精神是与不同地域根深蒂固的传统文化紧密相连的。以中国为例,众多非物质文化遗产包含外溢着中华民族的传统艺术精神。就中华传统文化而言,儒家重视艺术与道德的统一,道家重视艺术与自然的合一。② 在古琴、古曲、书法等文化艺术形式中,无不展现着艺术创造者和传承者单纯与质朴的心性、人格和志趣,也洋溢着词曲和书画作者的道德理想和文艺趣味。从某种程度来说,我们不应仅从物质形态上保护文化遗产,还应注重对遗产艺术精神的挖掘和继承。现存"一带一路"文化遗产,在新的历史条件下大大丰富了历史文化遗产的底蕴,在全球化进程中运用智能化的媒体信息技术,为古文物增添新时代所具有的和平、交流、理解、包容、合作、共赢的理念和成果,在守望好历史遗迹的同时,也传达出新时期和平与发展的世界主题。

其次,人类对于文化遗产的审美感知和体验为留传已久的文化瑰宝增添新的活力和生机。特别是在当前数字化、网络化、智能化时代,人工智能、大数据、VR/AR/MR、全息影像等不断迭代更新的媒体信息技术,在极大限度上缩短了古文物与人类之间的距离,在带给人们视觉冲击观感体验的同时,也引领人们浸入艺术意象的华美殿堂。感知,即感觉和知

---

① 谭诗民."丝路审美文化"与人类命运共同体构建[J].重庆社会科学,2018(7):102-110.
② 张叶露.非物质文化遗产的艺术价值[J].河南教育学院学报(哲学社会科学版),2015,34(3):32-35.

觉的结合。感觉，即一系列客观事物通过人各种感觉器官在大脑中留下的主观印象。阿尔弗雷德·希区柯克提示我们，观众并不能从他们立刻看到的物体中创造他们的精神图像，而是从记忆中创造图像。[①] 艺术审美也是一种人工记忆的动态实践过程，是一种知觉再造和感官重组过程。审美体验往往是在伴随着观赏文物的过程中产生的，它是接触到文物后产生的知觉和感觉，而这种感知体验的好坏取决于文化遗产审美体验价值的高低。当人们遇到精美的罕见文物时，都会产生赞叹不已、流连忘返的感觉。这就是文物带来的审美体验让人产生的审美活动，而能激发人们美好主观体验的艺术是其核心价值。

例如，一处遗产申报地需要满足以下十个条件之一方可被录入世界遗产名录，提名的遗产必须具有"突出的普世价值"并至少满足以下十项基准之一。也就是说，每项世界遗产都至少具备以下一项艺术价值：

（1）表现人类创造力的经典之作。

（2）在某个时段或某种文化圈里对建筑、技术、纪念性艺术、城镇规划、景观设计之发展有巨大影响，并促进人类价值的交流。

（3）呈现有关现存或者已经消失的文化传统、文明的独特或稀有之证据。

（4）呈现人类历史重要阶段的建筑类型，或者建筑及技术的组合，或者景观上的卓越典范。

（5）代表某一个或数个文化的人类传统聚落或土地使用，是出色的典范，特别是在因为难以抗拒的历史潮流而处于灭亡危机的情况下。

（6）具有显著普遍价值的事件、活的传统、理念、信仰、艺术及文学作品，有直接或实质的联结（世界遗产委员会认为，该基准应最好与其他基准共同使用）。

[①] 维利里奥.视觉机器[M].张新木，魏舒，译.南京：南京大学出版社，2014：9.

（7）拥有出色的自然美景并具有美学重要性的自然现象或地区。

（8）代表生命进化的纪录、有重要且持续的地质发展过程、具有一定意义的地形学或地文学特色等的地球历史主要发展阶段的显著例子。

（9）在陆地、淡水、沿海、海洋生态系统及动植物群的演化与发展上，代表持续进行中的生态学和生物学过程的显著例子。

（10）拥有最重要且显著的多元生物自然生态栖息地，包含从保育或科学的角度符合普适价值的濒临绝种动物种。

以上（1）—（6）是判断文化遗产的基准，（7）—（10）是判断自然遗产的基准。

第四节　时空价值

文化遗产的价值是多维度的价值体现，既有时间上的承继，也有空间上的扩展，综合体现历时性和共时性在文化遗产价值体现上的融合和共进。时间观念的引入，将文化遗产这一看似静态的概念考察重新抛回历史演变的洪流之中。可以说这为文化遗产价值的认定开辟了一个全新的维度，即使没有刻意动用人类文化去创造恢宏的空间，哪怕只是简单平淡地生活于一方水土，但在和谐栖居中流过的漫长时光中也已在大地上悄然地刻下具有独特文化的串串印迹——经由时间自然获得的价值。在新的时间价值维度下，在"一带一路"沿线地区，大量仍处在演进之中的地方性传统文化景观将得到重视和保护，这些在1992年之前很难有机会被认为是全球性的文化遗产。显然，时间价值维度的开启，对公约操作中文化遗产的包容性具有十分重要的意义，侧面促进了其代表性和平衡性发展。从具体的承载力来说，文化空间关注的是遗址景观和区域之间的互动关系。2005年颁布的《国家级非物质文化遗产代表作申报评定暂行办法》将文化空间定义为：

"定期举行传统文化活动或集中展现传统文化表现形式的场所，兼具空间性和时间性。"[①] 在这个定义中，文化遗产的空间性和时间性被重点提及。在这里，我们的论述主要涉及文化遗产的空间性。

然而，在传统观念上，人们对于文化空间的认知并不明显。尤其是从文化遗产的认知常态来说，在多数人的观念中，文化遗产一般以客观存在的、可见的、可触摸的、可倾听的对象为主，如敦煌莫高窟、侗族大歌、唐卡、绕山灵、泼水节、客家土楼、马尾绣等，这些具象的实物让我们对文化遗产的认知有了可见的形象，也便于大众理解。文化空间的形成是非具象的，它的概念界定是基于文化景观的概念提出的，且得到了进一步的阐述。相应地，文化遗产的所指范围得以扩展，这是构成文化遗产完整性中不可或缺的一项评判标准。文化空间的存在往往会决定一项文化遗产的生存状态和存续的意义，如白族的绕山灵、鄂伦春族的驯鹿文化等。这些空间载体是文化遗产存在和延续的基石，脱离了特定的形成场域，文化习俗和文化礼节就不再具有价值。

丝绸之路的重要性不仅在于在沟通经济中所起的重要连接作用，沿线数量庞大的文化遗产更是造就丝绸之路不可取代的重要因素之一。仅在中国境内丝绸之路上的重要文化遗产就多达22处，其中分布在河南的有汉魏洛阳故城、隋唐洛阳城定鼎门遗址、新安县汉函谷关遗址、崤函古道石壕段遗址；分布在陕西的有汉代长安城未央宫遗址、张骞墓、唐代长安城大明宫遗址、彬州市大佛寺石窟、大雁塔、小雁塔、兴教寺塔；分布在甘肃的有玉门关遗址、悬泉置遗址、麦积山石窟、炳灵寺石窟、锁阳城遗址；分布在新疆的有高昌故城、交河故城、克孜尔尕哈烽燧、克孜尔尕哈石窟、苏巴什佛寺遗址、北庭故城遗址。除此之外，沿途还有着大大小小数不清的遗址遗迹，如永泰古城、山丹明城墙、张掖黑水国北城、张掖黑水国南

---

① 国务院办公厅关于加强我国非物质文化遗产保护工作的意见 [EB/OL]. [2008-03-28]. http://www.gov.cn/zhengce/content/2008-03/28/content_5937.htm.

城、高台骆驼城、肃南明海古城、肃南草沟井古城、瓜州破城子、河仓城、阳关、乌拉泊古城等。

北宋时期，司马光面对曾经长盛不衰的汉魏故城时发出"若问古今兴废事，请君只看洛阳城"的赞叹。汉魏洛阳故城遗址经历了东周、东汉、三国魏、西晋、北魏，有着几百年的都城史，经历了40余位帝王，是中国古代社会到中世纪社会转变演化的实物见证。据说，历史上罗马帝国派使者4次到访中国，使者曾3次来到汉魏洛阳故城。这些都见证了中西方交流的发端，也是陆上丝绸之路连接东西方文明的重要依据。汉代的未央宫遗址始建于公元前200年，历经两汉，短暂的新莽政权，五胡十六国时期的前赵、前秦和后秦，南北朝时期的西魏和北周等政权的更迭，历时360年之多，作为大汉帝国繁盛的重要见证，未央宫遗址也见证了丝绸之路的发展历程。始建于公元634年的大明宫历经了270多年的辉煌历史，大唐17位皇帝在此接待过沿着丝路而来的商人、使者，宏达宽广的建筑面积让它成为中国宫廷建筑的巅峰之作。大明宫作为大唐盛世的代表，世界各地络绎不绝的商人和使者都曾领略过它的雄伟壮丽，也让丝绸之路在盛唐强大的国力下迸发出无尽的生命力。新安县汉函谷关建关历史悠久，自公元前114年建立关卡以来，至今已有两千余年。作为荆楚关中地区的重要关隘，新安县汉函谷关见证了丝路从西向东的延伸，是丝绸之路从东向西沟通的重要遗存建筑。甘肃敦煌作为丝路贸易的重要节点城市、域外客商进入中原地区的第一个贸易集散地，让中原文明和域外文明在这里交汇融合，形成了举世闻名的莫高窟。莫高窟作为域外犍陀罗艺术和中原造像的重要过渡节点，为研究佛教文化在中国境内的演变发展历程提供了无可替代的实物资料。

文化空间作为文化遗产赖以生存的重要载体，是我们感知文化属性、了解文化演变发展过程的重要支撑。空间的留存代表文化遗产的生息土壤尚在，而抛开文化遗产生存的地域空间，单纯地讨论文化的形式内容，则难以客观全面地挖掘文化的真实图景。建立在空间地域上的遗产开发，才是符合当今社会对文化发展要求的。因此，基于文化空间在文化遗产保护和开发中的重要性，辅助新的科学技术，一门新的学科"空间考古学"也初具形态。自然学科、空间学科、考古学科等多种学科的相互交叉和渗透，对我们发现历史文化遗迹和确定空间范围有着重要的作用。近年来，通过遥感技术的应用，我们发现了被掩埋的明、隋古长城，丝绸之路瓜沙段古城镇、古居民区、古河道，并在新技术的配合下模拟出了唐代的邮路方向和分布线路。

"一带一路"文化遗产的保护和价值开发是互联互通工程的典范，也是世界人们向往和平、繁荣的合作典范。这里有不同文化交流合作模式和宗教合作模式，也有国家之间的地理环境、生态治理保护的经验模式等。世界性的文化遗产保护势必会对全球治理体系和文化交流产生深远的影响。

另外，在文化遗产保护方面营造"朋友圈"，对于赢得世界尊重有着巨大的外交作用，也是建构自身话语体系、掌握话语权的良好时机。当前联合申报、认定和修缮，是一个提供中国方案、产生世界性影响的有利机遇。

第五节　精神价值

民族精神是一个民族传承发展的重要内驱力，文化遗产的基本属性具有强烈的精神性，而这种精神性是包含了民族价值观、心理结构和民族气质在内的群体观念意识。作为凸显民族凝聚力的核心要素，文化遗产成为这种精神内核的显性载体。面对当今社会的现状，全球化进程不仅考验一个国家的开放度，也深刻考验着一个民族的包容度。民族精神代代相传，民族气质永续存在，这在任何社会形态下都是无法回避的发展问题，而文化遗产恰恰是这种精神的良好载体。在保持对传统文化有效继承的基础上，我们要让优秀的文化不至于在代际的传承下湮灭，并在这些载体上塑造出属于自身时代的文化特色，代代相续，从而造就丰富多彩、特色鲜明的民族精神。

"一带一路"倡议的提出，给丝绸之路这条古老的商贸通道赋予了新的时代意义。自古以来，丝绸之路便是连接国内外的重要通途，这种全球化意义在新的时代下被赋予了新的时代效能。引领"一带一路"发展的合作、共赢理念，是这条丝路文明地带跨越不同民族、不同区域、不同国家、不同文明的重要黏合剂，以文化的力量改变人类交往的视角，使得这种跨文明交流变得可能性更大。同时，"一带一路"倡议建立在习近平总书记提出的人类命运共同体发展理念上，让国家的发展不再成为单个经济体的事情，而是成为以区域和文明地带为单位的共性事件。用文化遗产的多样性和共通性来消解区域之间的隔阂和冲突，这种包含东西方民族文化内涵和民族审美情感在内的精神追求，与中国传统文化中所追求的和而不同理念相契合，是当今国际交流中的重要原则。文化遗产的传承和涵养，对内可以进一步丰富中华民族价值观念的认同感，增强精神凝聚力，进而获得文化自信和民族自信的原动力；对外可以消除冲突隔阂，使国家与国家保持有效的沟通，进而促进互利共赢、共谋发展，实现人类命运共同体的价值。

"一带一路"建设的重要作用不仅是区域之间的经济沟通，更是政治和文化的全方位交流。从交流的范围来说，"一带一路"倡议的提出，为人类的发展与交流提供了更加广阔的舞台和平等互利的视角。在传统世界观念中，区域与国家之间保持着相互独立的态势，尽管交流时有发生，但基本是自我中心论调，区域之间的交流并非平等互利；其后，随着社会的进步，东西方之间的发展产生了巨大差异。由于文化的不可替代性，独特的文化类型是展现一个民族文化自觉和文化自信的重要基础，也是在世界贸易中站稳脚跟、构建多元一体贸易关系的前提。在全球化大发展的趋势下，处在欧亚丝路连接点上的中亚和东欧地区，长期以来作为世界关注度较低的地带，发展也面临着较多的局限，而"一带一路"赋予共建国家的重要契机便是这种平等交流、互惠互利的机会。

"一带一路"提供了平等交流和展示的平台。在当今社会状况下，隐藏在这种表面平等下的是对外交流中不平等的现实。形成于地理大发现时期的"西方中心论"一直未曾改变。"一带一路"的本质是实现对这种模式的拆解，"一带一路"不是纯粹意义上的贸易往来，而是基于一种互利、共赢原则下的商品互补关系，更是在文化上求同存异的往来基础平台，以此实现"文化搭台、经济唱戏"的发展理念。国际上曾经流行的"文化霸权论"是片面且不现实的。"一带一路"致力于促进国家经济交往遵从平等的原则，促进国与国的共赢和互惠。要跨越不同文明进行国际间文化交流，彼此都必须抱持开放包容的心态，寻找文化中的共同点，其目的是求同存异，而非文化侵略。中国文化从全人类的角度，致力于为人类社会的发展提供可持续发展的动力，绝非仅关注单个区域经济体的兴衰，这也是英国历史学家阿诺德·约瑟夫·汤因比推崇中国文化的重要原因之一。

文化遗产不仅反映时代审美的特点，也凝聚着人类对社会自然规律的探索。中国古人注重自身对于自然界的认知，将精力倾注在对自然界的改造中，传统文化理念中的"天人合一""功致为上"理念便是古人利用自然界造福人类的重要智慧结晶体现。举世闻名的都江堰水利工程结合河流特点和江水季节性涨落的特点，创造性地修建了分水鱼嘴、飞沙堰、宝瓶口等水利设施，使饱受水旱之苦的成都平原变成沃野千里的天府之国。中国古代建筑中的榫卯结构更是中国工匠高超技艺的体现，通过利用力学平衡原理建构起了一座座宏伟建筑，这源于《营造法式》中的建筑法则、《易经》中的二进制、《墨子》中的小孔成像原理。因此，进一步挖掘和整理传统文化遗产中蕴含的有价值信息，并结合新时期的需求，开发形成具有中国特色的文化产业，是促成和维护国家文化安全、民族自信心和弘扬民族精神的重要举措，也是构建"一带一路"特色文化产业的重要途径。

文化遗产是族群情感的集体记忆，也是触动心灵的精神家园，具有历史认知教育、乡土情结维系、文化身份认同、精神家园守望的综合价值。"一带一路"文化遗产星罗棋布，既在历史长河中熠熠生辉，又存在于我们日常生活的点点滴滴。文化遗产的文化价值，已经融合为不同民族间共同的文化精神，其中很多都已超越国界，成为构建人类责任、利益、命运共同体的重要纽带。究其根本，文化遗产的价值发挥，实质是增进不同文化间的吸引和欣赏、认同和连通，也是促使"一带一路"不同文化圈的人们形成共识的精神源泉。新时期，加强对文化遗产的保护并彰显其价值，有利于沿线国家共有精神家园的构筑。

第三章
"一带一路"文化遗产保护

> "一带一路"倡议的提出与实施标志着中华文明的再次崛起,不仅我国整体实力不仅因此有了提升,而且这也是我国与周边沿线国家共同开展的文明再创造过程。一个国家的综合实力不仅包括经济、军事等硬实力,还包括文化、艺术等软实力。将文化遗产保护纳入"一带一路"倡议之内,意味着文化遗产保护事业不仅被赋予新的历史性发展机遇,而且也面临着跨区域协同发展过程中潜藏的挑战。
>
> 文化遗产保护对于维持民族文化基因、文化品牌、国家形象等都将持续发挥重要作用。"一带一路"倡议的实施将对中华文明的传承与发展具有里程碑意义。在丝路这一国际性文化品牌的引领带动下,中国的文化遗产保护将在更加宽广的国际社会平台中表达民族自信和民族精神。在此过程中,中国文化遗产保护既可以与世界各地的文化遗产保护形成呼应,也会在文明型崛起的过程中累积新的文化价值。

第一节 文化遗产的价值

文化遗产是一个国家和民族发展内在基因的外在表现。一般而言,文化遗产的主要价值由历史价值、文化价值、艺术价值、社会价值、经济价值构成。在"一带一路"倡议下审视文化遗产的内在价值体系，我们可以发现其内在构造方面发生的变化，进而对文化遗产保护的内容和内涵产生一定影响。

一、"一带一路"视野下文化遗产的再创造

从"一带一路"倡议的基本内容中我们可以看到，无论是陆上丝绸之路还是海上丝绸之路，其战略重点不仅在于经济效益，还在于从文化层面上参与跨区域的沟通、跨文化的高质量协作。在此重大战略推进过程中，文化遗产作为中华文明优质基因的体现，文化遗产的保护也得到越来越多的重视。从文化遗产的价值构成体系来看，"一带一路"倡议对文化遗产的文化价值、社会价值的加持表现得尤为显著。

具体而言，文化价值的增加主要体现在：陆上和海上丝绸之路沿线的文化遗产获得了一次重新盘点、梳理、整顿现状的历史机遇。这些得到重新关注的文化遗产也因为丝路内涵的注入，在当下具有了崭新的意义，进而在很大限度上丰富了文化内涵。社会价值的累加主要有两点原因：在国内，丝路沿线地区在推进文化遗产保护事业的过程中，在社会福利、社会凝聚力等方面得以增强；在国际范围内，区域间文化遗产保护工作的互动及交流，也强化了文化遗产作为公共财产重要组成部分的地位，并持续发挥其正面导向作用。

此外，在"一带一路"倡议的引领和推动下，中国的文化遗产保护事业与文化产业繁荣发展之间的联系也更加紧密，而这个进程则强化了文化遗产的艺术价值。文化遗产作为一种重要的文化资源，通过产业化的开发手段，从设计、制作、营销等整个产业链上的各个环节对文化遗产进行艺术化的再生产，使文化遗产与社会大众的生活日趋靠近。文物不再是静态

的存在，它们可以成为文创产品的创意之源；文化遗址也不只是乏人问津的地方，它们中的许多地方变成了热门的旅游景点；非物质文化遗产由于源于人民群众生活方式的淬炼，在丝路主题引领及文化产业动能的推动下也得到了更多展示、推广的机会，并借由体验经济的消费市场重新回到人民群众的日常生活之中。由此可见，文化遗产内在价值体系的变化是有层次的，有内在规律的。这样的规律也将随着"一带一路"倡议的持续推进继续发挥作用。在未来，随着国际间合作的增加，通过艺术这种更加感性的手段推动文化交流的发展路径，将继续在文化遗产价值体系中得到推广和加强。

二、"一带一路"对于文化遗产保护事业的意义

在重新梳理了"一带一路"对文化遗产价值的影响之后，可以继续思考这种价值体系的变化对文化遗产保护事业产生的影响。这样的影响将从文化传承、文化交流、文化融合三个方面发挥作用。这三个方面相互作用，产生作用力和反作用力，共同对中国乃至全世界的文化遗产保护事业产生浓厚的影响。

首先是文化传承。如前文所述，文化遗产是民族优秀基因的外在体现，文化遗产保护的核心要义就是延续这种优秀的基因，使民族永续繁衍生息、民族文化绵延不绝。"一带一路"以文明崛起的纲领性文件在短时间内凝聚了人心，形成了社会共识，推动了各级文物保护部门及相关文化部门加强文化遗产保护的各项工作，从而在主观能动性和客观作用力上有序保障了中华文化的传承。

其次是文化交流。"一带一路"倡议向区域及国际间表达了态度鲜明的开放理念，并愿意在文化意识形态上以宽容的面貌参与跨国文化交流。通过跨国文化交流，不同文明之间得到了更多对话机会，中国也有机会学习

国际先进的文化遗产保护技术及理念。对我国来说，无论是陆上丝绸之路还是海上丝绸之路，沿线及周边省市对丝路战略的积极响应，都会成为地区及区域交流的重要契机。由于不少文化遗产是跨省、跨市、跨区分布，是基于大战略形成的共识，这样就减少了沟通成本，促进了文化保护事业的顺利推进，因此各部门的协调也会更加顺畅，合作更加融洽。

再次是文化融合。如前文所述，丝路战略对文化传承和文化交流都有积极的作用，但对于文化融合而言，则不完全是正向的作用。在联合国倡导的多元文化共存的大框架下，不同文化共存于世的共生状态并不总是有序和谐的，各种区域间的冲突时常可见，边疆地区及一些民族地区的不稳定现象也时有发生。然而，我们也应该看到不同文化之间的融合也在一些地区呈现出良好的面貌。通过"一带一路"倡议，华夏民族的农耕文明和海洋文明得到相互映照式的协同发展。而在中国北方地带，农耕文化与游牧文化的交融在许多地区都表现出独具地方特色的融合风格，又基于丝路战略的指导和引领表现出更加明显的相互借鉴发展经验、协同推进文化遗产保护事业持续发展的良好态势。以上这些都是不同特色文化与不同文明在丝路战略的作用下，在和谐共生、融合发展之路上取得的可喜成果。

三、"一带一路"及文化遗产保护的主要原则

一般而言，按照可移动性的强弱，可将文化遗产分为以下三种形式：不可移动的在地型文化遗产、可部分移动的在场型文化遗产、可移动的在线型文化遗产。其中，第一种以建筑遗址、遗迹等形态来表现，其文化遗产保护工作主要侧重于保护其物质形态的完整性；第二种中大多数以雕塑等大型物质形态呈现，与第一种在体积上有较大差别，表现出一定程度的整体流动性，这类文化遗产的保护通常是在地保护或由文物保护机构专门保护；第三种多以体积较小的物质形态或者非物质形态呈现，表现出较强

的可移动性特征。值得特别说明的是，非物质文化遗产主要以人为传承载体，体现在一系列相关的物态上，因而这类文化遗产的保护方式以扶持传承人为主。

"一带一路"倡议对文化遗产保护的基本原则产生了一定影响，这种影响是以文化产业政策及文物保护的相关政策为基础的，从而发挥相应的作用。由于"一带一路"倡议具有大视野和开阔格局，这给予文化遗产保护以更大的发展空间。在文化产业政策与文化保护政策充分衔接之前，文化保护事业基本局限在文物部门，表现出静态的、稳定的工作特点。文化产业政策的侧重点在于在保障社会效益的基础上，积极发挥文化遗产的综合价值，尤其是经济价值。在很多年里，文化遗产尤其是文物等，主要表现考古研究的学术性、文物保护体系内部的收藏性，以及文物市场的交易性和流通性，在文化传播、文化经济等方面发挥的积极作用十分有限。"一带一路"倡议则从顶层设计层面，给文化遗产保护提供新的可能性，即从文化保护系统内走出，走向更广阔的文化消费市场。从博物馆免费政策开始，文化遗产开始与普通民众的生活有了更多互动，在文博衍生品的文化消费方面累积了较大的潜在势能。"一带一路"倡议基于这样的先导政策和后续配套措施，在可持续性发展进程中累积了相应的文化市场基础。

第二节　文化遗产的活化

"一带一路"倡议的一个重要目的便是传承和推广中华民族优秀的精神特质，并将其贯彻到国内外各类项目推进过程中。无论是经济合作还是文化交流，最终产生的预期效果是实现中华民族的伟大复兴与国际政治经济格局的转变。这样重大的变化不可能一蹴而就，在推进过程中我们必定会遇到重重阻碍和困难,而克服这些障碍的契机就是文化软实力的持续增加。其中包括通过文化遗产保护将文明基因延续传承,借由地区间、区域间的交流合作机制持续推进文化交流和文化融合,在国家政策引领与社会资本的合力作用下促进文化产业的蓬勃发展。

一、文化遗产保护与文化产业的协同作用

如前所述,"一带一路"倡议对文物保护事业的一个突出作用就是使其看到市场机遇,从而获得更加广阔的发展空间。这里重要的思路转换,就是不再将文物保护事业限制在文化领域,而是将其拓展到文化经济领域。由此文物保护工作不限于保护文化遗址、文化遗迹文物等方面,而是通过文化产业这一文化经济核心地带的转换和过渡,使各类文化遗产变成可消费的文化产品或文化体验项目,在文化旅游、传媒经济、艺术经济等领域产生相应的经济效益和社会价值。这不仅可以满足人民群众日益增长的精神需求,也为文物保护事业提供了必要的资金保障。

在文化经济的视角下,文化遗产可以通过不同的转化路径变成文化资源,即可以被创意地转化为文化产品或文化体验项目的丝路文化战略资本。而在当代语境中,文化遗产代表的传统文化、文化消费代表的现代社会,在艺术创作和文化生产领域中也在不断地进行对话和交融的尝试。虽然这样的尝试在许多情况下导致过度商业化的不良现象,并出现稀释艺术价值或破坏文化遗产中文化价值的情况,但是文化遗产与资本的联姻在许多项目上也产生了积极正向的效果。大众文化消费热情的持续上涨,保证了经由文化资源转化生成的文化产品具有一定的消费市场。广大消费者审美素养和文化素养的普遍提高,也使低俗及过度娱乐化的低端文化产品呈现趋于弱化的发展态势。这为文化遗产类文化资源向大众文化靠近提供了良好的社会基础。

二、文化遗产保护的动态发展与静态稳定

文化遗产保护在当代视野中同时呈现出动态发展、静态稳定的两条线路,"一带一路"倡议在这两条发展路径上都将发挥积极正面的推动作用。一方面,"一带一路"倡议与一系列文保政策在不同的规划层面上协调一致,保证了文化遗产的存量。另一方面,"一带一路"倡议与一系列文化产业促进政策配合,以组合拳的方式推动文化资源向文化产品的创意性转化和创新性发展,以此实现文化遗产保护事业在当下的增量累积。

特别值得一提的是,丝路这一文化品牌有着丰富的历史文化底蕴,其国际性的品牌知名度决定了其具备广泛的传播力。除了促进农耕文化、游牧文化、海洋文化在中华民族内部进行更好的融合,丝路也是向外输出中国21世纪大国形象的文化标识和形象载体。对于文化遗产保护来说,凭借品牌的加持,可以得到国内外文保基金会及社会组织的支持。就历史沉淀来说,丝路品牌有着静态的丰厚特征。从文化传播角度来看,丝路的品牌价值正在不断地累积,影响力也在持续地扩大。因此,正是动态与静态的交织共存,才形成了丝路文化遗产保护的现状与未来。

第三节　文化遗产的保护

丝绸之路文化产业带的建设,是为了通过文化经贸加强与周边国家的文化交流和贸易往来。虽然文化资源产业开发在过去的时间里出现过开发利用不当、过度商业化的问题,但其中积极的作用还是值得肯定且需要继续发挥的。丝路文化产业发展的基本路径是通过整理丝路文化主题的文化资源,对其文化性、艺术性进行系统的提炼,将其中最富有文化价值的部

分向产业开发的方向输送,从丝路品牌打造、产业链构建两个方面形成良好的产业格局。将创意的活力植入文化遗产,除了能使文化遗产具有新的生命力,还能够在不同程度上消除文化差异造成的接受困难。也就是说,用更具一般性的创意语言弥合不同特色文化中人们难以理解的部分,从而进一步扩大产品的市场接受度。

一、文化遗产保护成果的基础表达方式

自从国家取消了国有博物馆的收费制度、出台政策允许建设民营博物馆及美术馆以来,文化遗产的相关展览就呈现出蓬勃发展的势头。在中国的各大城市,去博物馆看展览已经成为一种新的生活时尚。对于博物馆来说,举办展览是对文化遗产保护尤其是文物保护工作的一种系统化展示;对于广大的文化消费者来说,观展是接受传统文化并受到高雅文化熏陶的重要方式之一。经过艺术化的展览设计与空间美学的再创造,当文化遗产以各种样态在现代生活中焕发崭新面貌时,文化遗产的文化价值、艺术价值也得到了相应的彰显和增加。展览设计与文物衍生品设计已成为博物馆及美术馆越来越重视的内容,这不仅是符合当代人(尤其是年轻人)审美需求的设计理念,而且连接起了时间和空间,在传统与当代之间搭起了桥梁——用现代美术中的平面艺术、造型艺术、空间艺术等设计语言,对能体现文化遗产内在价值的语言体系进行合适的注解,用较为恰当的视觉传达方式讲述文化遗产前世今生的文化故事。在此过程中,人们既读懂了这样的设计语言,也顺畅地领略了文化遗产中蕴含的丰富内涵。除了设计语言的释义,跨文化传播中的语种翻译也十分重要,如果缺少这一环节,文化遗产的展示和展演就会丢失必要的文化价值信息。例如,北京天桥艺术中心曾举办一场"丝路文明艺术品民间收藏展",其在展览语言和展览空间的设计上均考虑到了现代人的审美心理。展览的地点选在首都的表演艺术

中心，不但可以保证观展的人次，使文化品牌的传播有一定受众规模作为保障，而且分主题的布展方式也使丝路这一中心主题的展览内容丰富而不凌乱。

近年来，故宫博物院针对"让文化遗产活起来"议题，在不断进行着理念的创新和实践的尝试。故宫博物院可以说是全世界观众来访量最多的博物馆之一。从 2014 年开始，故宫博物院开始了数字智慧博物馆建设。故宫博物院围绕公共服务、文物修复等方面，深度挖掘故宫博物院的文化遗产资源，通过观景线路结合 VR 展示、开放端门展区，作为数字展区项目，以丰富观众的游览体验。故宫博物院不断以提炼自身的文化遗产资源为基础，使用不同的技术载体或文化创意，不断贴合受众需求，对展陈内容和方式给予持续性的推敲和揣摩。故宫博物院前院长单霁翔认为，好的博物馆是需要不断研究人们不断增长的需求、不断深挖藏品内涵的，根据自己的文化资源凝练出强大的文化力量，不断举办好的展览和活动，让人们感受到博物馆对于自身生活的意义。

二、以丝路文化展演为主的文化产业

文化旅游是文化产业的重要组成部分。通过文化旅游业实现的消费几乎可以囊括丝路文化产业的大部分业态。在文化旅游中，最重要的文化体验项目就是观看演出。表演艺术由仪式歌舞的演变转化提炼而来，保留并传承了丝路文化中最生机勃勃的元素。比如，敦煌乐舞就是一个文化资源宝库，《丝路花雨》《莲花》等优秀舞剧均吸取了敦煌乐舞中表演艺术的特色和精华。其中，《丝路花雨》以丝绸之路和敦煌壁画为背景素材，讲述了画工神笔张和歌伎英娘的悲欢离合的故事，在国内外巡演中获得了巨大成功，被誉为"中国民族舞剧的典范"。如今，《丝路花雨》已成为敦煌大剧院的常态化演出剧目。而由闲舞人工作室制作的舞剧《莲花》则将叙事主题集中在佛教文化的一个微观层面。舞剧讲述了敦煌彩塑师"乐僔"在感知到"莲花"的真善美后，创作出一尊莲花泥塑的故事。舞剧中的主人公"乐僔"在探索自我生命原点的旅行中，背负着泥塑不畏风雨寒暑、走过万水长路的感人品格，表现出人们对于真善美崇高价值的执着追求。其中，敦煌壁画及彩塑中精美的肢体语汇是创作者的灵感来源，更值得一提的是，古典舞的优美意境与现代舞美设计的融合为《莲花》舞剧增添了新的视觉审美体验，此剧在国内巡演几十余场，已成为该工作室的保留剧目。

再如近两年甘肃四库文化发展集团有限公司斥资 6 亿元人民币打造的西北首部室内情景体验剧《又见敦煌》。该剧作为华夏文明传承创新区建设的重要内容及国家"一带一路"倡议首个丝路落地项目，深受当地政府的高度重视。《又见敦煌》剧场的设计灵感来源于"沙漠中的一滴水"，采用流线式空间体验方式演出。剧场整体建设采用下沉式结构，以周围沙漠背景为衬托元素，以湖蓝色为外立面主色调，充分体现出敦煌为古丝绸之路沿线茫茫沙漠中的一片绿洲。该剧以"穿越"为指导思想，划破岁月的时空，拉近历史的距离，给观众带来身临其境的真实体验，带领观众在穿梭中回顾几千年前的历史文化故事（见下图）。

如果说敦煌文化代表了陆上丝绸之路，那么妈祖文化就代表了海上丝绸之路，二者都与中华民族的信仰及文化对外交流有着密切关系。2018 年 1 月，由国际知名舞蹈艺术家杨丽萍导演的大型舞台剧《平潭映象》在福建大剧院进行了全球公演。该舞剧呈现出新东方美学，融入了妈祖文化的精彩元素，使整出舞剧更具浓郁的东方海洋风情，生动展现了东方文明古国的海洋文明和人文精神。

图 3-1 《又见敦煌》

第四章
"一带一路"文化遗产永续利用

文化遗产包括物质文化遗产和非物质文化遗产,是先辈们智慧的结晶,也是人类文明的瑰宝,在历史、文化、民俗、艺术等方面都具有十分重要的研究价值。① 保护文化遗产,不仅是对文化传承、民族认同感、归属感和凝聚力的增进,构筑国家社会和谐稳定的重要文化基础,而且也成为维护世界文化多样性和创造性,促进人类共同发展的重要前提。随着"一带一路"倡议构想的提出,文化遗产被赋予了新的历史使命,文化遗产的保护也有了更为重要的世界文化意义。

作为历史的积淀和见证,文化遗产可直接激发人们的历史记忆,增强文化认同感和归属感。在"一带一路"倡议构想的实践过程中,平等的文化认同框架、共同的历史记忆是各国合作的重要基础。其中,文化遗产具有不可替代的文化交流作用。近年来,在党中央、国务院的高度重视下,我国文化遗产保护事业取得了显著成就,全社会文化遗产的保护意识进一步增强,遗产保护的基础工作不断夯实,资源状况基本摸清,基础设施建设的步伐逐渐加快,保护经费和保护力量持续增长,保护状况得到明显的改善,公共文化服务水平稳步提高,文化和自然遗产

---

① 文化遗产事业助推国家重大发展战略[N].中国文物报,2015-06-12(12).

利用的广度和深度也在不断拓展，文化遗产保护和永续发展的事业呈现出前所未有的良好态势。

第一节 物质文化遗产永续利用

物质文化遗产又称"有形文化遗产"，即传统意义上的文化遗产，根据《保护世界文化和自然遗产公约》（简称《世界遗产公约》），物质文化遗产包括历史文物、历史建筑、人类文化遗址。

文物是一种具体的物质遗存，它是人类宝贵的历史文化遗产之一，是人类在历史发展过程中遗留下来的遗物和遗迹。文物通常具有两个基本特征。首先，文物必须是由人类创造的，或者与人类活动有关；其次，文物必须是已经成为历史的过去、不能再重新创造的遗存。目前，各个国家对文物的称谓并不一致，其所指的含义和范围也不尽相同，因而迄今为止，全球还尚未对文物达成共识。

文物具有广泛的历史价值、艺术价值和科学价值，涉及人类文明的各个领域。根据《中华人民共和国文物保护法》中的规定，下列各项文物（见表4-1）应由国家保护。

表4-1 国家保护的文物项目

序号	文物类别
1	具有历史、艺术、科学价值的古文化遗址、古墓葬、古建筑、石窟寺和石刻、壁画
2	与重大历史事件、革命运动或者著名人物有关的，以及具有重要纪念意义、教育意义或具有史料价值的近现代重要史迹、实物、代表性建筑
3	历史上各个时代珍贵的艺术品、工艺美术品
4	历史上各个时代重要的文献资料，以及具有历史、艺术、科学价值的手稿和图书资料等
5	反映历史上各个时代、各民族社会制度、社会生产、社会生活的代表性实物

联合国《保护世界文化和自然遗产公约》中对物质文化遗产的内容进行了界定[①]，凡属于下列各类内容之一者，可列为文化遗产：

  文物：从历史、艺术或科学角度来看，具有突出、普遍价值的建筑物、雕刻和绘画，具有考古性质成分或结构的铭文、洞窟及联合体；建筑群：从历史、艺术或科学角度来看，在建筑式样、分布均匀或与环境风景结合方面，具有突出的普遍价值的单立或连接的建筑群；遗址：从历史、审美、人种学或人类学角度来看，具有突出的普遍价值的人类工程、自然与人联合工程及考古地址等地方。

凡是提名列入世界遗产名录的文化遗产项目，必须符合下列一项或几项标准，方可获得批准。第一，代表一种独特的艺术成就或来自一种创造性的天才杰作；第二，能在一定时期内或世界某一文化区域内，对建筑艺术、纪念物艺术、城镇规划、景观设计等方面的发展产生较大的影响；第三，能为一种已消逝的文明或文化传统提供一种独特的至少是特殊的见证；第四，可作为一种建筑或建筑群或景观的杰出范例，展示出人类历史上一个（或几个）重要阶段；第五，可作为传统人类居住地或使用地的杰出范例，代表一种（或几种）文化，尤其在不可逆转变化的影响下易于损坏；第六，与具有特殊普遍意义的事件或现行传统思想、信仰、文学艺术作品等方面有直接或实质的联系。（只有在某些特殊情况下，或该项标准与其他标准一起作用时，此款才能成为列入世界遗产名录的理由）

一、构建物质文化遗产保护的技术体系

科学研究是物质文化遗产保护的基础。物质文化遗产因其有形的实

[①] 贾宇，张胜."一带一路"上的文物：从人文交流的历史深处走来[N].光明日报，2017-06-22（11）.

体存在而具有重要的科研意义。例如，通过考古挖掘的成果和文献研究的成果，学者可以对该文物反映的时代及该时代背景下人类经济、文化、生产生活方式、社会组织形态等内容进行相关研究；然后通过展览、报告和文字的形式进行表达，这样人们可以更直接地了解特定历史时期人类文化的不同构成和文化形态的多种样貌。举例来说，人们去博物馆观看各种各样的文物时，不仅可以通过感官对展品的大小、颜色、样式等方面进行简单初步的认识，而且还能对该时代的总体文化背景和历史演变过程形成大致的感知印象。

文化传承方式及相应的保护理念不仅需要符合人类社会科学技术发展水平，也需要随着社会发展变迁进行持续性的科学研究。可以说，科学研究是物质文化遗产保护的基础，文化遗产的采集、鉴定、保管、陈列等诸多环节都需要进行有科学意义的研究。物质文化遗产保护的主要工作是对文物进行收集、整理、保管、陈列、研究和宣传，具有保护、收藏、研究和展示的社会功能。物质文化遗产的保护工作既离不开科学的搜集与整理，也离不开工作者严谨的研究态度，保护工作的每一项内容都与科学研究有十分密切的联系。

另外，在物质文化遗产保护的科学研究中，陈列是衡量物质文化遗产保护工作质量和学术科研水平的重要标志。陈列水平的高低，主要取决于展品的优劣和科学研究水平的高低。随着现代科学的发展，许多新知识、新技术已经渗入物质文化遗产保护的各项活动中，物质文化遗产保护的收藏也几乎囊括了整个人类社会科学和自然科学领域的诸多学科，极为丰富的文物、资料和标本极大地扩展了物质文化遗产保护的科学研究范围。

二、培养物质文化遗产保护理念的全球化眼光

物质文化遗产保护具有的社会价值，在很大程度上是由于它通过实物材料形象地反映了人类社会发展、地理环境、生产生活、科学技术、文化

艺术等方面的综合历史元素筑成的图景，人们的知识范畴从而得到更直观、更丰富的扩展和补充。对物质文化遗产进行保护，不仅要重视科学研究工作，更需要有新的全球化发展眼光。物质文化遗产不是某一个国家、某个地区或某一个族群的所有物，而是全人类共同的文化财富。

树立全球化的发展眼光，不仅有利于对中国物质文化遗产保护事业的发展进行多角度、多层次的研究，也有助于人们在更为广阔的视野下，站在更高的起点上归纳、总结前人的科学研究经验，探讨物质文化遗产保护的发展战略，根据时代发展的要求不断调整保护方向，从而坚定人类物质文化遗产保护的历史使命和文化使命。

三、树立文化遗产保护与可持续发展理念

从世界范围内来看文化遗产保护，国外一直秉持可持续发展的保护理念。在欧洲，文化遗产一直被视为国家的象征。虽然在欧洲的一体化建设过程中，各个国家在经济、政治、文化等多个领域的联系日益密切，但文化遗产却能具体、历时地体现和保持不同国家的历史文化特征。全球文化旅游的兴盛使文化遗产的经济价值得到空前凸显，在发达国家和发展中国家都是如此。文化遗产的经营已被视为一种文化产业。但是，文化遗产也具有不同于一般经济资源的特殊性，无论保护还是展示，文化遗产都具有很高的知识性。在中国，可持续发展的概念提出已久。它是一种既满足当代人的需要又可对后代人不构成危害的发展理念。[①] 中华民族文化历史悠久，文化形态多种多样，无论是物质文化遗产还是非物质文化遗产，文化遗产的保护都需要可持续发展的理念。保护与传承人类文明成果和人类共同的文化遗产，是人类自身需要共同面对的重要社会责任和义务。

---

① 高轩. "一带一路"战略下非物质文化遗产华侨代表性传承人制度构建[J]. 暨南学报（哲学社会科学版），2015，37（7）：48-59.

四、构建物质文化遗产保护的法律体系

实施物质文化遗产保护工程,首先,要从国家立法的角度,从法律层面出台相关法律法规,以立法的形式对物质文化遗产进行保护。其中包括根据物质文化遗产的种类、保存状态和濒危程度将物质文化遗产分为世界级、国家级、省区级和县市级,进而在地域上对物质文化遗产进行全覆盖的分级保护。其次,通过教育与宣传,让人们树立对物质文化遗产进行保护和文化多样性的意识,丰富物质文化遗产保护的方式和措施。中国虽然是世界文化遗产大国,但人们如何树立与之匹配的遗产保护观念,还需要更进一步的思考。在中国的历史文化遗产保护工作中,阮仪三先生曾提出遵循"原真性、整体性、可读性、可持续性"的物质文化遗产保护原则,可以说,这一理念是总结了国内外物质文化遗产保护理论与实践的研究成果。无论如何保护,有一点是可以明确的,那就是保护人类的物质文化遗产,就是保护人类自己。

物质文化遗产保护的目的和意义,不是简单地陈列考古挖掘的成果,而是对人类历史遗迹进行科学研究。了解物质文化遗产承载的内容,与考古学研究的问题一样,要了解过去留下了什么;通过研究物质文化遗产发现的不同历史时期的社会环境、生活方式、工艺技术、经济贸易、文化艺术等内容不仅是考古学研究的问题,也可以作为我们保护物质文化遗产的思路,在寻找保护物质文化遗产的方式路径方面启发我们进行更深入的思考。

物质文化遗产传递出的信息构成了人类历史不可替代的印记,记录了人类的社会变迁历程。例如,有的文明(如车师古国交河故城)在社会变迁的过程中只以遗址、文物的形式保留了下来,这就需要我们从遗址中发现、探究与保护。一个国家、一个地区、一个民族的物质文化遗产既是本

地人民的骄傲，也是全人类共享的财富，每个人都有保护物质文化遗产的责任与义务。回顾和考察历史的过程，也是再次解读人类自身历史文化的过程。

文化遗产保护的理念如何体现出真正的人文价值和意义，是一个值得深度思考的问题。我们应当认识到"申遗"不是保护文化遗产的唯一手段和目的。"申遗"的意义，也不仅是被列入世界遗产名录且为国家带来社会效益与经济效益，其更为重要的价值是要让遗产保护的观念深入人心，强化人类对物质文化遗产保护的责任意识。

第二节　非物质文化遗产永续利用

非物质文化遗产具有双重价值：一是存在价值，包括历史、艺术、科学和教育价值，这是核心的、主要的价值，决定了"保护第一"的原则。[①]二是经济价值，它是存在价值派生的，包括直接和间接的经济价值。存在价值是"源"，经济价值是"流"。存在价值越大，潜在的经济价值也越大，其转化为直接的经济效益也就越大。

非物质文化遗产形成伊始，就体现了人们对它的切身需求，并在之后的过程中逐步形成了它的市场交换性。非物质文化起源于人类的生产劳动，它是在人类生产劳动的过程中产生并随着社会的发展得以存续的。无论是初始的民间表演艺术，还是民间造物艺术，它们都有一个共同点——实用。历经千年，非物质文化的价值从纯粹的实用发展到审美、寓情、记忆等精神层面的实用，成为人们一种自觉的艺术创造，它体现的还是民众生活中不可或缺的文化需求。

---

① 范周."一带一路"的文化遗产价值体现与保护利用[J].遗产与保护研究，2016，1（1）：18-21.

近年来，我国一些地方的文化主管部门和行业组织按照国家积极发展文化产业的要求，进行了积极有益的探索，为非物质文化遗产产业项目的发展积累了很好的经验。例如，天津杨柳青年画、河北武强年画借助非物质文化遗产的深厚内涵，其产业发展已经小有规模，在激烈的市场竞争中占据了一席之地。应该承认，我国各类文化产业的进一步发展，对促进我国文化体制改革、解放和发展艺术生产力、增强文化单位的活力，对繁荣和规范文化市场、广泛吸引社会资本参与文化产业项目，对丰富和活跃广大人民群众的业余文化生活、改善人们的生活消费结构，对扩大内需、增加就业、开辟税源、推动第三产业发展，都能起到十分重要和积极的作用。

在当前和今后一个时期，非物质文化遗产保护和利用工作的任务依然艰巨繁重，需要我们以科学发展观为指导，认真贯彻党和国家关于非物质文化遗产保护工作的指导方针，坚持"保护为主，抢救第一，合理利用，传承发展"，在理论和实践两个层面进行积极的探索，从中找出最科学、最切实、最有效的保护和利用的方式和方法。

一、立法保护与科学保护

《保护非物质文化遗产公约》指出，世界遗产可以进行展示，但不允许擅自改造，必须保护遗产的真实性和完整性。保护是宗旨，也是利用的前提。我们不应将保护性遗产、社会公益性遗产变成少数企业的经济开发资源，尤其对于那些具有代表性的非物质文化遗产精品和濒危遗产，更应该坚持"保护第一"的原则。

为了把我国各民族的非物质文化遗产保护好，世代相传、永续利用，我们应加快国家和地方的立法和管理工作。除了国家立法，少数民族集中的各省区也要根据本地的实际情况制定更详细、更适合本地区的可操作性强的各类保护法规，以此作为保护的主要根据。如果要保护好各民族的非物质文化遗产，必须组织科研人员进行科学研究。一是要研究如何进行保护。要研究科学、有效的保护技术与方法，否则会因保护不当而遭受损失。二是要研究如何恢复已经失传或保存不全的非物质文化遗产，以恢复传统文化的原有风貌。三是要实施整体保护原则，对非物质文化遗产自身及其生存空间实施全方位保护，不能把它割裂开来。四是实施精品保护原则。各民族的非物质文化遗产众多，全部加以保护是不太可能的，对于那些代表民族文化，具有很高的科学、艺术和历史价值的精品，应该实施特殊的保护。五是要实施多样性保护原则。非物质文化遗产种类多样，应该根据不同的种类采用不同的保护方法。

二、正确处理保护和利用的辩证关系

非物质文化遗产的保护不能理解为单纯的保护，因为单纯的保护只是静态的"死保"。我们不能片面地强调保护，而忽略了因需求形成的市场交换性。保护与利用是相辅相成的。一方面，我们可以在保护中充分发掘其利用价值，并通过努力促使这种价值得到更好的发挥。另一方面，在利用中我们需要确保其从形式到内容的原生特质不变，这样其生命力才能得到加强。可以说，生命力的加强，就是我们对非物质文化遗产保护工作取得成功的最好证明。确立这一辩证的认知观念，才是对非物质文化遗产最科学、最切实、最有效的保护方式和方法。

对于过度或破坏性开发，我们必须坚决果断制止，但也不能由于出现某些问题就"因噎废食"，我们应该理顺保护与利用的关系。例如，伦敦白金汉宫皇家卫队换岗仪式几乎每次都吸引数万乃至数十万游客前来观摩。如果不进行开发旅游，这种活态文化就会在社会中失去功能，甚至自动消弭。另外，在获得极大成功的大型原生态歌舞集《云南映象》的背后，不仅是舞台艺术的积累和发展，还有其背后将民族、民间文化资源进行产业化运作的发展模式。《云南映象》中的舞蹈元素基本上都来自云南民间，甚至70%的舞蹈演员来自田间地头。《云南映象》的成功本身就说明了云南民族、民间文化资源可以在开发中得到继承和弘扬。因此，我们要站在保护和传承我国非物质文化遗产、弘扬和培育民族精神、复兴中华民族文化的高度，正确处理保护和利用的关系，实现二者的相互辅助、相互促进。

三、建立健全非物质文化遗产传承机制

一是全力保护传承人。非物质文化遗产依托人本身而存在，以声音、形象和技艺为表现手段，是"活"的文化及其传统中最脆弱的部分。[①] 因此，对于非物质文化遗产传承的过程来说，人就显得尤为重要。对列入非物质文化遗产名录的代表性传人，要有计划地提供资助，鼓励和支持其开展传习活动，确保优秀非物质文化遗产的传承。二是利用集市、庙会、节庆等活动，以及为民间艺术之乡、传统老字号等冠名措施，繁荣、活跃民间传统文化，同时积极探索对传统文化生态保持较为完整的村落或特定区域进行动态保护的有效途径。三是加强非物质文化遗产的宣传教育，加强非物质文化遗产知识产权的保护，开展多种形式的艺术培训活动。一方面，对列入各级名录的非物质文化遗产代表作，可以采取命名、授予称号、表彰奖励、资助扶持等方式鼓励代表作传承人（团体）进行传承活动。另一方面，可通过社会教育和学校教育的方式，使非物质文化遗产代表作的传承后继有人。

四、政府主导、各方参与，形成社会合力

非物质文化遗产的保护和利用是一项系统工程，必须建立协调有效的

---

① 庞云玲.非物质文化遗产"走出去"的外宣英译调查研究：以邢台市为例[J].学周刊，2015（22）：228-229.

领导机制。各级政府不仅要把非物质文化遗产保护列入工作日程，还需将其和当地的经济社会事业发展总体规划相结合，加强领导、制定规划、加大投入、统一协调。

首先，全面开展非物质文化遗产普查是非物质文化遗产保护的基础性工作。各级政府应认真制订普查工作方案，积极组织开展对非物质文化遗产现状的调查，运用文字、录音、录像、数字化多媒体等各种方式对遗产进行真实、系统和全面的记录，全面了解和掌握非物质文化遗产资源的种类、数量、分布状况、生存环境、保护现状及存在问题。

其次，运用现代科技手段建立档案和数据库，建立国家级和省、市、县级非物质文化遗产代表作名录体系。政府还应出台各种政策，广泛吸引社会力量参与非物质文化遗产的保护和利用工作。鼓励个人、企业和社会团体对非物质文化遗产保护工作进行资助，鼓励社会资本和外资企业共同开发利用我国的非物质文化遗产；鼓励民间艺术企业到国内外参展，推销民间艺术产品和表演；加强对文化经纪组织的规范和管理，培育市场主体，优化发展环境；注重制度的建立和机制的完善，调动社会、企业和艺人方面的积极性，创新保护利用机制；鼓励各类文化单位、科研机构、大专院校及专家学者，加强对非物质文化遗产保护利用理论和实践的研究，推动此项工程向更深层次、更高水平发展。

可见，非物质文化遗产的永续利用，需要结合时代发展、国家需要、文化沉淀等多方面因素，其中不可忽视社会大众的参与力量。非物质文化遗产的传播，需要有效利用人文和技术生态环境，对文化遗产的展陈空间进行创意式的营造，以此让传统文化更好地贴近百姓生活，达到多维、多重的传播效果，促进受众主动参与到中华文化遗产传承的任务中来。

相关案例

"传PLUS"——非物质文化遗产展览的空间创意营造

文化遗产是历史文化不断积累的精粹，是需要持续保护和传承的。伴随着当今社会的快速发展，工业化的生活制造了新的审美，机械化的生产模式让生活方式发生了改变。传统手工技艺由于产能低或审美过时等，正在逐渐失去生命力。当下"非遗"最核心的任务就是保护和传承，让更多人尤其是年轻人看到"非遗"、了解"非遗"、喜欢"非遗"。目前，我国非物质文化遗产的品牌建设与打造80%以上依赖传承人，大体上包括技术传承、产品生产、企业管理、品牌运营等诸多方面。很多时候，传承人既是企业家，又是艺术家，不利于文化遗产艺术价值的延续和稳固，因此在行业不断细分的当下，需要让专业的人做专业的事情，也许引入"非遗"经纪模式会为"非遗"品牌建设添助一些力量。

本项目课题组对"传PLUS"创始者、"非遗"策展人李媛媛女士进行了专访，以期为了解怎样在当前社会更好地进行非物质文化遗产传承提供学界和业界方面的参考。

问题1：在"仿佛若有光"主题展览中，您选取了10项"非遗"项目，如北京玉雕、曲阳石雕、德化白瓷、漆器髹饰等，并采用沉浸式多媒体展示方式。您是如何理解沉浸的？若想达到沉浸，需要采取哪些方法？沉浸的特点是什么？

李媛媛：目前，业界很多商业活动经常会用到"沉浸"这个词，但在我做"非遗"展览的过程中，更多从三个方面考虑沉浸。首先，有别于TeamLab这种互动科技的空间营造，"非遗"展览的沉浸更多体现在内容方面。这就是说，我在我们这个空间里面要表达怎样的文化内容，这种文化内容是不是可以让民众主动地通过空间来接受。就之前的"非遗"展览1.0状态而言,是"板起面孔来教育人",而今天的沉浸式"非遗"展是要"张开怀抱拥抱人"。比如,从展览的名称来说,如"仿佛若有光""一梦到姑苏""宫廷新造办""流淌在生活",大家仅从标题来看难以想到其内容本身是"非遗"展。也就是说,从给展览起名字开始,就让这个展览的内容有一定的沉浸性。其次,从空间的内容来看。我一直认为不能仅停留在形式感的沉浸。比如,我们要表达一个"花舞森林"的概念,在视觉空间上做满,就可以表达沉浸。但是,文化的沉浸如何来做呢?我们在展览中做的沉浸,可能永远没有办法达到在故宫、雍和宫等文化古迹中徜徉的效果,所以就得靠展览内容。"仿佛若有光"这个展览空间(见图4-1)非常小,只有36平方米,围绕一个主题用了10项"非遗"项目,要打磨一个"中国秘境"这样的沉浸式空间。空间正中间是一个释迦牟尼双色佛像,是国家级非物质遗产传承人的代表作品,佛像左右两边是泰山皮影,是用敦煌壁画的手姿造型做的皮影,还能看到金镶玉。这里面大量的主题也与莲花、吉祥图案、云纹、宝像花纹有关,五大官窑的汝定瓷同样运用了莲花的造型。大家可以看到空间内部有不同莲花意象的图案,像宝塔瓶、莲花碗,

图 4-1 "仿佛若有光"北京"非遗"沉浸式光影艺术展

位于佛像后面的剪纸上有九九八十一朵莲花，寓意着"九九归一"。在这个空间里，从天到地、从左至右，装饰、材料、展品、商品等所有能看的东西都是"非遗"，表达了"中国秘境"这个概念。

陶渊明先生在《桃花源记》里如此描述初见桃花源的场景："林尽水源，便得一山，山有小口，仿佛若有光。"金镶玉、汉白玉雕刻、剪纸、皮影、砖雕、蓝印花布、汝瓷、定瓷、德化白瓷、大漆，这些看似无关的"非遗"技艺制成品，因为"光"之召集，共同组成沉浸式光影展示空间。这10种"非遗"寓意"非遗"传承轮回圆满、生生不息，以光影之名义让观众在"非遗"展览空间之内，能时时处处感受到光影艺术之趣、"非遗"别样之美。

当然，也有"文化+科技"的应用，就是科技沉浸。我们做了一个"非遗"馆，在省级文保单位城隍庙里营造一个沉浸式的"梁祝"空间（见图4-2）。在这个空间里我们用了很多TeamLab的光影技艺。用数字投影、雷达装置，打了"化蝶"影像效果投在弧形幕上，天地用镜面来扩大视觉效果和张力，在全息纱帘上用的是"梁祝"传说中的人物，人物的展现又用了宁波当地的越剧本土特色，在这个空间中我们想表达国家级的"非遗"

图4-2 "梁祝"沉浸式空间

项目"梁祝传说"。长久以来,民众对于"梁祝"仅停留在小提琴协奏曲和民间故事层面。怎样在其原生地宁波打造一个原生态的内容产品呢?我们就采用了科技的手段、文化的内容,营造了这样的沉浸式空间。

最后,还有理念沉浸。我们不能为了沉浸而沉浸,而理念的沉浸就是让民众在展览空间中挥一挥手、跺一跺脚,就可以接收到这种沉浸的感受。还可以使用类似于放大镜式的 AR(增强现实)设备,对展览的物品有更多的数字化信息理解,采用圆桌雷达互动系统,让民众亲自"点"桌"非遗"大餐。在宁波海曙区"非遗"馆展览中,我们以数字媒体投影系统、L 型数字交互投影墙、雷达互动系统、定向音箱音频系统等技术手段,取月湖、天一阁、天封塔、鼓楼、鄞江桥、它山堰之景,将带有浓浓宁波风韵的民间文学、戏曲曲艺、传统舞蹈、民俗等"非遗"项目展现其中(见图 4-3)。另外,在"非遗数字长卷"中,不用一个耳机,定向音箱音频系统具有精准的声音范围,保证民众在欣赏单个项目时,在听声音的同时做到互不干扰。比如,在"幻戏空间"中,观众不用戴 VR(虚拟现实)眼镜,全息纱幕 + U 型幕墙系统 + 镜面的组合,就可让民众身临其境享受"裸眼 3D"的

图 4-3 宁波海曙区"非遗"展

神奇。要把文化沉浸、科技沉浸、理念沉浸结合起来，因为所有的沉浸都要遵循"以人为本"的理念。

问题2：您怎样理解"情景化"概念？在对文化遗产策展的过程中，怎样进行情景营造？在促进大众知识汲取和提高传播效能方面有哪些作用？

李媛媛：有一本书叫《场景革命》。展览空间与场景、情景是分不开的，但我们对于空间常常会有一些思维固化，如居家空间、办公空间、商业空间、艺术空间。但在现代社会中，我们想到的这些空间思维禁锢一直都在被打破。所以，我用拥抱艺术与商业的"非遗"审美实践来思考和打造"非遗"文化展。场所基于消费需求构建的"引力场"，是实体和精神的关系，创新是对未来生活的洞悉，是对未来生活模式的预判，只有对未来的生活模式有了清晰的预判和创新，才能够和消费者无缝对接。未来我们贩卖的不再是简单的商品，而是一种情感、一种体验、一种场景性营销。其实自做展览以来，我们一直在寻求文化空间的场景精神。现在是文化走向融合的时代，纯商业、纯艺术、纯公共空间场景的边界在日益模糊，在不远的未来，"非遗"展会有新的增长点。比如，我们在线下买一个杯子，不仅是消费这个物品本身，在很多时候，物品内在包含的故事也会给我们带来一种文化场景式的体验消费。

对于未来"非遗"场景，我提炼了一些关键词：多元、沉浸、五维、情感、体验、愉悦。"多元"是指内容的多元、呈现手段的多元；"五维"是指视、听、嗅、味、触，如展览中有花香、香包配合展陈内容的表达；"情感""体验""愉悦"是非常重要的，会让展览空间更具有文化性，让空间不再只是冰冷的物的呈现，像是"仿佛若有光"一般。在民众没有踏进这个空间之前，它就是一个很好看的展览，当民众与此空间产生互动和消费时，此空间又变成一个商店。所以，未来展览体现着"融合"这个概念，融合了文化、艺术、商业、体验等各种功能，未来我们的空间不再是单一的，更多的是复合性质的空间。另外，"多元"还体现在风格形式上的多元。原来我们认为，非物质文化遗产就是中式生活的一个代表，事实上我们现在进入了一个"无问西东"的审美时代。原来对家居进行装修，我们可能会考虑中式、地中海、美式等风格，但现在我们都慢慢淡化这些概念了，可能最根本的是消费者对于事物的喜爱度。我们恰恰就是从情感、体验和愉悦中来判断到底哪个风格适合我们个体本身。其实，这就是我对情景化的理解。情景不是单一的情景，我们对情景的感受不仅在于多维空间的融合，还包括在表达的过程中围绕主题进行的呈现，而且不是围绕物品本身进行单一性表达。物只是物，我们要"以物寄情"。只有物背后的寓意都被释放并呈现出来，才可以称为文化的表达。对于"非遗"展览来说，不仅仅是对于历史场景的复原，更多的是传达一种文化理念，有时可以上升到哲学的高度。

另外，现在的场景营造不同于以往教科书式的展陈理念，更多是要"张开怀抱拥抱人"，激发观众主动进行探索和求知，这也是主动传播的具体体现。以 2020 年 10 月在嘉德艺术中心兴办的"宫廷新造办"文化展览（见图4-4）为例，当时并没有太多预算请媒体，但出来的效果被官方媒体和自媒体相继转发，其原因大抵是展览内容本身的吸引力。所以，场景情景化是多元

图 4-4 "宫廷新造办"文化展览

空间的融合，策展时如何营造这个情景，包括对民众的传播和对展览自身的传播，围绕"场景革命"这四个字是完全可以概括对情景的想法的。

问题3：您如何营造场景？怎样才是好的场景？是成为网红打卡地吗？流量与文化传播的关系是怎样的？

李媛媛： 在营造场景的最基本层面，我更多采用光影的手法。举个例子，河南浚县古城是子贡的故乡，子贡是一个儒商。当地原来的子贡展厅是较为简单的，只有子贡的画像和语录，我就把谷粮仓和子贡文化结合在一起，做了一个"文字森林"。首先，这个"文字森林"是一个光影艺术装置，其背后蕴含着子贡和孔子的对话。然后通过好的视觉去吸引民众，这还是"张开怀抱拥抱人"这个理念。你听到"文字森林"这个名字后被吸引进来，然后被内部空间的美感所吸引，在里面打卡拍照，在休息驻足之时，会从装置和地面上的文字中理解子贡所说的话："君子质而已矣""惜乎，夫子之说君子也。"也就是说，在对场景进行营造时，通过光影的方式用一些陌生化的材料，如不锈钢、亚克力，区别于常见的"非遗"展所用的材料，还会用一些有当代艺术内涵的霓虹灯和赛博朋克风格。最初是营造吸引人的视觉，但最终目标并不是为了打卡拍照，主要是为了打破民众对"非遗"的刻板印象，再重构出一个"非遗"理念出来。每个展览都是要传达一个理念的，如"仿佛若有光"通过光影方式传达"中国秘境"，"东方潮奢"用全镜面传达"中国奢侈品"这个概念，"宫廷新造办"传达的是"宫廷秘境"等。也就是说，我们通过材料的陌生化、光影艺术装置的当代艺术手段，让人能"待得住、记得住"，让设计的空间打破传统艺术展览界限，并让人在此空间中产生文化消费。

问题4：如何理解体验经济？好的体验是怎样的？这样的体验有怎样的作用和影响力？

李媛媛： GENTLE MONSTER眼镜商店的空间设计让人完全感受不到是一个商店，它打破了当代艺术展、商业空间场景的界限，潜移默化地让民众感受到了这个品牌的文化，感受到一个不一样的商品。如果只是有买一个太阳镜的想法，也许我们不会选择这个品牌，但如果去三里屯逛街，心里就是想消费买点东西，可能就会进入它的店并产生购买行为。这对"非遗"来说也是一样的。非物质文化遗产是一个政府词汇和学术词汇，从来都不是一个市场词汇，民众平时出门时不会说"我今天去买个'非遗'"，可能会说"今天买个瓷杯送人"，或"今天买个刺绣的旗袍"。民众是通过功能来区分购买的物品，所以场景体验式的消费是适合的，这些场景和情景赋予了以功能和消费目的为导向的"非遗"物品需求。体验经济在未来一定是增长点，这主要基于对当代经济形势的判断，更重要的是，"非遗"在体验经济中是一个比较大的增长点，因为我们可以将非物质文化遗产这个学术词汇变成一个以功能为导向的词汇。

问题5：未来"贩卖"的不再是简单的商品，而是一种情感、体验、场景性营销。目的性消费被互联网垄断了，而体验性消费是垄断不了的。这种说法或者"非遗"本身成品的价值如何衡量？这种偏向于体验过程的"非遗"展览，会给"非遗"传承带来哪些具体的发展益处呢？

李媛媛：很多人对非物质文化遗产的认知是有误区的，从根源上来说，大家没有把商品、产品和文化创意产业产品区分清楚。非物质文化遗产之所以能够被称为商品或产品，是因为它属于传统手工技艺类、民间美术类和传统中医药调制类。在传统情况下，因为价格较为昂贵，它们不会天然地成为市场流通中的商品，一般会流通到艺术收藏行业。还有一种情况，一些"非遗"产品会进行功能转化，如茶道具、生活装置用品等，这类产品存在于"轻奢"这个类别的商品或产品行列中，可以在市场上流通，但流通的范围是有一定限制的。举个例子，我们现在在做一个"金镶玉"的品牌，叫"相伯居"，之前走收藏路线，后来我们将其变成烟斗、毛笔、首饰，虽然价格相对较贵，但是它拥有了一定的商品属性。还有一类如剪纸、蓝印花布相对来说价格没有那么高的商品，在市场中占据传统意义上的中低端市场。再回到之前说的,"非遗"永远不是一个市场词,所以这种商品要对应到不同的市场流通领域里去。

然后就是与之派生的文化创意产业,要通过IP授权的方式解决非物质文化遗产在文化创意产业中的一些变化。现在一讲"文创",好像就是"A+B",像把小猪佩奇刻在一个杯子上,但这并不是文创。文创应是通过IP授权的方式提炼文化内容,再在适合这个文化的领域发展。我们如果笼统地说"非遗"产品不好卖,那么我们只是没有抓手,我们得区分是在拍卖场、收藏市场,还是在大众市场,是依托"非遗"本体还是依托创意产品,我们得把非物质文化遗产的内容放到一个又一个市场区域中去分析。

我在做非物质文化遗产展览或产品的时候,都会秉承着审美再造、功能重构、设计赋能、品牌跨界、IP缔造的理念。首先,审美再造、功能重构是打破非物质文化遗产的一个底层的刻板印象,讲述传统生产生活方式直至现在的一个转变。传统文化要进行供给侧改革,不是说民众不喜爱、不热爱"非遗",而是我们作为传承人、研究者和供给者,得看是否能供给民众审美这样的内容。非物质文化遗产长期处于农耕文明之下,那么如何让它符合现在的审美和功能呢?就得进行审美再造和功能重构。其次,再谈到设计赋能、品牌跨界,它们是手段,审美和功能都得靠设计展现出来。另外,从零起步做品牌具有一定的不确定性。我在对非物质文化遗产进行产品化或产业化时,更多会运用到品牌跨界,通过品牌的跨界合作,让"非遗"产品得到更大的增值。最后是IP缔造。当前述四个功能已经完成时,我们得考虑能否形成一个具有一定特色的IP。

问题6:现在各个行业都在提倡"讲好中国故事",在对文化遗产文化进行传播过程中,您怎样进行故事讲述?"跨媒体叙事"概念在文化传承和传播实践中的作用是如何体现的?

李媛媛:我们在说"非遗"的时候,我都会先说一个词——美。其实我们每个人心中都有美,有些人认为美是漂亮,但我们也知道在美学层面对于美的内涵和外延定义会更多。我非常信奉费孝通先生所说的"各美其美，美人之美，美美与共，天下大同"，这既解释了文化的多样性，也解释了文化的共融性、共通性及特殊性。"非遗"策展人就是一个发现美的职业。策展（curation）这个词是20世纪20年代在西方涌现出来的，与布展是不一样的。"非遗"策展其实是把传承人和"非遗"品牌传给民众和消费者，通过转译、链接、再创来实现，链接的不只是物体本身，其实是物体背后的知识、理念和审美，有历史，兼有时空，且面向未来。策展人（curator）是艺术策展人，应具备哪些素质呢？如果把文化和商业、传统和当代进行完美的融合，至少要具备美学、经济学、社会学、人类学、心理学、传播学、材料学等学科知识基础。一个好的"非遗"策展人，就是一个好的艺术经济人。

然后看见中国美。"看见"是一个动词，就是我们怎样让世界民众看到一个真真切切的中国美，这是需要一个抓手的，也就是我们不可能凭空去描述中国很美，如我们可以用山川、河流及很多方法去看见中国美。其实，我对中国美进行了剖析，它是中国颜色、中国材料、中国工艺。中国颜色有嫣红、靛青等，这些都是很中国的颜色；中国材料，即以麻至朴、以金喻坚、以木为塑、以丝至柔、以玉比德、开石为魂、以竹为器、以瓷拟玉，这些都是我们中国人惯用的材料；中国工艺，即剪纸画绘、陶冶烧造、五金錾锻、雕镌塑作、织染纫绣等。

关于"讲好中国故事"，民间文学是故事的载体和来源，故事内容丰富多元，包括戏曲、舞蹈等。我们也不能忽视视觉上的美，美从中国颜色、中国材料、中国工艺中来。那美从何处寻呢？"非遗"是一场通往审美的生命体验。很多人认为，"非遗"就是传统文化，在我看来，"非遗"是大于传统文化的。我们在"非遗"中获得的不仅仅是对历史的观照，更是人生的养成，对宇宙的感知，对美的内心抵达。我们根据二十四节气理解自然法则，从榫卯中认识立体空间构成，从鲁班锁里学习中国密码，从无数镂空、刻花、声形和音韵中寻找美。我们的先民以针线、以斧凿、以刻刀、以口头传统、以音乐、以舞蹈……诠释美,并通过它们传递着美的理念,实践美的教育。所以中国美不仅是视觉上的美,更是美的理念和美的教育。我们回归到联合国教科文组织《保护非物质文化遗产公约》中看"非遗"的概念,会发现这中间绝不只是传统文化,如还有关于自然界和宇宙的知识和实践,口头表达和表演艺术,社会实践、仪式、节庆活动,传统手工艺。所以,我们完完全全可以从非物质文化遗产中找到含有中国美的各种元素细胞和存在。

问题7:交互参与说得特别多。游戏化、趣味性的文化传播设计是怎样的?怎样实现?

李媛媛:参与分为两种:一种是线下参与,如线下的体验。一些"非遗"进校园,还体现在在"非遗"馆里通过科技手段参与。另一种参与是线上的。线上有很多游戏,包括《王者荣耀》在陆续地与"非遗"项目进行跨界,如它的人物皮肤设计。很多游戏的皮肤设计都在与"非遗"项目进行跨界合作。还有重要的一点就是消费。我们一直在说"见人、见物、见生活",让"非遗"回归生活,只有把这个东西变成自己的,传播才能到达终点。在审美过程中,人们对物品进行消费使用后,才完成完整的传播,才完成参与的最终行为。三个角度:线上、线下和消费。

第三节　国内文化遗产经典案例

一、"一带一路"国内代表性文化遗产

丝绸之路分为陆上丝绸之路和海上丝绸之路。陆上丝绸之路起源于西汉,汉武帝派张骞出使西域,开辟了以首都长安(今西安)为起点,经甘

肃、新疆到中亚、西亚并连接地中海各国的陆上通道。目前,在丝绸之路文化遗产名单中,中国境内共有22处,其中具有代表性的有以下几种。

(一)甘肃花儿

花儿是流行于甘肃、青海、宁夏等广大地区的一种山歌,是一种历史久远的地域民间文化现象,也是当地人民的口头文学形式之一。花儿的分布从轴心向北和向东辐射到甘肃、宁夏六盘山、同心等地区,向西延伸至新疆乌鲁木齐、昌吉、伊犁及周边地区,更远甚至影响到北方的内蒙古、地处西南的四川等地。花儿结构分两段,前段比兴,后段是歌唱的主题内容。据说,花儿至少已有六百多年的历史。它的词曲内容丰富生动,形式自由活泼,曲调高昂优美,具有浓厚的生活气息和乡土特色,深受回、汉、藏、东乡、土、撒拉等民族的喜爱,其在发展过程中逐渐衍生出了多样的风格及流派,主要分为河州花儿、洮岷花儿和西宁花儿三大类别。

1. *历史溯源*

花儿属于民歌范畴,与其他中国传统艺术的表现形式一样,是产生并传承于民间的野调粗曲,属于原生态民歌。正是勤劳勇敢、充满智慧的劳动人民在田间劳动时的山歌对唱,口口相传,将这一独具西北豪放地域风格和艺术感染力的花儿传承下来。关于花儿起源于何时,并没有一个明确的时间,在众多著作中对花儿起源都比较认同的一个说法是,"花儿"一词最早出现于清代诗人吴松崖的《我忆临洮好》中的"花儿绕比兴,番女亦风流"。

花儿在中国文学中首次出现是在五四运动后。在北京大学所编的《歌谣周刊》中收录了我国著名地质学家袁复礼提供的30首花儿歌词。

1943年,著名音乐人王云阶记录并发表了中国第一首花儿曲谱——《山丹花》。王云阶是当时中国最高的音乐学府——重庆青木关国立音乐学院的作曲家。他在青海东部农业地区授课的同时进行音乐采风,找到了撒拉族花儿女歌手哈图玛，记录了《山丹花》的曲谱。这首曲谱被刊登在《青海民国日报》和《乐艺》上。

张亚雄先生是第一位给花儿下定义的学者，也是我国较早从事花儿研究的专家。张亚雄于1942年出版的《花儿集》，可以说是我国早期关于花儿的研究专著。新中国成立后，青海省民研会编写了《花儿评价、讨论、研究专集》，许多学者开始进行花儿研究；"文化大革命"后，在改革的浪潮下，文艺工作者有了更广阔的天地从事有关中国传统艺术的研究，一时间涌现出一大批学者纷纷对花儿这一西北传统艺术形式进行调研。近些年，对非物质文化遗产的认定，逐渐成为世界各个民族对传统文化进行保护与传承的重要手段，众多学者将视线转向花儿的非物质文化遗产层面，进行更加创新化、更深层次的研究。

2. 艺术特点

甘肃花儿不仅是一种表演艺术，有关的科学研究也是"非遗"保护工作的重要方面，这在学界早已得到公认。遗产确实代表着历史和过去，但我们还要从中看到它的变化和发展，花儿是一种独具特色的民歌形式，深受多个民族的喜爱，它的文学价值、历史价值、社会价值备受研究者的青睐。

3. 传承与保护

自联合国教科文组织2001年宣布首批人类口头和非物质遗产代表作名单至2007年底，中国已经有昆曲艺术、古琴艺术、新疆维吾尔木卡姆艺术、蒙古族长调民歌相继入选。花儿作为我国民歌的一个重要种类，作为西北的文化瑰宝，于2006年正式列入第一批国家级非物质文化遗产名录。

一直以来，对于花儿的研究主要集中在对民间花儿的收集与整理，众多文艺工作者收集、整理了大量各地花儿曲集并进行出版，但大多为文字资料，音像形式较少。文献资料虽然对今后进行花儿研究有着深远的意义，但是无法提供一种直观的听觉感受；作为一种音乐形式，能被大众直观感受到的形式,还是现代化的音像技术。甘肃政府积极组织实施了多项花儿专项保护措施,编辑出版《红莲花儿红》《玉芝情歌》等一批音像作品。

作为非物质文化遗产的花儿,产生于田间地头,带有强烈的民族气息,所以在不破坏其原有特色的基础上进行文旅项目的开发是一种很好的保护形式。将这一传统艺术形式融入旅游体验活动中,可以吸引更多中外游客到花儿艺术流传的地区欣赏壮美的自然风光,感受浓厚的人文风情。

(二)新疆维吾尔木卡姆艺术

新疆维吾尔木卡姆艺术是一种大型的融合了歌、舞、乐的综合古典音乐艺术形式,是流传于新疆维吾尔族聚居区的十二木卡姆、刀郎木卡姆、吐鲁番木卡姆、哈密木卡姆新疆传统音乐的总称,主要分布在南疆、北疆、东疆各维吾尔族聚居区,在乌鲁木齐等地的大、中、小城镇也广为流传。特别是十二木卡姆,它是维吾尔木卡姆的主要代表,在新疆的南疆地区和北疆的伊犁地区广为传唱。[①]

1. 历史溯源

"木卡姆"为阿拉伯语,含有规范、聚会、调式、古典音乐等意思,它源于西域土著民族文化,且深受伊斯兰文化的影响。

刀郎人有史以来一直生活在这片肥沃、富饶而美丽的土地上,从事狩猎、牧业和后来的农业生产,用自己辛勤的劳动创造了无数财富,并让塔里木盆地变得越来越繁荣和强大。同时,他们也创造出了可以表达自己美好心愿和内心情感的精神文明,那就是结合了歌唱和表演、内容情感丰富、最富群众性与艺术性的艺术表现形式——刀郎木卡姆。它是充分表达哀与乐、爱与恨和美好理想的精巧旋律,它曲调古朴,富有浓郁的原始乡村生活气息,歌词优美、雄伟、端庄大方。刀郎木卡姆的唱词主要由维吾尔族

---

① 周吉.新疆维吾尔木卡姆艺术[J].民间文化论坛,2011(4):75-80.

民谣组成,每个木卡姆都没有固定和规范的唱词,主要根据表演、演唱家的情绪和技巧产生变化。这样独特的形式也为刀郎木卡姆唱词的丰富多彩创造了广阔的天地。①

木卡姆在20世纪传播到西方,引起了音乐界的广泛重视。1988年,联合国教科文组织所属的国际传统音乐学会正式成立了木卡姆学科组,并举行了多届国际木卡姆研讨会。2005年11月25日,中国新疆维吾尔木卡姆艺术也被列入人类口头和非物质遗产代表作名单中。②

2. 艺术特色

刀郎木卡姆属于大型歌舞套曲,每部时长约为6到9分钟,9套总时长约1.5小时。每套完整的刀郎木卡姆都由简短的"木凯迪满""且克脱曼""赛乃姆""赛勒凯""色利尔玛"五部分组成,9套刀郎木卡姆共包括45段乐曲。伴奏的乐器有刀郎卡伦琴、刀郎热瓦甫、刀郎马尾琴和小手鼓,以多面达普击节相伴,上述拉弦、拨弦乐器在伴奏中经常不作跟腔,而是奏出各种各样的枝生复调或节奏型,从而与声乐形成复杂的多声部效果。其唱词都是在该地区广为流传的维吾尔族民谣,内容丰富,充分表达了刀郎维吾尔人的喜怒哀乐,同时反映出维吾尔族社会生活的各个方面,曲调高亢粗犷,感情纯朴真挚。

3. 传承意义

维吾尔刀郎木卡姆是十二木卡姆的重要组成部分,起源于公元10世纪,一直流传至今,是中华民族文化遗产中的无价之宝,也是维吾尔人民丰富的民族文化宝库中的珍贵遗产之一。现如今,刀郎木卡姆艺术仅保存在刀郎维吾尔族人民生活地区,其曲调旋律没有受到其他木卡姆或其他地方音乐的影响,始终保持着浓郁的地方特色和民族色彩,代表着古老的维

---

① 周吉. 新疆维吾尔木卡姆艺术[J]. 民间文化论坛,2011(4):75-80.
② 周吉. "丝绸之路音乐文化"的见证:新疆维吾尔木卡姆艺术[J]. 中国文化遗产,2005(6):48-55,3-4.

吾尔木卡姆艺术。

在新疆维吾尔自治区的传统节日庆典上，民间艺人都会进行木卡姆表演，但随着时代的发展，这一传统文化正受到现代文化的不断冲击，传统音乐正逐渐被现代音乐侵蚀甚至取代。只有极少数偏远地区还保留着最为传统的木卡姆艺术，这种古老的音乐形式因传承人的减少、观众的流失而受到巨大影响，其传承和发展面临着严峻的挑战。

国家非常重视非物质文化遗产的保护。2006年5月20日，新疆维吾尔木卡姆艺术经国务院批准列入第一批国家级非物质文化遗产名录。

2005年8月，中国艺术研究院受原文化部委托，组织召开中国申报世界非物质文化遗产代表作的国家评审会议。新疆维吾尔木卡姆艺术成为中国向联合国教科文组织申报的第三批人类口头和非物质遗产代表作预选项目。

2005年11月25日，中国政府报送的新疆维吾尔木卡姆艺术项目入选联合国教科文组织第三批人类口头和非物质遗产代表作名录。

（三）西安鼓乐

西安鼓乐是一种吹奏乐与锣鼓乐结合的大型吹鼓乐，民间多称"细乐"，主要流行于西安市区及终南山附近的市属各县。在这些地区的各个寺庙道观等地常有鼓乐乐社和一些活动，同时，当地民俗活动中也有西安鼓乐，这构成了西安鼓乐的生存基础。[①] 鼓乐演奏主要以竹笛为主奏乐器，也有不同的流派，因不同的师承关系而具有不同的特点，但这些流派在演奏形式上基本相同，分为行乐和坐乐两种。顾名思义，"行乐"主要指边行走边演奏，或站立演奏，"坐乐"则是围坐在案桌周围进行演奏。西安鼓乐从唐朝开始，经历了各朝各代的发展与演变，最终形成了现在的形态，从中

---

① 何钧.西安鼓乐概述［J］.中国音乐，1987（2）：28-32.

可以看出历朝历代的一些音乐传统印迹，在一定程度上反映了历史的演变，可称之为"活的音乐发展史"①。

1. 发展历史

有关西安鼓乐的历史，学者进行了非常丰富的研究，形成了各异的学术观点和成果。从整体来看，西安鼓乐大抵可能源于唐朝而起于宋代，在元、明、清时期逐渐兴盛。研究发现，鼓乐所用谱字与宋代俗字谱基本相同，属于同一体系②，而演奏曲式则与唐代曲式有着千丝万缕的联系，从乐器的样式可看出其与唐代乐曲有些许相似之处。从诸多方面都可以看出，西安鼓乐与唐宋音乐之间具有一定的历史渊源，且后续曲目中也包含了唐、宋、元、明、清各代的曲牌。鼓乐不断发展演变至今，已经杂糅了诸多时期的艺术元素，最终形成了一整套完整的大型民族古典音乐形式。

不管是什么样的演奏形式，西安鼓乐都作为一种民俗行为的特征，蕴含了丰富的民俗内涵。鼓乐是民俗与音乐的双重复合体，属于原生态音乐文化，是农耕时代群众社会生活的伴生物。③那时的人们将鼓乐作为一种娱乐方式，把自己的日常生活与观念审美都融入其中，以此进行相互交流。但随着工业化、信息化时代的到来，这种传统民俗赖以生存的大环境，由于人们生活与生产方式的变化，也逐渐发生些许改变，这对鼓乐的传播和传承产生了一些不可避免的影响。

2. 保护历史

西安鼓乐在清末民初时逐渐衰落。新中国成立后，政府为了促进鼓乐的复苏与发展，对一些鼓乐乐社进行了重新整顿与恢复，提供了一些文艺演出及对外文化交流活动，使鼓乐逐渐重新回归大众视野，并且在演奏质

---

① 何钧.西安鼓乐概述［J］.中国音乐，1987（2）：28-32.
② 何钧.西安鼓乐概述［J］.中国音乐，1987（2）：28-32.
③ 冯光钰.西安鼓乐的传承保护及生态还原［J］.交响（西安音乐学院学报），2006（2）：5-9.

量与形式上有所提高和创新。

对西安鼓乐的整理工作始于20世纪50年代，当时中央音乐学院研究部的杨荫浏带领诸位老师，对包括西安鼓乐等在内的一系列传统民俗音乐进行了实地访谈和调查，并撰写了相关的鼓乐调查报告《陕西的鼓乐社与铜器社》。编者将考察过程中获得的口碑材料、乐社乐人资料、乐谱谱本资料、曲目资料、乐器乐队资料、宫调系统资料等均一一加以录载，使鼓乐第一次以如此全面、翔实、丰富的面貌呈现在人们面前。[①] 杨荫浏在调查过程中还发现了西安鼓乐与唐宋音乐的联系，鼓乐与南宋姜夔的《白石道人歌曲》一脉相承，后来与阴法鲁合著出版的《宋 姜白石创作歌曲研究》对姜夔词乐进行破译，这在很大程度上得力于西安鼓乐的发现。

在第一次联合考察之后，陕西音乐工作者便一直持续对西安鼓乐进行整理研究，尤其是参与考察的李石根，始终坚持考察钻研鼓乐的历史沿革及其本体特征。在"文化大革命"期间，西安鼓乐的收集整理工作被迫停止，在1980年重新恢复工作。1981年，经陕西省文化局批准，"唐代燕乐研究室"（隶属于陕西省群众艺术馆）成立，研究室在《西安鼓乐译谱汇编》资料的基础上进一步收集、补充相关资料，后编印了八卷九册、300多万字的《西安鼓乐曲集》。

其间，李石根先生不仅抄录了四本鼓乐谱，还翻译整理了《安来绪鼓乐曲》《僧派鼓乐曲集》《西仓鼓乐曲集》等，并发表了一系列研究成果。1991年，李石根完成了《西安鼓乐全书》的编撰（此书于2009年正式出版），这也成为西安鼓乐研究史中的一块重要里程碑。

除了李石根，也有许多学者针对西安鼓乐进行了研究与整理。西安音乐学院的冯亚兰、武文彬及后来的程天健、焦杰等，还有海内外音乐界一些知名专家，或采访西安鼓乐的相关人士，或记录鼓乐谱，或发表论文专

---

① 乔建中."西安鼓乐"研究的六十年［J］.中央音乐学院学报，2017（2）：64-75.

著，为西安鼓乐的整理研究做出了贡献。

西安鼓乐收集整理和研究工作的深化，也引起了全国音乐界、学术界的高度重视和广泛支持。1985年，陕西省艺术研究所成立西安鼓乐研究室。1987年6月，陕西省西安鼓乐演出团参加了第五届华夏之声音乐会，并为亚洲传统音乐讨论会演出，得到了国内外音乐家的高度评价，誉称西安鼓乐是"中国古代音乐的活化石"。

20世纪80年代初，由原文化部、国家民委、中国音乐家协会主持的国家艺术科研重点项目"中国民族民间器乐曲集成·陕西卷"也收录了对西安鼓乐进行系统性收集整理的成果，并于1992年由人民音乐出版社正式出版了第一卷。该书从西安鼓乐20余种体裁的代表性曲目中选取了153首（套）编入，与此同时，其中还罗列了一些具有代表性的西安鼓乐社和一些著名艺师小传的条目。[1]

2004年初，西安市成立西安鼓乐保护开发领导小组。同年，西安鼓乐被列为国家第二批民族民间文化保护工程重点项目。领导小组办公室很快制订出保护开发的计划和措施，对西安鼓乐进行全面普查、确认、登记、立档，对曲谱和年事已高的传承人进行抢救性保护，短短一年就收集了千余首古谱资料和一些音像资料，举办了一系列展览、演出和活动。

2005年初，西安市委宣传部还拨付专项资金进行抢救性录音和录制。市古乐办组织电视台为老艺人拍摄纪录片，并组织了9家乐社录制了整套演奏曲目。此外，市委宣传部还拨出专款，与西安音乐学院共同出版了西安鼓乐专辑《雨霖铃》。在第十五届国际古迹遗址理事会和欧亚论坛上，西安市委宣传部分别召集了数家乐社，组织了几场大规模的鼓乐表演，让中外宾客为之一振。

---

[1] 冯光钰.西安鼓乐的传承保护及生态还原［J］.交响（西安音乐学院学报），2006（2）：5-9.

2006年，西安鼓乐入选国家级非物质文化遗产名录；2009年，该项目被列入联合国教科文组织《保护非物质文化遗产公约》人类非物质文化遗产代表作名录。① 近些年来，项目的有关单位和组织都在持续地对西安鼓乐进行恢复与传播工作。在研究保护工作方面，各研究专家发表论文超过200篇、出版专著几十部，同时完成了国家级代表性传承人抢救保护记录工作；2014年开始实施"西安鼓乐研究六十年重访典藏计划"，通过对乐社现状的田野考察深入了解西安鼓乐60年间的发展与变化。② 在宣传推广方面，从2007年到2019年，陕西省持续举办了西安鼓乐艺术节，引发了各界的广泛关注。同时，西安鼓乐艺术团也积极参与国内外各种文化艺术交流活动，为鼓乐的传播推广做出重要贡献。在文化传承方面，相关部门投入资金建立了4个传习所，为鼓乐的传承提供了基础设施，同时也加强了西安鼓乐在校园的传播，相关活动都取得良好的效果。

3. 传承意义

西安鼓乐作为文化积淀深厚的大型传统民间器乐合奏乐种，是中国古代音乐的重要遗存。其保留的古代民间音乐的珍贵信息为研究者探索中国古代音乐文化提供了珍贵的材料，其极具特色的传统曲目也扩展了中国传统民俗音乐库，为中国传统民俗艺术的发展发挥了促进作用。2006年，西安鼓乐经中华人民共和国国务院批准，列入了第一批国家级非物质文化遗产名录。2009年，西安鼓乐被列入联合国教科文组织人类非物质文化遗产代表作名录。

早在1985年，位于西安市长安区的何家营就成立了我国第一家民间鼓

---

① 听，谁在"敲"那千年的"鼓"[EB/OL].（2022-01-12）. https://baijiahao.baidu.com/s?id=1721727560017701683&wfr=spider&for=pc.

② 听，谁在"敲"那千年的"鼓"[EB/OL].（2022-01-12）. https://baijiahao.baidu.com/s?id=1721727560017701683&wfr=spider&for=pc.

乐陈列馆——长安古乐陈列馆,其内存放了上百部古乐谱及各式各样鼓乐表演的乐器和表演道具等,引起了国内外众多音乐专家的关注与参访。同时,何家营鼓乐社也是长安古乐班社之一,经常在国内外各地进行文化交流演奏,为鼓乐这一文化遗产的传播与传承发挥了极为重要的作用。

但同时我们也可以看到,西安鼓乐的保护现状并不乐观。在西安,仅有何家营鼓乐社、集贤鼓乐社、普化水会鼓乐社、西安城隍庙鼓乐社、东仓鼓乐社等几个较为著名的鼓乐社,不仅缺乏专业的乐手,也缺乏西安鼓乐的研究专家。更为严峻的是,虽然古乐曲遗存不少,但目前被翻译出来的曲目只有两百余首,鼓乐社能够演奏出来的曲子更加稀少,每个鼓乐社能演奏的不超过15首。同时,鼓乐的生存与发展离不开特定的民俗活动,二者是相伴相生的。类似鼓乐这类传统民俗文化所根植的情境,对鼓乐在当下的传播与传承方式提出了更为棘手的问题。

为了更好地认识、保护与传承西安鼓乐,西安外国语大学新闻与传播学院郭俊良编写了《关于西安鼓乐生存发展现状的调研报告》,引起了学界与社会各界的广泛关注,为西安鼓乐的保护、传承与发展做出了一定的贡献。同时,学者冯光钰也对西安鼓乐的传承和保护提供了一些行之有效的建议和对策,如加强民俗行为的传承,尤其对当地民俗节庆活动要足够重视,因为民俗节庆活动环境是鼓乐赖以生存的重要条件;重视学校的教育传承,可以将西安鼓乐引进中小学音乐教材,以此引起青少年对这种传统民俗文化的重视,培养青少年的主动传承精神。[1] 冯光钰这种走进校园的教育活动的提议,产生了一些良好的效应与成果。2005年6月,陕西省文化厅主办了西安鼓乐赴京汇报演出团的音乐会,其中何家营小学的学生也上台表演了鼓乐中的笙乐曲。这样的活动在一定程度上反映出西安鼓乐走进校园的良好效果,也促使我们不断摸索、更新更为丰富的传承途径,以此

---

[1] 冯光钰.西安鼓乐的传承保护及生态还原[J].交响(西安音乐学院学报),2006(2):5-9.

更为广泛地传播优秀的民俗音乐文化。

（四）敦煌三处世界文化遗产

"敦者，大也；煌者，盛也。"敦煌可谓丝绸之路上的一颗璀璨的明珠。不同文明的交流碰撞让这座城市留存下了众多宝贵的文化。自20世纪初开始，许多学者开始研究敦煌遗书，逐渐形成敦煌学这一新兴的学科。敦煌学主要包括五个分支领域：敦煌石窟考古、敦煌艺术、敦煌遗书、敦煌石窟文物保护、敦煌学理论。自开创以来，敦煌学研究的趋势稳定增长，尤其在21世纪前10年形成一个高速发展的阶段，众多学者贡献了丰富的研究成果，为我们进一步了解敦煌提供了珍贵的资料。

1. 莫高窟

莫高窟位于敦煌市东南25千米的鸣沙山东麓断崖上，坐西朝东，前临宕泉河，面对三危山。业内一般公认莫高窟始创于公元366年。可惜"由于自然和人为的破坏，初创期的洞窟已不可考，现存最早的洞窟是公元430年左右的北凉时期修建的"，樊锦诗在《漫话敦煌》一文中这样写道。此后，莫高窟开始兴起开窟造像，历经北凉、北魏、西魏、北周、隋、唐、五代、宋、西夏、元10个朝代，无数后来者开凿了各种洞窟。目前，现存洞窟多集中在南区，共492个，若加上北区，共有735个。

莫高窟是世界上现存规模最大、时间最长的佛教艺术宝库，它展示了延续千年的佛教艺术，反映了中古时期的宗教和社会情况，是建筑、雕塑、壁画结合的立体艺术。石窟处处展现了文化交融的痕迹。就石窟本身而言，它是我国汉代崖墓和印度、中亚佛教石窟相结合的文化产物。在敦煌早期的洞窟里主要是中心柱窟的形式，而这种形式便是从阿富汗巴米扬大佛足下隧道演变而来的，形成于西域龟兹，流传至高昌，在十六国晚期进入河西，于北魏时代出现于莫高窟。莫高窟壁画中的许多元素同样也体现了不同文化的融合。例如，早期藻井纹样中常见的莲花，其源流便是印度样式；

早期壁画中流行的忍冬纹,其源头可以追溯到古代两河流域文明;壁画中的狩猎图、服饰、冠饰、马铠、玻璃器、联珠纹样等,均可以看到受波斯萨珊王朝文化的影响;通过一些日神、月神、葡萄纹、建筑构件等,我们可以看到古希腊文化的影响。[①]

1900年,在莫高窟藏经洞发现的敦煌遗书更是莫高窟极为珍贵的历史资料。这些遗书一共约5万件,不仅包括大量汉文文献,还有藏文、回鹘文、于阗文、龟兹文、突厥文、粟特文、梵文等非汉文文献,其内容囊括了从宗教典籍到文书、中国四部书等各个种类。除此之外,还有大量出土的汉代简牍,其中记载的内容均反映了外来文明与敦煌地区文化各方面的交流与融合。藏经洞文物被发现后,英、法、俄、日、美盗宝者先后来到敦煌,盗走了大批遗书。现在,在世界上13个国家的30多个机构和不少私人手中都藏有敦煌遗书,这是十分令人痛惜和愤慨的事。

莫高窟影响和成就了大批艺术家和学者,这是无法量化和数说的。1987年,莫高窟入选世界遗产名录。莫高窟符合世界文化遗产的六条遴选标准,包括莫高窟在内,世界范围内一共仅有三处文化遗产符合六条标准[②],可见莫高窟所蕴含的巨大文化价值。首先,莫高窟以汉地文化为基础,融合了西域佛教艺术及藏传佛教艺术等方面内容,为人类呈现出一种系统性的、多民族的中国式佛教艺术。其次,莫高窟不仅在当时对周边的建筑产生过影响,如引起了周边西千佛洞、东千佛洞等石窟的开凿,还为后世留下了宝贵的学术资料和艺术灵感,敦煌学的兴起,绘画、舞蹈等创作及后续一些寺庙等的修筑与壁画绘制都与莫高窟息息相关。最后,莫高窟的壁画及藏经洞的文献都记载了丰富的历史,对我们了解日渐消逝的沙洲回

---

① 这里是敦煌,却不仅是敦煌![EB/OL].[2019-12-01]. https://baijiahao.baidu.com/s?id=1651699377092175984&wfr=spider&for=pc.

② 樊锦诗.基于世界文化遗产价值的世界文化遗产地的管理与监测:以敦煌莫高窟为例[J].敦煌研究,2008(6):1-5,114.

鹘和西夏王国文明提供了丰富的物质见证资料，同时也表现出中原与其他多民族的文化交流与融合。

2. 玉门关

玉门关（又称"小方盘城"）在今敦煌市西北 90 千米处，唐五代敦煌地志《沙洲图经》载："玉门关，周四一百卅步，高三丈。"据说当时西域运送玉石时经过此关，故称其为"玉门关"。玉门关是汉朝通往西域的交通要道，西出可去车师、楼兰、疏勒等地。它和阳关可以说是丝绸之路上两个极为重要的关口，只有经过这两个关口，人们才算是正式到达西域。

史书记载的"列四郡，据两关"，便是西汉时期为防止匈奴再次入侵，在河西设立的武威、酒泉、张掖、敦煌四郡，以及阳关、玉门关。汉敦煌郡不仅是通向西域的重要地区，而且也是抵御西域各国进犯河西的关口，而玉门关则是通往西域的咽喉要地。四郡建制后，汉王朝便开始兴建河西汉长城。汉长城玉门关段从酒泉郡延伸而来，从古冥泽西南岸起，向西延伸至小方盘城以西吐火罗泉烽燧，东西长约 300 千米，扼守着丝绸之路的南北通道。

1988 年，国务院正式公布玉门关及长城烽燧遗址（包括大方盘）为第三批全国重点文物保护单位。2014 年 6 月 22 日，玉门关遗址作为中国、哈萨克斯坦和吉尔吉斯斯坦三国联合申遗的"丝绸之路：长安—天山廊道的路网"中的一处遗址点，被成功列入世界遗产名录。[①] 联合国教科文组织将玉门关列为世界文化遗产，不仅是因为有关城遗址，更为重要的是留存至今的玉门关长城沿线既在历史上发挥了抵御外敌侵犯的重要作用，也是丝绸之路文明的兴盛与中西方经济文化交流的见证。尤为重要的是，由于其所处的地区远离城市，因此也是汉长城遗址中保存最完好的一段，目前烽、燧、亭、障等都尚有遗存，能够为我们呈现出较为完整的汉长城安全

---

① 请参见《众望同归：丝绸之路的前世今生》，http://www.chinasilkmuseum.com/yz/info_18.aspx?itemid=27792。

保障体系与历史自然风貌。

可以看到，玉门关及汉长城玉门关段在抵御外敌、保障和平及文化交流方面都发挥了极其重要的作用，也为后世留下了极为珍贵的历史遗产。

3. 悬泉置

悬泉置遗址位于敦煌和安西两市县的交界处，总面积约 22 500 平方米，因其东南谷内 2000 米有汉唐名为"悬泉"的水泉而得名。这个地方是张骞出使西域的必经之地，也是两汉时期东西交通大动脉的重要中转地。由于遗址地处戈壁腹地，离居民居住地较远，因此在很长一段时间内都没有被发现。1987 年，敦煌市博物馆第一次发现该遗址，随后博物馆又多次前往悬泉置进行考察，出土了汉简 60 余枚。从 20 世纪 90 年代开始，国家文物局批准对悬泉置正式进行抢救性发掘，从 1990 年至 1992 年，甘肃省考古研究所考古出土简牍 2.3 万余枚、墙壁墨书西汉诏令 101 行、汉代麻纸文书 9 件、其他遗物 7 万余件。

这批简牍内容极其丰富，被称为"悬泉汉简"，与敦煌汉简并称。悬泉置现存的遗迹包括魏晋烽燧遗址（位于坞院内西南角）、汉代遗址（由坞院、马厩、房屋及附属建筑构成）、灰区堆积遗迹（分布于坞院西墙外，以及东门口、北侧等）。通过丰富的考古发掘工作，首先，研究者对"置"有了更加深入的了解。作为重要的机构，悬泉置的规模、屋舍建筑及制度管理与此前简文中记载的吻合，并结合各种文物记载等，考古学家认为悬泉置"是建立在河西要道上的一处集传递邮件、传达命令、接待宾客为一体的综合机构，即传置"[①]。其次，学者对悬泉置的年代进行了界定，认为它不是两郡时期遗址，而是在西汉武帝元鼎至征和约 30 年间开创，魏晋时期被废止。最后，悬泉置受敦煌郡和效谷县两级政府领导，郡府负责一切重大事务，县府则侧重于后勤供给。悬泉置的作用主要是传递各种邮件和信息，

---

① 何双全. 甘肃敦煌汉代悬泉置遗址发掘简报 [J]. 文物, 2000 (5): 4-20, 97, 2, 1.

迎送过往使者、官吏、公务人员和外国宾客。①

无论是出土的简牍等文物，还是留存的遗址，悬泉置都为我们研究汉代邮驿、屯田、边防、中西交通、民族关系，以及西北地区的政治、经济、法律提供了丰富的资料。

二、"一带一路"特色小镇

2017年5月14日至15日，在北京举办的"一带一路"国际合作高峰论坛胜利召开。会议发起成立了全球特色小镇联盟，面向丝绸之路战略合作城市，积极搭建和完善区域经济合作、国家新型城镇化战略，在《中华人民共和国国民经济和社会发展第十三个五年规划纲要》中提出加快发展中小城市和特色小城镇建设，《国家发展改革委办公厅关于建立特色小镇和特色小城镇高质量发展机制的通知》（发改办规划〔2018〕1041号）也提出要加快建立特色小镇和特色小城镇高质量发展机制。投资贸易，构建国际合作综合性发展体系，竭力打造和构建"低成本、便利化、全要素、开放式"的普惠文旅众创空间、科技产业园区和文化旅游目的地。小镇建设应该遵循生态优先原则，结合地方的环境特点和地理特征进行总体性质的设计规划，并最好秉持"一镇一风格"理念，不盲目抄袭其他地区的建设经验②，借助民营资本力量，推动"一带一路"节点城市和企业间互利共赢的合作，打造集旅游、文化、社群、投资、创新、服务、人才培养等因素于一体的创新创业生态圈。

目前，云南省、贵州省、广西壮族自治区、广东省、福建省、湖南省、

---

① 何双全.甘肃敦煌汉代悬泉置遗址发掘简报[J].文物，2000（5）：4-20，97，2，1.

② 王国灿.论"一带一路"与特色小镇建设的几大关系研究（电子版）[J].城市建设理论研究，2017（20）：7.

江西省、浙江省、安徽省、四川省、湖北省、河北省、甘肃省、海南省、重庆市、内蒙古自治区等省市区均出台了相应的省级特色小镇扶持政策。

上述政策除了与国家发改委、住建部、财政部提出的国家级特色小镇创建政策相衔接，也根据各地情况有不同的创新。比如，云南省对引入企业设立门槛。《云南省人民政府关于加快特色小镇发展的意见》中提出，"创建全国一流特色小镇的，原则上要引入世界500强、中国500强或在某一产业领域公认的领军型、旗舰型企业"。江苏省发改委发布的《关于培育创建江苏特色小镇的实施方案》中提出，要吸引一批"国千""省千"人才、大企业高管、工艺大师、科技人员和其他创新创业人才，明确提出在国家千人计划、省级千人计划范围内为特色小镇吸纳人才。贵州已确定"十三五"特色小镇建设规划，并着重提出要紧紧依托世界自然遗产、文化遗产和世界地质公园等世界级稀缺性资源，紧紧依托贵州多姿多彩的少数民族文化资源，把绿色小镇、特色小镇作为打造主题。

开发"一带一路"特色小镇的创新叠加模式，并发挥其相应效应，也受到了越来越多国家机构、企事业部门及全球合作组织的关注。如全球特色小镇联盟产融合作中心提出了双创孵化系统、人工智能系统、国际产城系统、生态治理系统及人文教育系统五大创新叠加模式。① 《云南省人民政府关于加快特色小镇发展的意见》中提出，要充分发挥民族风情多样的独特优势，将民族特色打造成为特色小镇的亮丽名片，力争在全省25个世居少数民族中各建成1个以上特色小镇。国家发改委发布的《西部大开发"十三五"规划》中也提出，推动中小城市和小城镇健康发展，建设旅游休闲型城镇等7类百座特色小城镇。

另外，在"一带一路"沿线，气候、文化和自然风光各异的地区及特色小镇也呈现不同的产业类别。海上丝绸之路沿海一线的海洋小镇，中西部的

---

① 特色小镇产业园区开发规划中的五大创新叠加模式［EB/OL］.［2019-03-15］. https://www.sohu.com/a/301451997_532369.

冰雪小镇，特色纬度地区的玫瑰小镇、葡萄酒小镇等层出不穷。在第一批127个中国特色小镇中，广西壮族自治区北海市铁山港区南康镇依托铁山港工业区的区位优势，提出建设滨海宜居小镇；广东省在打造"9+N"特色小镇新形态中，也提出了海洋特色产业小镇概念；山东省政府公布的山东省60个省级特色小镇创建名单中，东营垦利区黄河口滨海旅游小镇、利津县陈庄荻花小镇，烟台海阳市辛安海织小镇，威海荣成市人和靖海渔港小镇、乳山市海阳所滨海养生小镇等均有海洋小镇风情。[①]甘肃临夏州和政县松鸣冰雪运动小镇则因松鸣岩国家4A级森林公园而得名。松鸣镇还是花儿的发祥地之一，一年一度的松鸣岩花儿会被联合国教科文组织命名为人类非物质文化遗产保护项目。"一带一路"倡议给沿线省份及周边国家和区域带来了新的活力、新的商机。

三、"一带一路"沿线文化旅游

2015年，国家发布的《推动共建丝绸之路经济带和21世纪海上丝绸之路的愿景与行动》中许多内容极大推动了沿线国家及城市旅游业长足发展[②]，并明确指出，要加强旅游合作，扩大旅游规模，互办旅游推广周、宣传月等活动，联合打造具有丝绸之路特色的国际精品旅游线路和旅游产品，提高沿线各国游客签证便利化水平。《国家"十二五"时期文化改革发展规划纲要》提出要大力发展文化旅游，提升旅游的文化内涵，发挥旅游对文化消费的促进作用。旅游是一个涉及饮食、住行、购物、娱乐多方面于一体的综合性产业。但是，仅仅满足基本的外出娱乐基本需求是远远不够的，随着国家经济和信息技术的快速发展，人们的生活水平已经比以往有了很

---

① "一带一路"力促特色小镇萌发［EB/OL］．［2017-05-10］．https://www.gujianchina.cn/quote/show-319.html.
② 张武桥，黄永林．移动互联时代的非物质文化遗产对外传播研究［J］．广西民族研究，2015（5）：145-151．

大程度的提高，因此越来越多的游客希望能获得除纯粹放松娱乐之外的文化体验。原国家旅游局于1994年至2004年对入境外国游客进行抽样调查。结果显示，外国游客更加感兴趣的旅游资源包括文物古迹、民俗风情和文化艺术。携程旅行网据大数据分析发布了《2016年入境游趋势分析报告》，数据显示长城、颐和园、秦始皇陵、兵马俑等有历史底蕴的景区是游客的最爱。[①]"一带一路"共建国家的文化资源是极为丰富的，主要集中在东段（古代东方文化区）、中段（古印度文化区、古埃及和古巴比伦文化区）和西段（古罗马和古希腊文化区），聚集了四大文明古国的文化精粹。[②]在国内，一些"一带一路"重点城市的文化旅游建设状况列举如下（见表4-2）。

表4-2 "一带一路"沿线特色文化旅游概览

地区	建设概况
海南	近年来，海南省旅游业深化与21世纪海上丝绸之路沿线国家合作机制，并整合现有旅游资源"走出去"，希望助推海南国际旅游岛建设。海南计划在2025年前探索开通海口至越南、菲律宾、马来西亚、泰国及中国港澳台地区的邮轮航线，以海上丝绸之路及环南海为纽带，形成独具特色的南海邮轮旅游产品；推动国际性会议及赛事的举办，拓展国际旅游岛体育和会务旅游发展的机遇与空间。
广西	北海具有古代海上丝绸之路的历史底蕴，正加快北海区域性国际邮轮母港建设，致力于打造成为广西对接东盟旅游的海上枢纽门户。为助推海上丝绸之路旅游带建设，2017年，广西将重点推进建设多个跨境旅游合作区。积极推进防城港、崇左市边境旅游试验区建设，推进中国-东盟自驾车旅居车旅游基地项目，支持防城港等市加快发展邮轮旅游，积极争取西南、中南等国内重要城市开通经南宁、桂林机场往返东盟国家的航班。
陕西	陕西实施"一带一路"倡议的基本定位是，打造丝绸之路经济带新起点，建设内陆改革开放高地。陕西还积极推进空中丝绸之路建设并成立西安通航城市旅游合作联盟。陕西省政府连续五年出台"一带一路"建设年度行动计划。《陕西丝绸之路经济带旅游行动纲要》明确将陕西旅游打造成"中国丝路旅游的示范窗口，新丝绸之路国际旅游交流中心"。

---

① 焦彦."一带一路"：旅游撬动文化资源的新支点［J］.旅游学刊，2017（5）：11-13.
② 黄金洪."一带一路"文化旅游发展的基本路径［R］//厦门理工学院，台湾师范大学.两岸创意经济研究报告（2017）.北京：社会科学文献出版社，2017：10.

续表

地区	建设概况
福建	福建是海上丝绸之路的主要发源地和起始点，被中央定位为21世纪海上丝绸之路核心区。2015年5月，福建省旅游局牵头推动沿海10个省份和香港、澳门两个特别行政区旅游主管部门，共同成立21世纪海上丝绸之路旅游推广联盟。福建省旅游局深挖聚焦"海丝"旅游元素，编串"海丝"休闲之旅旅游线路，并将其列入"清新福建"十大精品线路。
内蒙古	2014年9月，习近平总书记在出席中俄蒙三国元首会晤时提出共建丝绸之路经济带倡议，把丝绸之路经济带同俄罗斯跨欧亚大铁路、蒙古国草原之路倡议进行对接，打造中蒙俄经济走廊。内蒙古充分发挥连通俄罗斯、蒙古国的区位优势，以国家批复的19个口岸和21条跨境旅游线路为依托，合作创建了多个跨境旅游合作区；打造万里茶道、和平之旅、"三湖"之旅跨境旅游线路；开发多个区域自驾游小环线；成功举办多个国际赛事。
宁夏	举办"驾越丝绸之路·中阿巴友好万里行"，弘扬丝路精神，传扬美丽宁夏；召开网上丝绸之路——智慧旅游合作座谈会，与22个省（市、区）旅游委（局）共同发表《共筑网上丝绸之路宁夏宣言》，共创网上丝绸之路发展新局面；用"丝路驿站"冠名5个旅游品牌列车，打造宁夏旅游流动宣传风景线。
甘肃	甘肃是丝绸之路旅游黄金段，发展丝路旅游优势得天独厚。甘肃拥有国内唯一国务院批准的以丝绸之路命名的常设性国际旅游节——"敦煌行·丝绸之路国际旅游节"。丝绸之路甘肃段占全国总长度的二分之一，文化遗存丰富、历史古城集中、资源类型多元。甘肃省筛选出20个重点景区，按照统一规划、统一建设、统一管理的原则，理顺体制、机制，整合各类资源，搭建融资开发平台，加快大景区开发建设。下一步，甘肃还将打造以敦煌文化为核心的精品丝路旅游区，以始祖文化为核心的华夏祖脉旅游圈及养生保健旅游区，以黄河文化为核心的沿黄四市州黄河风情旅游区。

  文化是一个国家、民族的精华。习近平总书记指出："一个国家、一个民族的强盛，总是以文化兴盛为支撑的，中华民族伟大复兴需要以中华文化发展繁荣为条件。""一带一路"陆路从西安向西横穿西亚，前往欧洲荷兰鹿特丹；海路从长三角、珠三角沿东南亚向西，经非洲过黑海，最后与陆路终点相汇。在丝绸之路广阔无垠的疆域上，迄今为止仍保留着丰富的历史遗迹、建筑、民族艺术和民俗、宗教等旅游资源，它们都可以为文化旅游事业的壮大和发展提供丰富的物质基础和保障。"一带一路"具有"人类文明游""丝绸之路特色的国际精品线路游""互办旅游推广活动游""体

育活动交流游""新海上丝绸之路游轮游"等五大文化特征。[①] 深度挖掘区域传统文化，将其价值精粹注入具体旅游项目当中，助力于文化旅游产品研发、设计、生产、流通和消费的各个环节，赋予静态的物质遗产以全新的生命力，也推动非物质文化遗产在旅游层面的价值体现和升华。现阶段，如何抓住时代发展的脉搏、全球化发展趋势并运用不断更迭的数字技术，充分活化沿线资源并确保不同区域的齐头并进，是在全球范围内构建具有影响力的"一带一路"文化品牌之要义。当然，这一远景的实现离不开国与国之间的协同合作、东西方文化的相互借鉴和融合，也需依据不同的观众群体差异化地讲好"丝路故事"。

第四节 共建国家文化遗产经典案例

世界文化遗产在公元 12 世纪至 15 世纪约 400 年间分布最多，平均一个世纪有 25 项遗产；在公元前 7 世纪至公元 11 世纪，文化遗产分布较均匀，平均一个世纪有 10 项遗产；在公元 16 世纪至 20 世纪及新－旧石器时代至公元前 21 世纪，平均一个世纪有 10 项遗产，与公元前 7 世纪至公元 11 世纪阶段的平均遗产数接近，但是分布的波动较大；在公元前 8 世纪至公元前 20 世纪的平均遗产数较少，约一个世纪有 2 项。虽然遗产数量受到诸多因素的影响，但该统计从侧面反映了丝绸之路兴起于世界古典文明发展的第一阶段高峰期（公元前 2 世纪至公元 2 世纪），当时罗马、安息、中国汉朝等大帝国在此阶段形成从地中海沿岸至太平洋的一条不间断的文明地带，农业文明与游牧畜牧文明交汇碰撞，促进了整个亚欧大陆不同国家、民族之间广泛的交往，并在公元 6 世纪至 12 世纪达到最为兴盛时期。它作

---

① 罗雨．"一带一路"背景下旅游文化特征研究及启示［J］．湖州职业技术学院学报，2015（3）：76-80．

为东西方之间融合、交流和对话之路，在人类文明与文化的交流史上产生了无可比拟的影响并处于突出地位。

"一带一路"倡议跨越东亚、东南亚、南亚、中亚、西亚、非洲、欧洲等地，其沿线拥有世界文化遗产400余项，数量众多，占全球世界文化遗产总数的近55%。[①] 文化遗产点在欧洲地中海附近分布最为密集，在亚欧及非洲大陆分布较为均匀。在不同农业区的分布情况为：一是旱作农业与畜牧业分区的文化遗产点最多，约占文化遗产总数的60%，这得益于旱作农业与畜牧业区广阔的土地面积；二是温带商品化农牧园艺业，湿润季风下稻作农业的遗产点分布最少。据对遗产点的评价准则统计可知：在文化遗产中，仅满足一条评定标准的遗产点约占文化遗产总数的10%，约90%的文化遗产点具有多重文化意义和内涵，且满足两条评定准则的遗产最多，约占文化遗产点总数的40%。

一、"一带一路"共建国家代表性文化遗产

"一带一路"共建国家代表性文化遗产见表4-3。

表4-3 "一带一路"共建国家代表性文化遗产

国家	代表性文化遗产	概况
哈萨克斯坦 吉尔吉斯斯坦	阿依特斯（Aitysh/Aitys）即兴表演	阿依特斯是一项两个人在传统乐器伴奏下的即兴诗歌说唱比赛，主题由观众选择，展示了最佳音乐技能、节奏、创意和智慧的选手胜出。阿依特斯是吉尔吉斯斯坦和哈萨克斯坦多民族社会中的一种流行文化形式和身份标志，是当地庆祝活动或全国性活动中的特色，常会提出一些重要的社会问题。

[①] 黄娟.非物质文化遗产的现状及对策"走出去"：以河北省为例[J].学习月刊，2014，564(20)：114-115.

续表

国家	代表性文化遗产	概况
德国	面包文化	2014年12月，联合国教科文组织将德国面包文化列入世界非物质文化遗产名录。据悉，对此贡献最大的当数德国萨克森-安哈尔特州的面包师。成功申遗后，他们制作的面包以配方独特和种类丰富而逐渐被人们熟知。
意大利	西西里木偶剧	西西里木偶剧形成于19世纪初期的西西里，在该岛平民阶层中获得了巨大成功。直到20世纪50年代，这种傀儡木偶剧在意大利还十分流行。它主要表现的是宏伟的史诗、英雄的传奇故事。它讲述的故事一般取材于中世纪的骑士文学、文艺复兴时期的意大利诗歌，以及圣徒或江洋大盗的生活。
俄罗斯	塞梅斯基的文化空间与口头文化	俄罗斯塞梅斯基人当今的生活方式远离现代生活，活生生再现的是16世纪至17世纪俄罗斯民族的生活情景。塞梅斯基是俄罗斯一个古老的信徒群体，长期居住在偏远的、与世隔绝的特兰斯贝卡地区的村子里。他们在俄罗斯形成了由宗教信仰结合起来的社会群体，有着自己特有的文化要素和群体意识。
土耳其	迈达赫艺术	迈达里克是一种土耳其传统史诗的演唱形式，由一个演员独自表演，说书人被称为迈达赫。这一说唱形式是居住在中亚地区的土耳其人于6世纪前后西迁之前创立的。它随着时间的推移不断发展，又由于亚洲、高加索和中东各族人民之间在这块广大地域里的互相影响而产生了多种类似形式。迈达里克这种十分珍贵的口传文学不仅在奥托曼王朝统治下的土耳其语地区幸存下来，而且仍在土耳其及上述地区流行。

二、"一带一路"共建国家代表性文化遗产城市

"一带一路"共建国家代表性文化遗产城市见表4-4。

表4-4 "一带一路"共建国家代表性文化遗产城市

城市	概况
阿拉木图	阿拉木图是哈萨克斯坦第一大城市，也是整个中亚的金融、教育中心。早年因盛产苹果，因此阿拉木图有"苹果之城"的美誉。

续表

城市	概况
塔什干	塔什干市是乌兹别克斯坦首都。就人口而言，塔什干是中亚地区第一大城市、重要的经济和文化中心，曾是古丝绸之路上重要的商业枢纽之一，我国古代的张骞、法显、玄奘都曾在此留下足迹。
希拉城	这里有著名的古巴比伦城遗址，世界最古老文明之一的发祥地。在伊拉克，幼发拉底河和底格里斯河自西北向东南流贯全境。
伊斯坦布尔	伊斯坦布尔是土耳其经济、文化、金融、新闻、贸易、交通中心，世界著名的旅游胜地，繁华的国际大都市之一，地跨欧亚两大洲，这里有著名的安纳托利亚克桑多思古城。
莫斯科	莫斯科是俄罗斯联邦首都，俄罗斯的政治、经济、文化、金融、交通中心及最大的综合性城市，迄今已有800余年的历史，是世界著名古城。莫斯科拥有众多名胜古迹，城市规划优美，掩映在一片绿海之中，有"森林中的首都"之美誉。
加尔各答	加尔各答是印度西孟加拉邦首府，印度第三大城市。作为印度前首都，加尔各答是印度现代文学和艺术思想的诞生地，历史上曾产生过3位诺贝尔奖得主：泰戈尔、拉曼、德蕾莎修女。
内罗毕	内罗毕是东非国家肯尼亚的首都，也是东非地区最大的城市，非洲最大城市之一，一座国际化大都市。内罗毕人口超过200万，是非洲最领先、最时尚、最现代化的城市之一。
雅典	雅典是希腊共和国的首都和最大的城市，位于巴尔干半岛南端。雅典记载于册的历史长达3000多年，被誉为"西方文明的摇篮"。雅典也是欧洲哲学的发源地，对欧洲及世界文化产生过重大影响，诞生了苏格拉底、柏拉图等一大批历史伟人。雅典至今仍保留了很多历史遗迹和大量的艺术作品，其中最著名的是雅典卫城的帕特农神庙，其被视为西方文化的象征。

三、"一带一路"共建国家文化遗产开发案例

（一）吴哥窟（柬埔寨）

文化遗产开发遵循的原则是"社会效益为主、经济效益为辅"，不能为了经济效益摒弃其社会效益，尤其是以吴哥窟为代表的历史文化遗产，它的保护和开发更应该如此。实际上，吴哥窟的开发确实很好地实现了社会

效益和经济效益二者的兼顾。作为高棉王朝曾经的都城，吴哥窟废弃于 15 世纪 30 年代。1431 年，暹罗攻破真腊的国都吴哥，此后真腊定都金边，吴哥就此废弃，这个延续了 600 年之久的城市淹没在原始丛林之中。从最早 16 世纪葡萄牙历史学家蒂欧格·都·科托关于吴哥窟的记述开始，至 20 世纪初法国远东学院开始对吴哥窟等古迹进行的长达数十年的修复工程，这些都得益于吴哥窟周围长达 190 米宽的护城河的庇护，使得吴哥窟的保护较为完整。此后历经 20 世纪 30 年代和 20 世纪 90 年代的几次艰苦修复后，吴哥窟得以展露出曾经的繁盛样貌。吴哥窟不仅作为一个佛寺存在，更为重要的是，它还是世界上最早的哥特式建筑，吴哥窟的原始名字是 Vrah Vishnulok，意思为"毗湿奴的神殿"。

吴哥窟也频繁地出现在中国历史资料中，吴哥窟的另一个称号——桑香佛舍，就是中国元代航海家汪大渊在 1330 年至 1339 年游历吴哥窟之后取的名字。在此之前，南宋的赵汝适在《诸蕃志》中、元代的周达观经吴哥窟到达真腊并在其游记《真腊风土记》中对吴哥窟有过描述。值得注意的是，在中国历史典籍中，吴哥窟最早并非一座佛寺，而是一座皇陵，在元代汪大渊到来时，吴哥窟已经改成了佛寺。可以说，吴哥窟是吴哥建筑群中保存最完好的建筑。1992 年，吴哥古迹被列入世界文化遗产名录，此后的吴哥古迹借机加大资金投入力度，一举将吴哥窟发展成为柬埔寨对外旅游的金字招牌，旅游人数从 1992 年的 2 万上升到 2013 年的 200 余万。2018 年，吴哥窟接待游客将近 260 万人次，其中入境游占比最大的是中国游客，一度达到 112 万人，旅游年收入占国民经济总收入的 20%。这些成绩都是柬埔寨对吴哥窟持续进行 20 多年的修复工作后取得的，同时，吴哥窟的旅游收入中约有三分之一的门票收入被投入吴哥窟的保护中。近些年，经过柬埔寨、中国、法国、德国、日本等国家文物工作者的努力，吴哥窟于 2004 年从濒危世界文化遗产名单中除名，各国持续不断的努力让吴哥古迹恢复了旧日的风貌。

(二)莫斯科克里姆林宫与红场(俄罗斯)

有着"世界第八奇景"之称的克里姆林宫,曾经是俄罗斯历代帝王的宫殿,也是俄罗斯最古老的建筑群之一。克里姆林宫的修建,最早可以追溯到公元12世纪,莫斯科城市奠基人基辅大公尤里·多尔戈鲁基建立了一座叫捷吉涅茨的小城堡,而克里姆林宫就是在这座小城堡的基础上兴建而成的。自克里姆林宫兴建之始,就一直与俄罗斯的重大历史事件发生着联系。例如,15世纪70年代,俄罗斯为迎娶拜占庭帝国的索菲娅·帕列奥罗格公主,重建了乌斯宾斯基大教堂,特地从意大利请来了卢道尔夫·费奥罗万担任工程师,历经近8年时间的修建,教堂于1479年完工。我们现在看到的金色洋葱形圆顶和高耸的塔尖,便是这位意大利工程师的杰作。此后,乌斯宾斯基教堂便成为俄罗斯的国家大教堂,也成为历代沙皇加冕的地点。因此,克里姆林宫的兴建,几乎跨越了数百年的时间,集合了众多俄罗斯和外国工程师的智慧和巧思。直到20世纪60年代克里姆林宫大礼堂投入使用,这座延续了数百年修建的建筑群才形成今天的布局规模。主要建筑包括列宁墓、20座塔楼、圣母升天教堂、大克里姆林宫、伊凡大帝钟楼等,在俄罗斯本土建筑风格的基础上融合了拜占庭、巴洛克、希腊、罗马等文明的建筑特色,形成了极富特色的宫殿建筑群,代表着俄罗斯建筑文化的最高水准。

1990年,克里姆林宫和红场入选世界文化遗产。与克里姆林宫建筑群不同的是,红场是紧邻克里姆林宫的一座广场。由于俄罗斯的重大节日、重要活动都在红场举办,所以红场也与克里姆林宫一起成为俄罗斯的文化象征。二战时期,斯大林在红场举行阅兵仪式,跨过红场的俄罗斯士兵直接奔赴前线战场,红场在国际上拥有较高的知名度。红场面积为9.035万平方米,从红场中央眺望,依次可以看到克里姆林宫、俄罗斯国家历史博物馆、瓦西里·布拉仁大教堂、列宁墓及检阅台和观礼台等建筑。红场与克里姆林宫不同，红场的建造晚于克里姆林宫，直到近16世纪时，红场才初具规模。早期，红场被称为"托尔格"，在俄罗斯语言中是"集市"的意思，是一个工商贸易区，后来16世纪初的一场大火将这个工商区烧毁，红场才逐渐形成。19世纪初，拿破仑入侵俄国，纵火焚烧了莫斯科，也是在那次重建中，红场经历一次大规模的扩建。20世纪20年代，红场再一次扩大了面积，合并了邻近的瓦西列夫斯基广场，形成了今天我们看到的红场现状。

（三）卡杰拉霍建筑群（印度）

自印度于1977年加入《保护世界文化和自然遗产公约》缔约国以来，共计有37项遗产入选世界遗产名录，其中位于印度的中央邦本德尔坎德一带的卡杰拉霍建筑群于1980年12月列入世界文化遗产名录。该建筑群兴建于公元950年至1050年，距今已有千余年历史。作为印度章德拉王朝时期的文化遗产，卡杰拉霍建筑群不仅承受了数千年的风雨侵蚀，而且也承受了文化冲突中的打击。卡杰拉霍一带作为印度佛教中米教一派的活动中心，在公元11世纪至12世纪时遭到穆斯林的入侵，作为佛教文化的生存土壤不复存在。或许是因为位置较为偏僻，卡杰拉霍建筑群得以幸存，但由于经历千余年的时间，因此遭到了不同程度的损失。在最早修建的85座建筑中，至今保存比较完整的还有20座庙宇，分布在东、西、南三个位置上。值得注意的是，这三个不同群体的庙宇分属于印度教和耆那教，尽管印度文化较为保守，但在卡杰拉霍建筑群上却有着不少色情雕塑，这也是卡杰拉霍建筑群闻名于世的原因之一。然而，从整个卡杰拉霍建筑群的建筑特色和雕塑装饰来看，色情主题只是整个建筑群中很少一部分题材，主要取材还是源自印度人的精神信仰、宫廷及世俗生活，如天神、国君、乐师、舞者等。尤其在世俗生活表现上，古代工匠用灵巧的双手、精巧的构思逼真地再现了印度人日常生活的场景，如少女刚起床时伸懒腰的瞬时情景、妇女洗浴后用手绞去辫子上水珠的动作、幼儿从脚掌上取刺时的神态，在具体表现时更注意到了人体肌肉在运动状态下表现出的紧张感，显示了印度古代工匠的高超技艺和对世俗生活的精细描摹。

（四）巴比伦"空中花园"（伊拉克）

被称为世界八大奇迹之一的"空中花园"是一座已经消失了的古代建筑，兴建于新巴比伦王国国王尼布甲尼撒二世在位时期。在今天的伊拉克首都巴格达以南地区，幼发拉底河的右岸残存着国王的遗址，也证明古代两河流域地区的文明发达程度，孕育出了苏美尔文明、古巴比伦文明、亚述文明、新巴比伦文明等。尽管有学者研究认为，"空中花园"的修建地不在新巴比伦地区，而在亚述文明的首都尼尼微一带，但"空中花园"带来的文化影响力依旧让后世的人们孜孜以求地追寻着它的踪迹。

巴比伦意为"神之门"，由于地处两河流域的交通要冲，商业和经济不断发展壮大，一度成为西亚最繁华的政治、经济、商业和文化中心。"空中花园"的修建不仅是古巴比伦强盛发达的代表，更是那个时期建筑技术的代表。据考证，"空中花园"的建造采用了立体叠园的手法，在高达25米的建筑上层层叠加种植奇花异草。从其高度及与幼发拉底河的距离来看，水源的汲取和灌溉也是建造这座"空中花园"能否成功的重要因素之一。

遗憾的是，自公元前539年起，巴比伦先后被波斯、马其顿等帝国占领，巴比伦城逐渐衰落，其后由于两河流域的生态环境恶化，巴比伦城沦为一片废墟，"空中花园"更是毫无踪迹可寻。1978年，伊拉克政府为了发展旅游业，实施了复原巴比伦城的计划。1987年9月，这项耗资数百万美元的修复工程终于完成，修复的建筑包括著名的"女神门"、宁马克神庙及"空中花园"等部分建筑和城墙，同时在城内修建了博物馆，展出的物品包括著名的《汉谟拉比法典》的复制品，重现了这座古城昔日的风韵。

（五）撒马尔罕（乌兹别克斯坦）

撒马尔罕是古代中亚地区最为繁华的城市。作为丝绸之路上的重要节点城市，大量的商旅在此驻足和中转，也正凭借着沟通亚欧地区丝路贸易的得天独厚优势，撒马尔罕有了"东方罗马"的称号。撒马尔罕的建城历史可以追溯到公元前5世纪，距今已有2500多年的历史，它的兴起与丝绸之路上一支重要的商业民族粟特人有着莫大的关系。来自中亚地区的粟特商人几乎垄断了丝路上的贸易活动，而他们的居住地在中国史籍中也被称为康国、曹国、安国等。其中康国（又称为康居、罽宾），即今天的撒马尔罕，安国是今天的布哈拉。因此，从历史交流的紧密程度来说，撒马尔罕一直是通过丝绸之路贸易与中国发生着紧密联系的城市。

作为丝路贸易的重要节点城市，撒马尔罕也频繁遭受战火的洗礼。1219年，花剌子模帝国在此建都，于1231年被蒙古帝国灭亡，随后撒马尔罕城也遭到了破坏。此后，这里又成为帖木儿帝国的都城，帖木儿的统治者为了将撒马尔罕修建成亚洲之都，调集了最优秀的工匠，搜罗奇珍异宝，完成了对撒马尔罕的重建。2000年，撒马尔罕古城整体上被联合国教科文组织评定为世界文化遗产。撒马尔罕古城内留存着风格迥异的遗迹文化，依据建成年代的不同分为：阿夫拉西阿卜遗址区、帖木儿时期建成区、沙俄－苏联时期建成区等，不同时期的建筑风格和文化特色明显，尤其是帖木儿时期的宗教建筑保存得最为完整。撒马尔罕城内的重要文化遗产有列基斯坦神学院、古尔－艾米尔陵墓、兀鲁伯天文台、沙赫静达陵墓等，其中最出名的便是位于撒马尔罕市中心广场附近的三座神学院，其中尤以兀鲁伯神学院引人关注。三座神学院虽建于不同时代，但风格组合相当成功，是中世纪中亚建筑的杰作。此外，位于撒马尔罕东北郊的兀鲁伯天文台也是乌兹别克斯坦的重要古迹之一，建造者兀鲁伯既是帖木儿帝国的统治者，也是著名的天文学家。兀鲁伯天文台建造于 1428 年至 1429 年间，其独特的 40 米大理石六分仪和水平度盘使其成为中世纪最为著名的天文台之一。兀鲁伯编制了《新天文表》，对 1018 颗星辰做了定位，这也是继古希腊天文学家希巴尔赫之后测定星辰位置最准确的记录。

第五章
"一带一路"文化遗产创意营造

> 文化遗产的创意营造有助于提升城市的文化品质、挖掘传统文明精粹、讲好遗产文物故事、生产文化遗产城市创意产品、激活文化遗产城市创意消费。文化遗产的创意营造,需要群策群力、协同合作,搭建多方联动的共同体平台,也需要实时更新文化旅游的思维理念,在全球化经济发展和文化融合的发展进程中同时加大对本土或区域传统文化的挖掘力度,生产契合人文地域风貌的文化旅游产品,促进多维体验和消费的相互融合。本章对博物馆、数字科技公司、文化演艺品牌、文化旅游项目进行考察和调研,以鲜活的实际案例和前沿发展动态对相关理论和观念逻辑进行合理的补充和深化。

文化遗产是一个城市的独特印记,是创造与建设现代特色城市的基础。文化遗产的创意营造有助于提升城市的文化品质、挖掘传统文明精粹、讲好遗产文物故事、生产文化遗产城市创意产品、激活文化遗产城市创意消费、促进大众对城市文化资源的撷取和传承,也有助于构建富于创意的文化遗产城市社会环境、经济环境和自然环境。2016年5月,国务院办公厅转发了原文化部、国家发展改革委、财政部和国家文物局四个部委《关于推动文化文物单位文化创意产品开发的若干意见》,在154家试点单位的带动下,两年来创造和生产了大量源自馆藏文物的创意产品。2018年11月12日,国家文物局、工业和信息化部、科学技术部联合印发了《文物保护装备发展纲要(2018—2025年)》(简称《纲要》)。《纲要》提出,按照新时代加强文物保护利用改革的新要求,聚焦文物保护利用的重大需求,凝聚社会力量,创新发展模式,优化发展生态,构建产品体系,全面提升文物保护装备对文物事业发展的综合保障和支撑服务能力。其中,创新是推动发展的重要力量,科技创新合作是"一带一路"创新之路建设的核心内容和重要驱动力。[①] 习近平总书记在首届"一带一路"国际合作高峰论坛的主旨演讲中强调,"要将'一带一路'建成创新之路""'一带一路'建设本身就是一个创举,搞好'一带一路'建设也要向创新要动力"。文化遗产的创意营造需要群策群力、协同合作,搭建多方联动的共同体平台,也需要实时更新文化旅游的思维理念,在全球化经济发展和文化融合的发展进程中同时加大对本土或区域传统文化的挖掘力度,生产契合人文地域风貌的文化旅游产品,促进多维体验和消费的相互融合。另外,数字科技是文化创意内容生产的强大助力。我们在对文物藏品进行活化过程中,需在切实保护文物安全和国家安全的基础上对其进行数字化复刻和产品转化,以此增强文化传播的广度和力度,让不同文化遗产中蕴含的城市故事走进民众的日常生活,让常态化的文化空间体验、实践和消费成为现实。

第一节 搭建文化遗产共同体平台

城市文化遗产的保护和开发离不开政策扶持、媒体联动、民众参与三

---

① 万劲波.深化科技创新合作建设"一带一路"创新之路[EB/OL].[2019-04-22]. http://theory.people.com.cn/n1/2019/0422/c40531-31042101.html.

个方面的作用力，其中共同体的核心理念是关键所在，也是团结精神在新时代的具体体现。2018年11月，"一带一路"国际科学组织联盟成立大会在北京举行。习近平总书记在贺信中强调，要"发挥好'一带一路'国际科学组织联盟的平台作用，加强科技创新政策和发展战略对接，开展重大科技合作，培养创新创业人才，提升科技创新能力，为促进民心相通和经济社会可持续发展，为推动建设绿色之路、创新之路，为推动构建人类命运共同体作出重要贡献"。

一、区域协同发展战略

以"一带一路"为契机，以文化遗产为纽带，连接文化遗产城市，形成文化遗产协同创新机制，通过点线面联合发展，带动更多地区文化遗产保护和开发，形成协作抱团的发展态势。例如，在甘肃、青海、新疆三省（自治区）交界处的敦煌，兼具得天独厚的地理优势。如今，这三省（自治区）的旅游发展也正在逐渐走向更大的平台。敦煌作为世界文化遗产的驻扎地，在吸引游客的同时，又将三省（自治区）内的其他重点旅游项目向更多游人推荐，搭建形成文化遗产资源协作的共享平台。

阳关博物馆纪永元馆长在接受本课题组采访时表示，"阳关博物馆始终坚持向全国大型博物馆学习，也一直与其他敦煌博物馆进行交流合作，召开了五次大型学术会议，出版了《敦煌文选》《诗与远方·如梦敦煌：全国敦煌诗文征选活动优秀作品集》等文献，也成立了甘肃敦煌学会。以后，希望在提高自身水平的基础上与其他博物馆一起举办主题性的巡回展览"。

二、媒介协作连横战略

以世界遗产为纽带，城市联姻、传媒携手、协力同行、组团发展，通过文化遗产城市传媒联盟实现资源共享、节目互换、人才互育、经验互鉴、活动联办，搭建"一带一路"文化遗产媒介互联共享大数据平台，在世界文化和自然遗产的保护研究和传承弘扬中强化媒体担当，彰显中国力量，讲好中国故事。

另外，以媒体融合平台为基础设施、创意创新理念为活化智慧的文博数字化工程，是以技术为基础、内容为支撑、参与为动力、服务为目的的综合战略，为激活文化遗产和古文物内涵、扩大文化传播通道和路径、讲好中国故事贡献力量。2017年9月12日，由中国博物馆协会指导、中国博物馆协会市场推广与公共关系专业委员会主办的第十二届中国北京国际文化创意产业博览会"文博+科技——博物馆未来之路"研讨会在首都博物馆举办。会议相关意见指出，文博工作与科技融合，既是发展方向，也是基本要求。越来越多的新技术、新产品、新材料被广泛应用到博物馆的藏品保护、学术研究、陈列展览、社会服务和管理运营中，推动博物馆的改革和进步，为博物馆的可持续发展做出重要贡献。

相关案例

鲸世科技——科技赋予文物永恒魅力

鲸世科技有限公司（简称"鲸世科技"）成立于2017年，是一家科技型互动创意公司，国家高新技术企业，中关村高新技术企业，定位于"文化+科技融合"。鲸世科技依托多元的商业显示设备，结合触控、体感、人脸识别、多屏联动等人机智能交互技术，围绕方案、空间、内容、交互整体进行设计，为观众打造基于场景的沉浸式体验。2020年初，本课题项目组对该公司进行实地考察，并对相关管理人员进行深度访谈，了解到该公司自主开发了一套数字文物保护应用展示系统。该系统通过运用超高清二维扫描、高精度三维扫描测绘、激光全景空间扫描、360度高精度环物摄影（文物摄影级）、无人机航拍等技术，可对各类文化遗存（可移动文物、不可移动文物）进行数据采集，在三维空间细节、表面纹理、大结构空间位置关系、精准尺寸、表面深度等方面进行高精度、高速率的数字信息数据采集工作。这种数字化的采集工作严格依据《博物馆藏品信息指标体系规范》，针对不同遗迹、遗物的特性，制定精准完备的数字影像采集技术规范标准和系统全面的解决方案，如运用环物拍摄对玉器、玻璃器进行采集；运用激光扫描对青铜器、陶瓷器进行采集；运用航拍对建筑、文化遗迹进行采集。当然，也可以将几种方法相互结合、综合运用，根据文物的形制、结构等不同特点，针对不同文物具有的不同纹饰、铭文和附件，对局部进行更为深度的影像高清采集，确保细节高清完整。

此外，在对文物进行高仿真数字化处理的同时，鲸世科技采用深度交互数字引擎技术，开发了一套包含深度文物交互的数字展示内容平台，通过实时的引擎渲染和多种类型的交互融合，让数字文物背后的内容价值得以传播。系统平台以传统的大屏幕触控为基础，融合先进的图像识别、脑机接口意念交互、物联网传感等先进科技，并加入丰富的定制化数字交互内容设计和空间设计，进一步加深了数字文物在传播中的吸引力，从而让文物得以在数字科技的增持下得到永久保存，更让其背后的文化底蕴得到永续传承。

具体而言，对于文物遗产的数据采集有以下几个特点。

1. 超高清二维数据采集

利用先进摄影器材和扫描设备搭建专业文物影像采集场地，采用领先采集技术对二维平面文物、三维复杂曲面文物进行整体和局部影像采集，得到高达70亿像素的超高分辨率图像，准确还原色彩，精确展现文物质地、颜色和纹饰等细节特点（见图5-1）。

图 5-1　文物数据采集

2. 高精度三维数据采集

利用激光扫描、环物拍摄、无人机航空拍摄等手段，对复杂曲面文物进行非接触式三维激光扫描，以此获得点云数据。同时针对不同类型的文化遗存，根据该遗存在形制和结构等方面的不同特点，采用不同组合方式进行深度的数据采集，并对所得数据进行信息采集、整合处理、3D 建模和校准加工，配比现有资料，确保生成数据的真实性和精准度，使细部数据达到 0.05mm 分辨率、0.03mm 精度、0.4mm—0.2mm 点距。

3. 超高清纹理、色彩数据采集

本系统提供高分辨率、高清晰度的图像数字信息数据和精确的色彩还原及管理流程。采用专业影像采集设备和灯光系统，进行文化遗存表面材质、颜色、纹理及结构信息的数据采集，并配以完善的色彩管理解决方案，采集质量达到 300DPI（分辨率）以上的纹理材质图像信息，完美呈现遗迹、遗物的本来面目。

基于高精度数据采集系统开发研制出多项拓展延伸产品，为采集到的文化遗存数据提供增值服务，主要包括展览展示、考古线图速绘、电子拓片服务。展览展示是将高精度扫描成果运用到文化遗存的展示中；考古线图速绘是根据 3D 扫描模型快速生成连贯光滑的线图成品；电子拓片服务是根据三维扫描数据生成仿真平面拓片及立体全拓效果，如对居庸关云台天王像的数字化呈现（见图 5-2）。

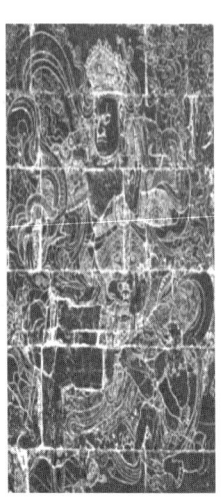

| 实物图 | 三维效果图 | 数字线图速绘 | 数字拓片 |

图 5-2　居庸关云台天王像数字化呈现

4. 数字多媒体交互引擎和传感交互融合数字内容

该技术在结合传统商业触控显示的深度数字文物交互方式时，融入了图像识别、穿戴式智能设备和数字引擎交互后台。其中，交互后台以自主定制化的接口接入，包含脑机接口、RFID（射频识别）、图像识别设备、激光雷达、距离传感等硬件设备，在常规的数字文物体验基础上增加了更多科技感十足的交互内容。展示的内容结合采用的技术特点，在数字文物展示的同时为公众提供更多有趣的玩法，如意念文物分解与组合、体感文物互动、混合现实文物互动内容等。

另外，三维数字采集技术体系涉及3D（三维）立体扫描仪、环物拍摄、色彩管理系统等，具体如下。

1. 3D 立体扫描仪

3D立体扫描仪是手持式扫描仪，可满足产品开发和设计专业人员的需求，为其提供最有效、最可靠的方法来采集物体的3D数据。3D立体扫描仪具有较高的便捷性，可更快速准确地用较高的分辨率进行3D扫描，同时具有使用超级简便等特点（见图5-3）。

图 5-3　3D 立体扫描仪

2. 环物拍摄

环物摄影技术是支持影像式虚拟现实的一种应用采集技术，对被摄物体进行多视点、多角度拍摄，最终将影像数据合成为可以操控并自由观赏的立体影像。

3. 色彩管理系统

在光色采集层面，采用中性色温的冷光源闪光灯，不会产生紫外线等有害光波。根据被摄物体的不同，也会采用 LED（发光二极管）长明光源。利用国际标准的 X-rite（爱色丽色差仪）或 Kodak（柯达公司）的色卡提供校准基础，生成色彩管理文件，调整图像文件的色彩、色温和色彩平衡。另外，还有国际专业显示器色彩校验系统，使用全新 7 色感光元件，大幅提升校色准确度，同时自动侦测环境光。

4. 交互环境

"水融式" AIoT（人工智能物联网）环境是一套嵌入多种人工智能算法、智能穿戴式硬件与智能传感设备的全新智能物联网环境。"水融式"物联环境融合了包括广域/局域定位、环境温湿度、人脸身份识别、设备识别等多种类型的传感器，包括智能脑电头环、自感应手环、肌电手环、智能门票与智能讲解音频设备的智能交互物联硬件平台，通过具有物联功能的穿戴式设备与数字内容的互动打造深度互动的内容整体环境体验。

其中最具有黑科技代表性质的脑意念头环（见图 5-4），可以根据人脑对于前方屏幕呈现画面的专注程度，来操控屏幕上呈现画面的动态场景。比如，屏幕上呈现一幅海洋中鱼儿穿梭、植被林立的动态画面，当观众戴上与视像系统相匹配的脑意念头环，将专注力聚焦投放在视频画面中的某个物体（如鲸鱼）时，原本缓缓游动的鲸鱼能顷刻间一跃而起，实现脑机交互的动态场景展示。

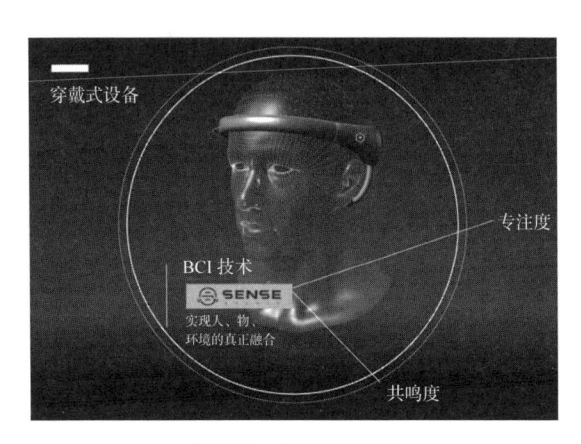

图 5-4 脑意念头环

另外，鲸世科技基于云端、VR/AR 体验系统，依托公司在逆向复原领域的技术优势，开发建设文化遗址数字资源库（见图 5-5），形成完善的文物三维内容建设，并利用云端管理系统实现文物数字资源推送与宣传，让文化的传播不再局限于场景。在此基础之上，鲸世科技结合前端体验系统，提供文物遗址的全沉浸交互体验整体解决方案，立体呈现多维古今文明，赋予传统文化新的传播生命力。

图 5-5 数字资源库

三、文物保护全民动员战略

城市是人类生产生活发展的产物。城市文化的发生与发展、保护与传承离不开人类生产生活水平的发展，城市中的任何文化都是人类生产实践的结果。随着物质生活水平的提高和民主意识的增强，文化遗产的保护理念和目标更加需要大众的共同参与。保护文化遗产需要全社会的参与，提高城市居民自身对文化遗产的保护意识、荣誉感和使命感，是每一位文化遗产城市市民应具有的责任和使命。如何做才能更加有效地保护我国丰富的文化遗产呢？

其实，有效保护文化遗产，首先得从文化遗产本身来说，就是让人们知道遗产是什么、我们保护的是什么、我们为何要保护这些遗产，通过基础文化遗产保护知识的大众化普及，帮助大众对人类文化成果保护、对未来社会发展有更加清醒的认识。随着社会文明程度的提高和全社会对文化遗产关注意识的增强，文化遗产保护工作者欣喜地看到，越来越多的人愿意投身到文物保护队伍中。实际上，许多著名的文化专家最初走上文物保护这条路时，也不一定都是自觉的，他们也是在逐步的探索过程中更加深切地意识到文化遗产的重要性。借助数字化信息技术，可以生产一些兼具知识科普、游戏互动性质的文化遗产博览产品，让观众在得到娱乐体验的同时，也能在一种沉浸式的文化氛围中收获文物保护知识，以参与交互的方式推动文化的分享和传播。

相关案例

"大美亚细亚"——亚洲文明对话大会

在2019年亚洲文明对话大会上，鲸世科技参与的"文明之源，美美与共"数字文物展览展示项目获得了巨大成功。该展项中的所有文物均来自亚洲"一带一路"共建国家,依托"一带一路"倡议,构建亚洲文明交流对话的宏观图景。展项采用多元文明并置、古今文明相通的文艺风格,从多个维度展示亚洲历史悠久、多元共生的文明特征,突出表现各个文明之间"对话、交流、互鉴"的历史轨迹。展项由"美成在久,日出东方"、"美在通途,久行致远"、"美人之美,礼尚往来"和"美美与共,天下大同"四个部分组成。展项通过地理格局、历史文物的展示,各国领导人之间交流与受赠礼品,以及"一带一路"倡议的未来宏观图景,全面展现亚洲各国之间的文化交流历程、历史沿革和未来愿景(见图5-6)。

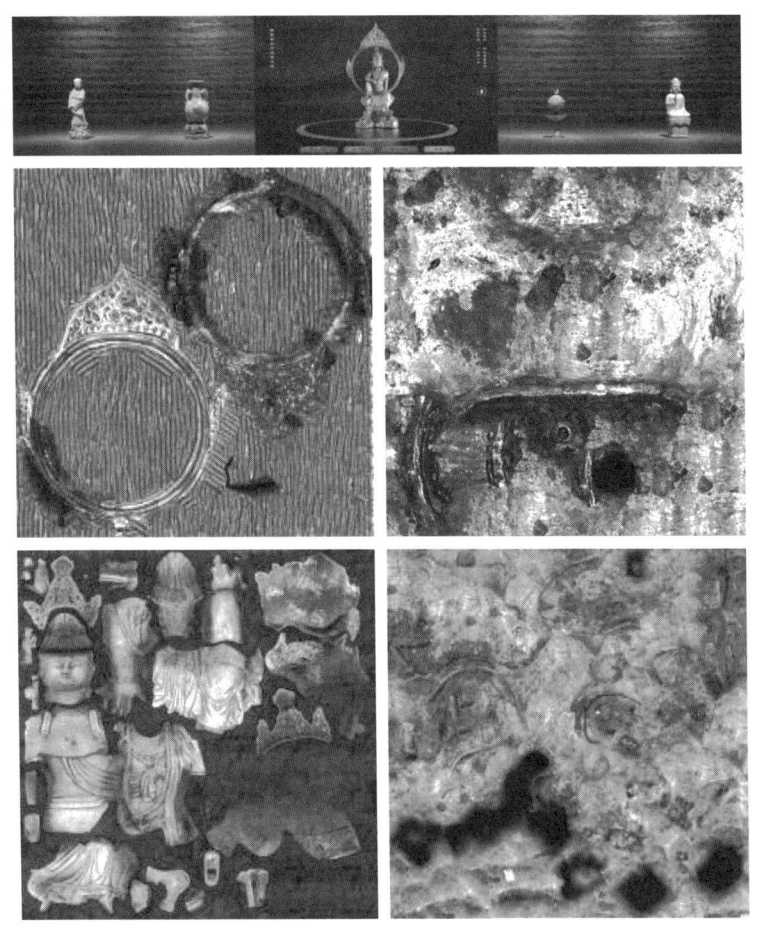

图 5-6 "大美亚细亚"展项

"一带一路"博物馆多媒体互动展示项目

在2018年敦煌文博会上,鲸世科技参与了"一带一路"博物馆的历史连接线多媒体互动展示项目。项目汇聚"一带一路"、大运河沿线的省市级多家重要节点博物馆,如故宫博物院、天津博物馆、河北博物馆、济宁博物馆、苏州博物馆、扬州博物馆、龙门博物馆、浙江省博物馆、西安博物馆、敦煌莫高窟。这些博物馆图标分别位于画卷般的宏大地图上,各自相应的牌匾标识也可以通过触屏方式弹跳出来,并排陈列于画幅底端。当观众指尖轻触某个标识之时,就会弹出大幅关于该标识对应博物馆的详细介绍,让观众能够清晰地了解到博物馆的历史发展脉络和收藏其中的镇馆之宝(见图5-7)。

图5-7 "一带一路"博物馆多媒体互动项目

"砥砺奋进大型成就展"——"数字故宫"系列

2017年,鲸世科技与原文化部合作,由故宫博物院提供三维模型素材,使用当时市面上最大的电容触控98寸屏幕对6块屏幕进行拼接,还原了64件国宝级文物,用多人交互的方式为用户带来真实的文物交互,让文物真正地活起来(见图5-8)。在"砥砺奋进的五年"大型成就展上,习近平总书记亲临现场,在该项目上驻足很长时间,并给予了高度评价。该展项展览历时三个月,接待客流260万人次。

故宫是国家级馆藏最丰富的博物馆。"数字故宫"以数字文物的形式,将文物立体、多维度地展陈在观众面前,观众可以通过触屏方式对屏中文

图 5-8 "数字故宫"

物进行任意旋转和摆放，从信息获取和实物操控的双重层面深度了解国家宝藏。在"砥砺奋进的五年"大型成就展上，展示的是从端门数字馆近百件故宫精品数字文物中选取的 60 余件文藏，包括陶瓷、玻璃、金银器、玉器、青铜器、漆器等，通过动画、高清图像、模拟操作等方式实现可以触摸的文物展示风格。例如，乾隆款画珐琅八棱开光山水花鸟图提梁壶，可以模拟烧水的操作（见图 5-9）。又如青铜宴乐渔猎攻战纹图壶，图案分"宴乐""渔猎""攻战"三层主题画面，以动画形式加以诠释：第一层位于壶的颈部，主要表现采桑、射礼等活动；第二层位于壶的上腹部，观众点击壶旁边的"按钮"，立即可以看见壶纹图景中人物的动态展示，能更真切地感受到战国时期宴享乐舞的欢庆场景；第三层位于壶的下腹部，是水陆攻战的场面，可以瞬间将观众拉回那个战火纷飞、硝烟四起的年代。文物数字化展映为静态的文物重新注入了活态的生命力。[1]

此次展览"数字故宫"板块的设计单位鲸世科技创始人杨利堃在接受本课题访谈时非常强调数字交互对文化传播的作用，"我们希望让用户去直

---

[1] "砥砺奋进的五年"大型成就展："数字故宫"让文物活起来［EB/OL］.［2017-10-20］. https://www.sohu.com/a/199081373_161623.

图 5-9　青铜宴乐渔猎攻战纹图壶

观地感受，通过交互的行为去了解我们中国这几千年的一些文化和历史。在交互的手段中，我们会有多样化的方式，不仅仅是通过触摸，也可以通过体感。我们现在自主研发的脑机接口叫 BCI 技术，可以五感聚集与文物进行交互和对话，这都是我们探索的一个方向。我们希望用新的技术或科技手段去赋能于我们国家 5000 年的文化历史，用'心'的传播方式让年轻群体或所有用户能感受到这种新型方式，能更深入地理解老祖宗留下来的传统"。

第二节　培育文化旅游发展新动力

价值驱动成为助推当今社会文化旅游快速发展的强大动力。在众多"助推器"中，敬仰价值驱动、体验价值驱动、愉悦价值驱动成为推动文化旅游发展的三个主要推手。其一，敬仰价值驱动。文化遗产旅游可以令旅游者在面对奇丽壮观的文化遗产时，获得高山仰止、景行行止的强烈心灵震撼，留下难以忘怀的触动。诸多文化遗产背后都承载着一定的历史故事和人文内涵,具有大义奉献、不忘疾难、勇于牺牲的敬仰价值,一旦经过创意提炼和精致表达,必能成为吸引更多人群涌入的旅游热点。其二,体验价值驱动。此驱动依托人工创意和设计,通过对文化遗产空间、景观、器物、场景、氛围等方面进行整体性的创意营造,有效整合利用视觉、听觉、嗅觉、味觉、触觉和其他感觉,共同使大众获得全新的感官体验,从而展现出具有悲剧、喜剧、浪漫、古朴、雄奇、精巧、狂欢等不同风格的审美意境。例如,莫高窟数字展示中心借助当代先进的数字技术和多媒体展示手段,向观众呈现敦煌莫高窟文化遗产气势恢宏的历史文化背景和绚丽多彩的经典石窟艺术,使观众在进入洞窟之前就能与敦煌莫高窟进行全方位、近距离的亲密接触。其三,愉悦价值驱动。愉悦价值驱动主要根据人类心理机能的内在渴望营造如梦如幻、似真非真的空间场景,通过价值感召、记忆唤起、心灵共鸣等方式,使大众获得愉悦体验。例如,平遥的《又见平遥》、桂林的《印象刘三姐》等实景演出,让旅游者仿佛置身于由五彩斑斓的幻想打造的沉浸情景之中。除了上述三种价值驱动,具体而言,以下四种助推文化旅游全面发展的发展模式也值得关注。

一、旅游文化演艺创新

早在 20 世纪 80 年代,我国的一些景区和景点中便已出现旅游演艺活动,其形式主要为剧场表演和巡演,而真正引起中国旅游学术界对旅游演艺活动进行研究是从对主题公园表演项目的研究开始的。2000 年后,大型实景演出活动逐渐走俏,如大型山水实景演出"印象"系列、"又见"系列在国内取得的成功,在一段时间内引起了较大的轰动。

山水实景演出以山水为演出舞台,以当地文化、民俗为主要内容,是中国旅游业向人文旅游、文化旅游转型过程中的独创产品。国内著名的"印象"系列大型实景演出一共有七部,出自张艺谋、王潮歌、樊跃三位导演之手。它们分别是《印象刘三姐》《印象丽江》《印象西湖》《印象海南岛》《印象大红袍》《印象普陀》《印象武隆》。从2004年起,《印象刘三姐》在阳朔开始正式出演,至今已经演出6700余场,接待观众近1600万人次,开创了我国旅游实景演出的先河。该演出作为广西旅游的一张名片带动了当地GDP(国内生产总值)的增长。与"印象"系列不同,王潮歌导演创作的"又见"系列(如《又见敦煌》)是室内浸入式戏剧形式。《又见敦煌》剧场与莫高窟数字中心并列,距离市中心不过9千米,当观众走进剧场时,就如同走进了亦真亦幻的寻梦空间。跟着张骞、张议潮、悟真和尚、王圆箓、索靖等一个个曾出现在敦煌历史里的人物的脚步,观众似乎也走过了丝路,穿过了黄沙(见图5-10)。《又见敦煌》采用的是流线式空间体验方式,以"穿越"为思想,让观众体验情境交融的演出,在体验中再现敦煌的辉煌历史。

图5-10 《又见敦煌》实景演出

另外,自1996年以来,横店影视城陆续建起了30多处跨越历史时空、汇聚南北特色的影视实景拍摄基地,累计拍摄各类影视作品2500余部。[①] 自2002年以来,横店影视城从影视文化题材、历史文化题材两个方

---

① 推动文化和旅游融合的横店探索[EB/OL].[2020-05-29]. https://www.sohu.com/a/398597652_725908.

向推进，先后开发了以《梦幻太极》《暴雨山洪》《火烧圆明园》等为代表的实景秀，以《百老舞汇》《紫禁大典》《汴梁一梦》等为代表的舞台秀，以《龙帝惊临》《帝国江山》等为代表的多媒体演艺秀和沉浸感十足的街头秀。一些演艺秀深度挖掘中华传统文化，打造富含文化意蕴的古典神话故事，如盘古开天、女娲造人、夸父逐日、后羿射日、女娲补天。横店影视城20余场大型演艺秀每年都有细微的调改，每两到三年进行一定程度的调改，每5年进行一次大规模调改，每次改动都是对文化内涵的进一步提升。

二、文化旅游综合体

文化旅游综合体是指集聚多种商业、办公、居住、旅店、展览、餐饮、会议、文娱和交通等现代城市生活的关联功能业态，形成主题创意化、环境景区化、产品休闲化、空间集聚化、服务社区化的一种全新生活方式的载体，其因多功能、高效率特性，被称为"城中之城"。文化旅游综合体的综合价值在于，一方面，文化遗产城市文化旅游综合体可以丰富旅游城市产品类型，实现产品多元化，推动城市文化旅游产业发展，减少政府投资，从而拉动经济发展。另一方面，它还可以重塑文化遗产城市形象，提高知名度、美誉度，增强文化遗产城市自身吸引力，进而促进联动区域城市开发，助力解决社会就业，提高人民生活品质，为文化遗产保护打下良好的城市生态保护系统。

西安是一个承载无数中国文化的优秀都市，是国务院公布的首批国家历史文化名城，是世界四大古都之一，中国古都学会认定的中国建都朝代最多及帝都历史最长久的古都，也是丝绸之路的起点，西汉的张骞出使西域便是从西安（长安）出发的。文化旅游一直是西安这座城市的重要发展产业。近年来，西安认真落实习近平总书记来陕西视察重要讲话要求和十九大精神，坚持大格局引领、大项目支撑、大产业发展，实施"文化+"战略①，先后出台了一系列扶持文化产业发展政策，开展"西安年·最中国"、打造音乐之城、书香之城，举办电竞产业高峰论坛、西部文博会等一系列重大活动。在2018年举行的"西安年·最中国"大型活动中，吼秦腔、咥美食、赏花灯、逛庙会、观民俗、品非遗等形形色色的民俗活动吸引了众多游客的参与，在抖音视频、朋友圈疯传，30余场传统年节活动获超1.8亿人次关注，20余天接待中外游客超1000万人次。

新疆作为"一带一路"的核心区域，近两年当地的文化旅游业呈现"井喷式"的发展状态，成为地方经济快速增长的重要产业支柱。新疆地处亚欧腹地，与周边八国相邻，有"一带一路"民心相通、文明交流交往的天然条件。各民族在长期历史发展中交往交融，形成了丰富多彩的民族歌舞、文学、音乐、曲艺、民俗等多元文化体系，在历史长河中孕育了龟兹文化、军垦文化、田玉文化等独具特色的文化遗产及众多的文物古迹。②近两年来，新疆各地冰雪旅游项目发展较快，开展了众多以"冰雪游"为主题的丰富多彩的旅游活动。溜冰、冰上卡丁车、滑雪赛事、赏冰灯、冬季摄影节、冬宰节等文化节庆活动增加了冬季旅游产品供给，吸引了疆内外大量游客前来参与。自2020年以来，乌鲁木齐市深入挖掘旅游资源，整合线上、线下营销渠道，通过"一城游新疆"智慧旅游平台及传统媒体、新媒体的相互整合，将全市吃、住、游、购、娱在内的旅游要素进行组合和串联，设计出多条迎合多元化市场需求的旅游线路。

---

① 奔向"万亿级文化旅游大产业"，今年西安"文化圈"干了这些大事［EB/OL］.［2018-07-13］. https://www.sohu.com/a/241057569_348925.

② 魏寒梅."一带一路"背景下新疆文化旅游业发展现状及对策［EB/OL］.［2020-03-28］. http://www.fx361.com/page/2020/0328/6497972.shtml.

三、文化旅游特色小镇

为适应新型城镇化发展的需要，我国专门制定了《国家新型城镇化规划（2021—2035年）》，提出限制大城市人口规模、加快发展中小城市的规划条例。其中，发展旅游业是小镇实现跨越式发展的一条重要途径。伴随着旅游市场的蓬勃发展，尤其是中国老百姓生活水平的不断提高，文旅小镇吸引了大量旅游者前来参观，已然成为受到大众市场欢迎的一个重要旅游项目。目前，市场上的文化旅游小镇大致分为两类：第一类是原有古村、古镇延伸发展而来的旅游小镇；第二类是借助旅游资源、交通优势等进行资源优势组合开发新建的旅游小镇。不论是第一类还是第二类，面临日新月异的市场环境，文化遗产城市必须在保持原有文化遗产坐标的前提下不断更新和提升产品内容，以保持其长久的市场生命力和社会价值。这无疑需要文化遗产城市不但要充分挖掘文化遗产城市的特色和符号，将生产、生活、生态"三生"融合，而且要处理好政府、企业和原有居民的利益平衡等问题，既尊重市场又尊重居民，既传承文化又实现不断创新。

文旅特色小镇的最初形态是以江南六大古镇（周庄、同里、甪直、西塘、乌镇、南浔）和丽江古城、平遥古城等为代表的古城古镇。2014年，浙江省首次提出"特色小镇"，由此有了"文旅特色小镇"的概念。自2015年以来，以古北水镇、拈花湾为代表的文旅小镇建成投入运营，标志着文旅特色小镇向成型阶段转变。自2016年开始，国家及地方层面陆续公布特色小镇培育目标，其中文旅特色小镇占比最多，文旅特色小镇开始步入全面发展阶段。[1]

位于北京市密云区古北口镇司马台村的古北水镇，背倚最险的司马台长城，坐拥鸳鸯湖水库，是与河北交界、山水城结合的京郊自然古村落，

---

[1] 文旅小镇开发的核心是什么？[EB/OL].[2019-07-15]. https://f.qianzhan.com/tesexiaozhen/detail/190715-1e8531f5.html.

经过四年精心打造，成为特色小镇的一个典型案例。古北水镇深度挖掘司马台遗留的历史文化，将 9 平方千米的度假区整体规划为集观光游览、休闲度假、商务会展、创意文化等旅游业态为一体的综合性特色休闲国际旅游度假地。当然，古北小镇的兴起也带来了褒贬不一的声音。优势、特色显而易见，负面评价主要是对文旅小镇发展的担忧，集中于对小镇同质化发展、文化元素匮乏、商业氛围浓厚等方面的隐忧。从长远来看，如何将小镇开发回归到人渴望返璞归真、回归自然的内心追求，在旅游基础上获得更多的文化洗礼，是考验文化旅游行业持续开展的智慧所在。

四、文化旅游节展活动

我国最早的旅游节庆活动，可以追溯到 1983 年在河南省洛阳市举办的牡丹花会。至今，我国每年平均举办 6000 多个旅游节庆活动，如青岛国际啤酒节、潍坊风筝节、大连国际服装节、哈尔滨冰雪节、洛阳牡丹花会等。随着旅游业的发展，举办旅游文化节庆必须以旅游目的地为载体，为其注入具有地域特色的文化内容，方可保其长久，进而形成特色品牌，如慕尼黑啤酒节、巴西狂欢节等。我国文化资源丰富多彩且特色明显，发展文化旅游和文化产业潜力巨大。因此，在发展文化遗产城市旅游产业过程中，我们需要引入文化创意产业的方式方法，创新文化资源利用方式，进而形成科学创新机制，提升文化遗产城市的吸引力，提高其社会效益和经济效益。

第三节 加快文化遗产活化再生

保护文化遗产可以涵养一个国家、一个城市的内在历史记忆和文化机理，从而建立一种不可替代的文化自信。让文物活起来、将文化遗产有效用起来，标志着文物工作和文化遗产事业进入了一个新的阶段。但是，怎样才能更好地保护文化遗产呢？活化保护是上策。活化就是在遗产保护的基础上对文化遗产资源进行整合，并进行相应的合理开发，在不破坏其真实性和完整性的前提下，充分挖掘开发文化遗产本身或其文化元素，从而释放文化遗产自身活力。综观一些国家对文化遗产活化保护的实践可以发现，如果保持历史的活态，城市文化就有无限的生命力，而活化保护的渠道、范围越广，文化遗产保护就越有效，人们的情感寄托、认同感、归属感和心灵感应也就越强。

一、创意性保护

创意性保护旨在通过创意元素的融入，让历史文化融入当下市民生活，让人们从中感悟历史、保护历史。福州的三坊七巷被称为"中国城市里坊制度的活化石"和"中国明清建筑博物馆"，是福州历史和文化的根源。自晋、唐以来，贵族和士大夫都居住在这里，清朝至民国时三坊七巷走向辉煌。福州的三坊七巷可以说是国内现存规模较大、保存较为完整的历史文化街区，也是全国为数不多的古建筑遗存之一。福州市政府对三坊七巷进行了保护性改造，改造翻新后的三坊七巷保留了传统的鱼骨状传统结构，并引入了商业模式，以南后街为中轴线，现已建造为集聚福州市传统手工艺、名小吃和海峡两岸特色商品市场的街区，吸引了大量的居民和游客到此参观购物。街两边的三坊七巷，多数保持着原有的幽巷深宅风貌，成为都市闹中取静的黄金地段，让人们在享受现代商业体验的同时，也能感受到三坊七巷厚重的历史积淀和文化底蕴。成都在历史文化遗产保护方面通过"文化＋旅游"的形式打造"成都模式"，成立天府古镇品牌联盟，全市 27 座历史文化名镇陆续加入这一联盟。成都通过深入挖掘古镇特色开发新的业态，进行创意性保护，将古镇、古街、非物质文化遗产与现代生活相结合，将历史文化遗产通过创意开发的形式融入人民生活当中，将历史文化名镇、历史文化街区保护和旅游有机地结合在一起，以更好地实现文化遗产的保护和传承。

二、承袭性保护

承袭性保护是从历史文物所处的现状出发，将其实用功能尽可能完整地承袭下来，让其成为城市生活中不可分离的部分。位于瑞士卢塞恩的卡贝尔廊桥，又称教堂桥，始建于 1333 年，是欧洲最古老的有顶木桥。桥的横眉上绘有 120 幅宗教历史油画，游客沿途可欣赏描述当年黑死病流行景象的经典画作。尽管遭受过火灾，这座充满历史感的木桥在修复后依然得到有效的保护。漫步其中，游客即可领略弥漫于卢塞恩的浪漫中古情怀。土耳其棉花堡属于古罗马时期的世界文化遗产，附近有著名的希拉波利斯古城遗址，过去贵族在这里泡温泉，现在当地的居民和游客也可以来体验。印度将遗产保护宗旨确立为"将自然景观和人文景观联系起来，保证文化多样性"。因此，印度积极地开发文化遗产酒店业，将古典城堡改造成特色酒店。例如，印度的拉贾斯坦省被誉为"君王之地"，应将这里历代君王的城堡进行保护和改造，打造成为特色酒店，最大限度承袭原有的建筑功能和文化内涵，保留其内在隽永的文化艺术价值。

三、修复性保护

修复性保护是文化遗产最常用的保护方法，即人们常说的"修旧如旧"的方法。为保护敦煌莫高窟等珍贵石窟壁画文物，自 1944 年敦煌成立保护机构以来的 70 余年间，一代代敦煌文物保护研究人员坚持不懈地为洞窟内壁画进行"体检"和"诊疗"。经过多年的努力，目前已通过科学手段对280多个病害石窟内5000多平方米的病害壁画成功进行修复,使其焕彩重生,为子孙后代留下了弥足珍贵的历史记忆。我国和"一带一路"共建国家展开考古和文物保护合作,也是为了更好地对沿线文化遗产进行修复性保护,如中国援助乌兹别克斯坦西南部花剌子模州文化遗产修复项目,对希瓦古城原本受到破坏的地方进行修复,恢复其历史风貌,让希瓦古城重获新生。

此外,AR(增强现实)技术在数字文化修复保护中的应用,也是一种非常具有前瞻性的探索方式。前期建立文博宝藏的数据资源库,在文物展陈时,观众可以通过与屏幕交互内容配套的深度体验式硬件设备,如放大镜或AR眼镜装置"扫描"文物。在观众与其进行进一步深度互动时,该屏幕上立即会呈现关于该文物的全方位介绍说明。数据资源库还可以对某些残缺的文物实体进行数字化的复原展示。

观众在戴上配有手持交互终端的交互AR眼镜(见图5-11)时,可以实现在看向前端屏幕中呈现文物的同时,眼镜会将观众的手持设备发射的模拟"激光竖线"呈现出来。在"激光竖线"对准某一文物(如图5-12中的"马踏飞燕")时,观众还可以通过类似双击的方式点点头,以作为眼镜中传感器的交互识别动作,这样该文物上方就会弹出相应的文物介绍。观众若顺着对准文物马的"激光竖线",同时点击手中的遥控器并向外拖拉,文物马的立体影像就会从屏幕中拖拽至空中。观众可以根据自己的意志和头部运动移动、放大、缩小和旋转文物,产生一种三维虚拟文物置身

图5-11 交互AR眼镜   图5-12 文物马的立体影像

于眼前"空中舞台"的既视感。通过三维虚拟文物的深度交互，观众可以非常清晰地看到文物表面的纹理结构及不同文物的介绍，还可以根据自己的个人意志，将文物影像在空中进行任意的摆放和展列，以获得更强的沉浸体验。

在 AR 深度虚拟交互之上的另一种方式是通过交互性、游戏化的方法，对文物的修复过程进行动态展示，吸引观众参与其中，并亲身感受修复文物过程中的点点滴滴。观众可以触动屏幕，根据"按钮"提示对图中的文物进行清洗、除垢、修复等，而且可以看到修复后的文物展示效果和工序操作说明，在参与交互中获得实实在在的文物修复知识，收获一种新颖的文娱体验享受（见图 5-13）。

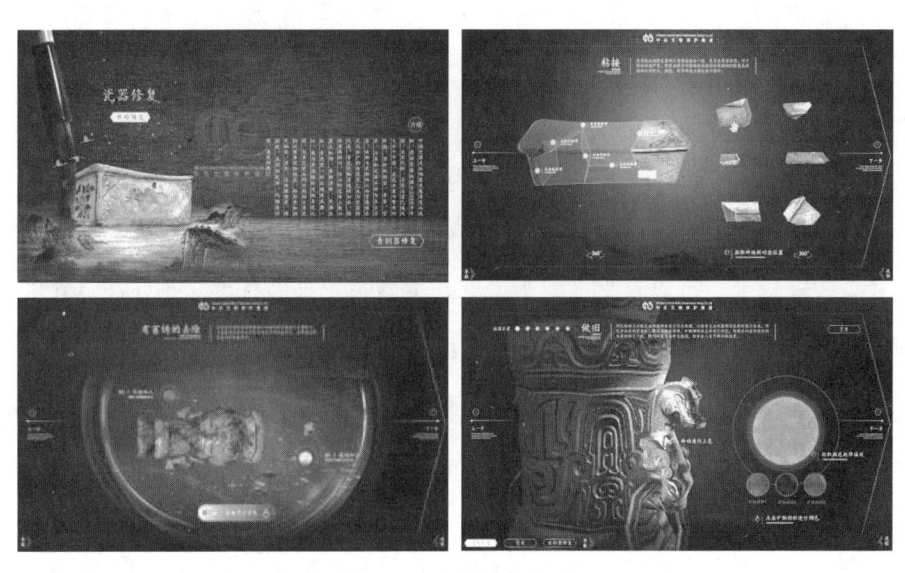

图 5-13　文物修复体验

四、残缺性保护

残缺性保护是按照历史文物当下的现状予以保护的方式。这种看似没有保护的做法，其实是对残缺文物的最好保护，因为实施修复反而会离散文物神韵，破坏其魅力。意大利保留着大量的古迹废墟，如古罗马斗兽场、浴场、提图斯凯旋门、庞贝古城遗迹等。这些古迹虽然已经面目全非，但人们仍能从中看到深刻的历史印记，它们告诉人们这里曾经发生的一切，显示着此地昔日的辉煌，人们从而可以将过去与现在联系在一起。北京圆明园是我国园林艺术的代表，曾被誉为"万园之园"。对圆明园的保护主要基于原生性与完整性原则，其最重要的遗产价值是历史与现实意义。在1860年惨遭英法联军的侵略洗劫后，圆明园被付之一炬，园林既见证了清王朝的兴盛和最后的衰败，也记载着西方列强入侵中国的屈辱历史。残破的建筑将这里曾经遭受的一切直观地呈现在人们面前，带给人们巨大的震撼感和视觉冲击力，也时刻提醒着我们勿忘国耻、勇往直前。

五、还原性保护

还原性保护就是借助先进的科技手段，让历史"开口说话"，让场景再现。文化遗产保护工作早在技术介入的过程中就开辟了新的方向。利用先进的信息技术，可以将文字、图像、音视频等元素进行数字化处理，并进一步搭建虚拟数字博物馆或数据库。除了文化遗产的保存，技术还被应用于文化遗产的再现与还原，为人们搭建一个与历史对话的空间。位于湖北巴东的旧县坪遗址被评为2002年全国十大考古发现之一[①]，作为三峡库区考古发掘的重要城址，旧县坪遗址展现了唐宋时期城市建筑的完整形态，其规模之大、保存之完整、文物之丰富，都是其他遗址不能比拟的。华中师范大学的"虚拟巴东"项目，对这一遗址进行了细致的虚拟复原工作，利用激光扫描、GIS（地理信息系统）、三维建模及各种特效后期技术，从多个维度呈现复原之后的旧县坪遗址面貌及当时人们的生活情境，帮助观众

---

① 黄永林.数字化背景下非物质文化遗产的保护与利用[J].文化遗产，2015（1）：1-10，157.

更加全面而直观地认识与体验遗址文化,也为文化遗产的还原性保护提供更加多元的途径。

六、假借性保护

假借性保护是根据某一历史文物的易损性,通过相对精准的手段加以复制的保护方法。瓦尔特·本雅明提到了复制技术对于艺术品原真性的冲击及技术的重要作用。虽然复制品无法复刻原真品在历史场景中展现的"光晕",但随着数字技术的不断革新,或许可以结合时代和技术环境挖掘艺术品的数字物质性和数字原真性,以此构造出具有融合视野宽度、和谐辩证统一的"光韵"①,这种思维观念转型也为我们保护当下诸多脆弱的文化遗产保护与传承提供了一个思路。通过复制文化遗产,以假借的形式让人们得以近距离地接触这些文化遗产,同样可以展现遗产的历史蕴藏,同时也降低了原品损坏的可能性。②

2001年,阿富汗巴米扬大佛与壁画被炸毁,作为古丝绸之路上的珍贵遗产,这不仅让阿富汗人民遭受了重大损失,而且让丝绸之路沿线国家与地区人民十分痛心。日本东京艺术大学的团队为了让这一文化遗产再现于世,在2016年将流入日本的阿富汗文物尽数归还,并尝试将东大佛顶部在天空中驰骋的太阳神进行复原。在对巴米扬进行精细的调研之后,团队将收集到的壁画资料进行了数字化处理,历时3个月,终于将复原的壁画以"高清晰度三维数据"的形式搭建起来③,并利用"岩绘具"(日本画的传

---

① 王蕾.光韵、时空、永生:文博数字影像化理念的多元重构[J].现代传播(中国传媒大学学报),2022,44(8):147-154.
② 朱莉莉.从本雅明的机械复制论谈当下文化遗产保护[J].大众文艺,2014(21):269-271.
③ 向复原阿富汗巴米扬壁画发起挑战[EB/OL].[2016-11-10].https://www.keguanjp.com/kgjp_keji/kgjp_kj_ict/pt20161110150955.html.

统颜料，由捣碎的天然矿物制成）进行手工上色，最终完成东大佛天井壁画的复原项目，并置于东京艺术大学陈列馆中，供游人参观，领悟巴米扬的文化韵味。

文化遗产不仅是一个国家或一个城市的瑰宝，而且是跨国界、跨时空的世界共同财富。文化遗产让我们能够更好地观照历史、面向未来，这些遗留下来的珍贵宝藏作为人类的共同财富，需要人类共同的保护和延续。我们也需要充分发挥主观能动性，借助技术等各种手段对文化遗产进行更为有效的保护。

第四节　推动文化遗产数字化转化

文化遗产作为人类文明遗产的留存见证，连接着历史与现代，成为见证文明在演变过程中的重要标志物。从文化保护的角度来说，作为文明承载体的物质基础的保存难度较大，且随着历史的推进和人类活动干预的增多，尤其是工业化进程中出现的破坏现象，加大了对文化遗产的保护难度。2008年2月韩国首尔崇礼门纵火事件使有着610年历史的古建筑崇礼门毁于一旦。同年9月，曾经作为葡萄牙王室的王宫，也是美洲地区最大的人文和自然历史博物馆的里约热内卢国家博物馆火灾造成了2000多万件藏品遭到毁灭性破坏，其中包括有着1.2万年历史的遗骸，这是迄今为止拉丁美洲发现最古老的人类遗骸。2019年4月，法国巴黎圣母院塔尖在大火中倒塌，使这座拥有800多年历史的文物瑰宝化为一片灰烬。如何对文化遗产实施更加有效的保护，使文化遗址、遗迹在面临不可控因素时不会消逝，是新时期我们在对文化遗产进行开发和保护工作中要面临的重要命题。

在新媒体语境下，对文化遗产进行数字化整理留存是一种可借鉴的保护措施。文化遗产的渊源、脉络、特色是遗产资源实现可视化、数字化的突出要素，对那些有形和无形的文化遗产进行数字化留存，是"非遗"保护的新方向。尤其在科学技术高度发展的今天，发展文化产业已成为社会经济的一个全新增长点。但是，在文化产业开发方面，我们也面临诸多问题。如何在对文化产业实行保护的基础上进行最大限度的开发，是需要进行长期持续跟踪调研的议题。开发的形式、开发的内容都是当下文化产业面临的重要问题。康夏·罗达在其微博上发表文章《"博物馆与网络"会议聚焦未来趋势》，总结了美国博物馆与网络协会2017年年会上探讨的博物馆未来发展的十大趋势[1]：包容性设计、更注重用户体验、内容是关键策略、浸入式讲故事方法、手机应用程序互动、数字化战略、数据分析、虚拟现实、青少年观众与教育、开放性和公众参与。

在信息科技时代，数字产业是主导未来文化遗产发展和保护的生力军，以数字技术为核心的信息革命对人类科技、经济、文化等诸多领域产生了重要的推动作用和重大影响，尤其是文化遗产领域。数字产业使文化遗址、遗迹得到保护的同时，也开辟了另一种形式的新兴发展模式。这种模式不受声音、图像、文字等媒介和时空的限制，在有限的空间内展现出无限的文化内涵，同时也为不同文化之间的交流和共享提供数据基础，在交流与融合中形成对文化发展空间的拓展。

从媒介史看大遗址文化空间的生成。传统时代单纯的书画、印刷等不可逆向的传播正在向当代数字性、互动性、非线性的传播方式转换，并大体经历三个时代。①平面媒介时代：以纸张、书籍等平面媒介为代表，给人的审美体验是线性的、单一的，其传播主体是诗歌、散文、小说等文学门类，以及书法、美术等艺术门类；②电子媒介时代：以电影、电视等电子媒介为代表，以影像的、视觉的形式给人以奇观式的审美体验，视觉转向成为这一时代的标志物；③全媒介时代：这一阶段以网络新媒体与文化

---

[1] 博物馆未来发展的十大趋势［EB/OL］.［2018-03-11］. https://www.sohu.com/a/225290681_488370.

科技的融合为代表,文化遗址在数字环境下通过复原等技术获得重生,并为人机互动、"人""网"的全息融合提供了技术可能,人们的思维由线性转向非线性,创作从"天马行空"转向模块式生成,审美体验由单纯的视觉、听觉冲击转向复合与互动。在全球化、数字化语境中,传播不仅传达信息,而且引导并重塑文化。同时,"地球村""重新部落化"又使大众需要通过媒介来想象与认同文化价值。文化遗址由于各种原因残缺不全,在数字环境下更需要通过媒介进行现代复原与共享传播。

一、追寻文化渊源

文明是一个不断累积的过程。在研究历史、探究文明的过程中,我们习惯追本溯源,思考文化遗产在文明发展过程中究竟起了什么作用。以时间为刻度线进行衡量,以社会进程中文明累积作为结果进行分析,文化遗产恰恰是文明累积刻度线上的重要刻度值,在不同时期会产生与之相对应的文明成果。但是,我们也应该认识到,文明并不是永固的,会延续,也会消亡,如因生态问题消逝的两河流域文明或楼兰古国,因战争与殖民消失的西夏文明、印第安文明等,还有美洲的阿兹特克文明、玛雅文明、通古斯文明等。这些曾经在地球上存在并创造了灿烂文化的文明遗址已渐行渐远,难觅踪迹。

2009年,联合国教科文组织发布了世界濒危语言图谱,全世界有7000种语言,其中有90%的语言没有文字记载,在目前现存于世的6000多种语言中,200多种语言已经在三代后灭绝,538种语言处于垂危状态,502种语言处于濒危状态,632种语言处于危险状态,607种语言处于不安全状态。在任何图书资料中,都找不到关于它们的记载,大多数只留存在人类的记忆中。同时,数据还指出,199种语言使用人数不足10人,情况岌岌可危。在中国境内,语言的生存状况相对较好,但同样也面临因为使用人数逐渐减少而濒危的局面，如云南的阿奴语、东北的赫哲语、新疆的塔塔语、甘肃的裕固语、中部的土家语等。

联合国教科文组织相关人士表示："一种语言的消失，会导致许多非物质文化遗产形式消失，特别是使用这种语言的团体——不必说诗和传说，更不必说谚语和笑话——传统和口头表达组成的珍贵传承。语言的消失，同样损害人与生物多样性之间保持的关系，因为语言承载着丰富的自然及宇宙知识。"语言的消失伴随着一些文明成果中非物质文化遗产的消失，造成人类文明在延续的过程中出现断档。从人类社会自身的发展特点来看，优胜劣汰是自然界的淘汰法则，但对人类文明的多样性来说，却是极大的灾难。尤其是当今时代，世界上80%的人口使用着80多种主要语言，使用人数较多的强势语言在社会发展进程中逐渐挤占了弱势语言的生存空间，并使之逐渐消亡。这使得我们后代只能从书卷记载中了解曾经丰富多彩的文化类型，这对国家和社会的发展是一种极大的伤害。只有多样的文明才能融合孕育出符合新时代的文化类型。没有多样的、取长补短的参照标准，文化的创新性也无从谈起。因此，要保持文明的多样性，就必须通过数字化的方式实现对文化遗产在采集、收集、整理、留存、展示、使用等诸多环节的成功挖掘；只有将文化遗产留存下来，才能让我们的文明有迹可循、有源可溯。

二、发现文化脉络

在传统纸质媒介时代，单纯的书画、书籍印刷存在不可逆的局限性，而物质载体的消失，也意味着文化承载客体的消失，这从文化的传承和保护层面来说是极其不利的。从审美体验来看，传统纸质媒介时代的审美感受是单一的，在绘画、诗歌、散文等文学艺术形式中，人作为既有信息的接收者，其主观能动性大大被弱化。即使到了电子媒介时代，这些文学艺术形式带给人类的审美体验也是单向的输出接受模式。而在数字媒介阶段，新媒体与智能大数据时代的分析计算，在某种程度上促进了人与科技的深度融合，科技作为服务个人的功能形式而存在。我们可以通过数字环境下的复原技术，为人机互动乃至人与网络的全息融合提供技术支撑。对于人类来说，传统媒介的单一输出模式变为五感聚合的综合输出模式。在这种全新的模式下对文化遗产进行传播，不是单一层面的信息输出，而是通过数字化信息技术启发人类思考，进而引导人类重塑文化的渐进过程。

法国国家古迹中心数字化部门负责人大卫·高兰在2016年博鳌论坛上表示，法国已经完成对重大历史名胜建筑的数字化工作，并且也正在进行对巴黎圣母院的3D重塑，即利用现有的资料和技术在技术层面对巴黎圣母院实施精准的修复，这是数字化在文化遗产修复过程中发挥的重要作用。

敦煌莫高窟经历了1600多年的发展，至今保存着十六国、北魏、隋、唐、宋等朝代的壁画，具有极高的艺术价值、历史价值和科学价值。莫高窟虽然受到了严格的保护，但在如此漫长的历史进程中，仍不可避免地遭到损毁破坏。除了被认定的在战乱之时造成的损毁，自然气候、水文地质等因素都对莫高窟产生了极其重大的影响，而目前困扰石窟壁画的主要是龟裂、起甲、酥碱、空鼓等问题。如何将敦煌莫高窟进行永久性保存，是敦煌研究者关注的重要问题。自1996年开始，在美国梅隆基金会的支持下，莫高窟开始与美国西北大学合作开展相关数字化工作。2006年，敦煌研究院成立了数字中心，2014年，数字中心更名为文物数字化研究所，承担对可移动文物和不可移动文物的数据进行加工、采集传输、交换展示等一系列工作。2012年，敦煌研究院联合中国敦煌石窟保护研究基金会组建了甘肃恒真数字文化科技有限公司。

尽管在现有条件下，对敦煌莫高窟已经进行了最大限度的保护，但因游客观赏需求量不断增多，依旧会对石窟造成直接或间接的损坏。2014年，在莫高窟数字展示中心直径18米的球幕影院中，通过数字化技术对敦煌壁画进行高清晰度还原，在一定程度上缓解了游客蜂拥至洞窟的压力。2016年，网络敦煌壁画资源库"数字敦煌"上线，对30个洞窟4400多平方米的壁画实施数字化采集，通过全景漫游的游览模式真实地再现了敦煌壁画的全景风貌。值得注意的是，在"数字敦煌"资源库中，观众可以通过鼠标的切换、放大、缩小等功能实现对洞窟内壁画的全方位欣赏，包括对细节的展现、对整体的建构及洞窟外部的再现，完全呈现真实的洞窟世界；同时按照年代、朝代的顺序，对洞窟进行了分类，并应用辅助文字介绍，全面展现敦煌莫高窟的全貌。"数字敦煌"资源库通过这种数字化的形式，将文化遗产的历史信息进行详尽的梳理，让观众可以完整地观看到整个文化遗产的历史演变过程，这对文化脉络的梳理也提供了有力的数据支撑。

三、强化文化特色

数字化的优势在于其高度的灵活性与跨越时空的限制性。这种优势是传统的纸质媒介所不具备的，不仅能够记录动态的物质文化遗产和非物质文化遗产的发展过程，还可以利用资料、数据动态地还原文物的变化过程。这种动态的呈现是全视角、全方位的，除了调动传统的视觉、听觉感官，还可以激活嗅觉、味觉、触觉及情感、体验等领域的感知融合元素。从特殊地理环境、自然资源、知名人物、历史社会事件、当代重要工业产业等维度追寻文化特色，并赋予传统文物全新的生命力，这是我们对文化遗产进行多元、多维开发的重要目标。而文化特色的彰显，除了对应客观的物质载体，更多的是要随着时代的发展和技术手段的更新，演变出更多既能有效引导又能迎合多数观众需求的成果。

以"器物观赏+文字介绍"为展陈模式的博物馆，在新时期一些情况下已经不能很好地满足大众对文化产品日渐增多的观映需求。数字化对文化遗产的影响，在于它改变了传统的文化承载媒介。在传统纸质媒介时代，无论是以文字为基础的引述媒介，还是以图像为基础的影像媒介，彼此之间无法形成有效的沟通关系，它们彼此互相独立存在；但在数字时代，不同媒介形式可以互相转化，通过一定的承载媒介进行展现，真正地实现互通互联。

以时下流行的数字博物馆为例，它是在传统媒介展示的基础上，对传统展示物进行加工、还原、展示的新技术手段，其采用了3D展示技术、全息技术、VR技术等。数字博物馆使观众在对展示品进行浏览的同时，可以更加直观地查看藏品的任何角度和任何细节，甚至可以看到器物内部的高精细节。以山西省晋祠博物馆为例，晋祠博物馆对整个晋祠景区进行了全景式的虚拟再现。观众通过鼠标、索引可以对景区中的任何角落进行实时观看，并可以对欣赏的时间、空间、次序进行无任何约束的选取，这给观众带来了极大的自由，也让观众在家就能游遍晋祠景区。再如陕西数字博物馆，网站对整个陕西省文物进行数字化的采集和展示，按照博物馆的区域和类型进行逐级细化区分。除了实景展示，文物的3D展示也是重要内容之一，与此同时，观众还可以在各个博物馆之间随意切换，既可以进行横向的空间浏览，也可以进行纵向的时间勾连，让有不同需求的观众可以按照自己的方式浏览，并获取所需的相关知识。

相关案例

凤凰数字科技打造的数字化巨制作品
——《清明上河图3.0》《千里江山图3.0》

从2016年起，故宫博物院与凤凰数字科技合作，就如何提高故宫文化现代化、数字化、增强互动性并走向世界等方面议题进行商讨，同时进行了一系列的方案策划。《清明上河图 3.0》就是双方跨界联手制作的产品。很快,《千里江山图 3.0》数字艺术展也紧随其后,亮相于 2020 年中国(北京)国际游乐设施设备博览会和澳门艺术博物馆。此后,《十二美人图》《韩熙载夜宴图》等多幅故宫国宝的创意思路也积极地部署,逐渐形成名画 3.0 IP 系列产品,赴各大城市巡回展演,获得了业界和社会大众的广泛好评。

本课题组对数字文化创意领域专业人士、广告与传播专家杨智予进行访谈。杨智予表示:"3.0 是一个行业标准和概念。如果说 1.0 是具有考古研究价值的原画作品,2.0 是基于原作的动画动态效果展现,那么 3.0 则是提供一个视角,引导人嵌入画中,在此过程中也包括对于文物本身和氛围的营造"。名画 3.0 系列是文物活化新形态的创意创新呈现,反映了活化理念的与时俱进和实践创新。

文物活化不仅让画中人物和图景变得栩栩如生,而且体现三个方面的活化:首先,内容活化,即内容动态化处理,将二次元变成多次元层次。对于《千里江山图》,可以通过科技手段进行多个层面的视角呈现,画中的山山水水、飞鸟植被仿佛有了生命,还可依据不同的环境因素展现同样的气候和温度效果。其次,场景活化,即将画中场景进行更为细致的创新,把画中的场景、人物、剧情进行交互化处理和表达,以此给民众提供了解文化内容的新视角。最后,商业活化,即赋予了解人物和文物背后的文化交互机会,提供消费空间和场景沉浸体验的多样性。

一、《清明上河图 3.0》

《清明上河图》在中国历史甚至世界历史上的价值是非同凡响、不言而喻的。12 世纪,北宋翰林院待诏张择端创作了《清明上河图》,该画幅宽 24.8 厘米、长 528.7 厘米,以长卷形式,采用散点透视构图法,生动地记录了中国 12 世纪北宋都城东京(又称汴京,今河南开封)的城市风貌及当时社会各阶层人民的生活状况，可以说是北宋时期都城繁荣的见证。历时900余年，沧海桑田，对于《清明上河图》的保存也几经周折。直到1953年，《清明上河图》才从东北博物馆（今辽宁博物馆）调拨到北京，从此落户故宫博物院，成为镇院之宝。

《清明上河图》在近20年来展出的次数屈指可数：2005年10月10日首展为庆祝故宫博物院建院80周年；第二次于2007年7月献礼香港回归10周年；第三次是2012年1月5日，在日本展出；第四次是2015年9月8日，在故宫武英殿的"石渠宝笈特展"中展出。

"画中人"是"文物+科技"的人文艺术审美体现。实现"人在画中"的意境，其实说的是3.0沉浸交互模式。这种沉浸感的营造，不仅是技术效果的体现，而且主要体现在三个阶段，形成层层呼应相照、相互辅助交互的沉浸效果。这三个阶段的沉浸感营造也可以阐释为人和物的连接、人和物背后场景的连接及人和人的连接。第一阶段是"入画"效果。《清明上河图3.0》是一幅数字动态展示的长卷，6米多高，当画幅足够大的时候，人与画的视角发生了变化，人仿佛被画包裹和囊括。第二阶段是"人在画中"的效果。比如，对孙羊正店场景进行沉浸式的戏剧化还原，人仿佛嵌入了画卷故事场景之中。第三阶段是"画中人"的氛围营造。《清明上河图》中的人文风景取自宋代汴梁，运用科技将汴河两岸风光做成巨幅球幕，让观众置身其中，亲身体验在汴河上游览的感觉，一秒变幻千里，呈现出如梦似幻的艺术效果。此外，《清明上河图》对于大众而言，可以说是"最熟悉的陌生人"，但用数字3.0的方式对画卷进行展映，游客可以接收和体会到画幅中很多有意思的场景故事，如孙羊正店、虹桥等。虹桥如同一道飞虹横跨于汴河之上，是汴梁城内一个相当醒目的地标建筑。虹桥附近的热闹场景，可以见之于北宋诗人汤鼎的《汴京云骥桥诗》，桥下降帆通行的船只、桥上熙攘热闹的人群展现了一个非常奇特的景象——"桥市"。通过球幕将这一喧闹的场景在短时间里进行集中化体现，给观众带来强烈的视觉冲击。

就观映效果而言,《清明上河图 3.0》在不同城市的展陈效果是不一样的。也就是说,展映方式还需依据展陈城市的基础设施、空间场所、人文地域风貌等因素进行定制化的设计。比如,就交互体验感设计而言,故宫博物院的空间场域和游客流量决定了画卷较浅的交互呈现效果;而在香港展映时,交互效果的层次表现得更为深入和细腻,因为当地的游客量相对较小,观众可以慢慢地品味数字画卷中的人文故事。此外,当《清明上河图 3.0》巡回至青岛和太原时,会综合考虑到各个城市不同的文化特点和民众生活习俗,在展览中增添不同特征的地域设计风格。《清明上河图 3.0》在青岛和太原两地均增添了融入宋代风格的游艺和文创"商街",但是在青岛展览时又增添了"咖啡厅",在太原展览时又增加了"夜游"项目,从而形成了符合各地民间人文生活特点的文化消费综合体。

二、《千里江山图 3.0》

《千里江山图》原画现藏于北京故宫博物院,是北宋画家王希孟传世的唯一作品。全卷长 11.9 米,宽 51.5 厘米,在设色和用笔上继承了传统的"青绿法",以石青、石绿等矿物质为主要颜料,并在前人基础上趋向更加细腻的画风,体现北宋院体画工整严谨的时代特征。

《千里江山图 3.0》采用实时分层渲染技术和球幕轨道布景系统:高山飞瀑、游船旅人、江河纵横、烟波浩渺……伴随着潺潺水声,这幅"动起来"的《千里江山图》令北宋时期的青绿山水跃然于眼前。画作中的《行》《游》《望》《居》四个篇章,通过观众一个手势,画中就会出现这四个字。此外,现场展出的动态图卷不断呈现出日出、细雨、黄昏、夜晚等景象,实时分层渲染技术的采用,给观众带来了沉浸式互动体验。不同城市的展陈效果是不一样的,《千里江山图 3.0》动态数字画卷,可以根据展览地方的天气变化展示出相应的气候特效,如室外飞雪,画幅就有雪花飘舞;室外晴空万里,画幅上便艳阳高照,还伴随着船只摇曳、虫鸣鸟叫的生动景观。展场还设置了与《千里江山图 3.0》相关的互动体验区,包括"人间词话""大象无形""弦外幽深""兰亭山水""感官墙",让观众感受画卷美的真谛。

从全球范围来看,数字化文博是发展趋势。美国博物馆与网络协会多次提到关于数字化的辞藻,如沉浸、应用、数字采集等。故宫博物院前院长单霁翔在演讲"匠者人心:让故宫文化遗产资源'活起来'"时,也多次提到用数字化手段让文物走出去。可见,文物数字化是全球共识。数字化的目的是让消费者更好地与文化接触,了解文化、认识文化、体验文化、传播文化。如何让博物馆进入人们日常生活,在很大程度上是文博行业日后发展的趋势。也许在不久的将来,博物馆不仅作为单一的文物展览单位存在,而且会逐渐融入各种各样的业态,如餐厅、剧场等场所,常态化地出现在百姓的日常生活中。

第五节　促进文化遗产融入现代生活

我国第 11 个"文化遗产日"(2016 年)的主题是"让文化遗产融入现代生活",旨在通过让文化遗产融入现代生活,在城市化的持续推进过程中持续地激发人们的乡愁情怀,在保护传统文化遗迹的同时,赋予它们更适应时代发展的全新价值和文化属性,以文化的沉淀累积来铸造城乡共同体的对外名片,在不断加速的全球化进程中打造主题性的"文化 IP",在引导文化传播的同时,促进公众更好地参与体验,敦促社会大众像爱惜自己的生命一样保护好城市历史文化遗产。

文化遗产从本质上来说是古代人民文化精神的精华,与当时的生活形态息息相关。可以说,文化遗产从未离开过民众生活,现代生活是过去生活的传承、延续和发展。在我国新型城镇化快速推进的特定阶段和时代氛围里,我国对文化遗产的保护、传承与发展都还存在不少问题和困难,文化遗产融入现代生活的广度、深度、厚度还远远不够。仅靠物质文化遗产和非物质文化遗产传承人的努力钻研还远远不足，还需积极努力地动员广大人民群众的智慧和力量。在日益媒介化的社会生活中，读图和读屏逐渐成为大众接收信息的主要形式。在此情此景下，文物文化传播和知识传承，也需与时俱进地进行方式调整，有效利用受众的碎片化阅读时间和现代化的生活形态，促进静态文物成为动态的视像图景和故事讲述本源，从传统的单向传播转向双向或多点传播模式。2014年3月，习近平总书记在联合国教科文组织总部演讲时指出，"让收藏在博物馆里的文物、陈列在广阔大地上的遗产、书写在古籍里的文字都活起来"。可见，促使文化遗产更好地融入现代生活，不断活化文化宝藏，不仅是弘扬国家民族精神和增添文化自信的切实要求，也符合文博事业未来发展趋势和社会文化生活的客观需求。把文化遗产更好地融入现代生活，既是文化遗产保护和传承的需要，也是造就现代公民、培育新型社会、建设创新型国家的必然要求，既需要政府部门的规划引导和动员，也需要地方社会和居民自身活力的增强。①

一、理念更新：科学看待文化遗产

文化遗产不是静态物品，我们应理性辩证地看待文化遗产的保护、传承和再利用之间的联系，合理处理蕴含其中的政治、经济和文化逻辑，有效平衡专业诠释和公众参与之间的关系。在新型城市化和全球化进程加速推进过程中，文化遗产的保护与传播不只是国家和专业传承人的事情，也同样关乎全民族和全体民众的精神需求和生活需要。文化遗产融入现代生活就反映了遗产属于公众的核心理念。

---

① 李萌．怎样让文化遗产更好融入现代生活［EB/OL］．［2016-06-13］．http://culture.people.com.cn/n1/2016/0613/c22219-28430526.html．

让文化遗产融入现代生活，实际上是在现代生活中承续中华民族优秀传统文化的系统工程，是国家"文化自觉、文化自尊、文化自信、文化认同"的大事情。[①] 树立"文化即生活"的理念，新事物的出现也得依托传统物质和非物质文化的累积，也需要代代传承的集体智慧。文化遗产从"走进"到"融入"现代生活，是一个持续渐进的发展过程，看待文化遗产的理念应随着全球时代、国家政策、技术发展、社会需求等因素的变化，与时俱进、兼容并进地向前推进。因此，我们需要从平衡保护与传承文化遗产关系的视角思考如何更好地让文化遗产融入现代生活。让文化遗产活起来，走入寻常百姓家，既是文化遗产保护和传承的需要，也是造就现代公民、培育新型社会、建设创新型国家的必然要求，更是每个公民义不容辞的义务和责任。[②] 活化文化遗产资源是让文化遗产融入现代生活的有效途径和重要战略。

二、时代驱动：有效阐释文化遗产

文化遗产的深厚内涵和多维价值，需要通过符合时代特点的"可参观性"的生产、挖掘、展示、表达、阐释等环节才能生动地呈现出来，才能有机融入现代人的日常生活，否则遗产的价值与魅力难以更好地融入现代生活。我国的历史街区、历史村镇、博物馆、纪念馆（地）、名人故居、遗址公园等场所存在太多欠缺，需要针对现代人的注意力特点、体验方式的变化特征及深层次精神需求，在新技术应用、阐释策略选择两个方面同时进行积极的改善。

2016年5月，原文化部等部门发布了《关于推动文化文物单位文化创

---

① 王东林. 文化遗产"融入"现代生活是一个持续的过程［EB/OL］.［2016-06-24］. http://www.rmzxb.com.cn/c/2016-06-24/884352.shtml.
② 吴展团. 文化遗产融入现代生活才能焕发时代光芒［EB/OL］.［2016-06-14］. http://news.sina.com.cn/o/2016-06-14/doc-ifxszmnz7280707.shtml.

意产品开发的若干意见》，在全国掀起了文化遗产的文创热潮，其中故宫开发的"大文创"系列最为成功。有学者从4P理论——产品（product）、价值（price）、渠道（place）、促销（promotion）四个维度来剖析故宫是如何将文化遗产以"大文创"的形式融入消费者生活的。[①] 不同于线下产品的制作，线上产品比较侧重于体验的独特性和趣味性。目前，"故宫口红"、主题APP、桌面壁纸、输入法皮肤、PC（个人电脑）端游戏、表情包、数字展览等一系列线上文创产品均受到了大众不同程度的广泛欢迎。另外，从2013年5月起，故宫先后开发了"胤禛美人图""紫禁城祥瑞""皇帝的一天""韩熙载夜宴图""每日故宫""故宫陶瓷馆""故宫展览"等十多种手机应用软件，为文化知识的传播增加了新的业界形态。

此外，智能化信息技术也让文化遗产更易于走进大众视野，吸引观众参与并沉浸其中，与古老文化进行深度的交流与互动。比如，3D打印、3D扫描技术在遗产修复与展示中的运用，虚拟现实与人工智能技术在互动及体验方式创新上的应用，4D（四维）、5D（五维）显示技术在改变遗产可视形态上的应用，数字视听技术在遗产讲解导览中的应用等，借助这些技术我们可以把文化遗产的保护、传承与再利用做成一件创意十足的事情。在新的历史时期，仅围绕遗产的由来进行历史回顾总结式的阐释是远远不够的，我们还需站在如何讲好中国故事的高度，以实验性、开放性的文化心态，洞察时代发展大势，揭示文化遗产蕴含的想象空间，使现代人在心怀过往、想象未来的过程中与文化遗产紧密地联系在一起。

三、场景创新：全方位融入现代生活

场景理论认为，城市发展到后工业时代后，原有的以土地、租金及围

[①] 高洋. 文化遗产怎样融入现代生活：从4P理论看"故宫模式"[J]. 人文天下，2018，129（19）：60-66.

绕这些展开的其他收益构成的城市增长动力日益衰弱，而市民文化艺术参与和文化消费对城市经济具有越来越重要的作用。城市的"舒适物"设施以组合的形式共同创造出独特的场景，场景作为一种新的生产要素，正在逐渐重新定义城市公共空间，赋予城市生活以意义、体验和情感共鸣。[①]场景中的话语、象征、隐喻赋予了城市空间环境文化内涵，让人们感觉城市文化空间的异质性和价值取向，从而主动地参与到与城市空间的对话中来。[②]

《场景革命》一书中提到，随着时代的进步和技术的发展，商业、消费、艺术、生活的空间边界正在逐渐被打破，未来是多样化复合空间的动态创造过程。"非遗"策展人李媛媛在接受本课题组采访时说："Genuine Master眼镜的销售空间设计，感觉不像是个商店，它打破了当代艺术展、主题、艺术、商店的边界，潜移默化地让民众感受到文化，从而产生体验性消费。所以，在当代乃至未来社会，文化空间需要具有场景精神。"另外，她也结合非物质文化遗产深入探讨了"场景"的概念，"非物质文化遗产其实是一个政府性质的词汇，从来不是由民众主导、定义的市场性质的词汇，人们出门逛街时不会说我买了一个'非遗'物品，人们的消费经常是带有一些情景想象的。民众对'非遗'的印象是非常具象化的，是以功能和消费目的为导向的，如香包、虎头鞋、布贴画、双面绣等一些具体的物件。所以，场景化的体验消费是很适合'非遗'文化传播的，体验经济在未来一定是经济增长点"。

---

① 西尔，克拉克.场景：空间品质如何塑造社会生活［M］.祁述裕，吴军，等译.北京：社会科学文献出版社，2018.
② 陈波.基于场景理论的城市街区公共文化空间维度分析［J］.江汉论坛，2019，498（12）：128-134.

第六章
"一带一路"文化遗产与文化产业

> 2014年3月，习近平总书记在联合国教科文组织总部演讲时提到，"让收藏在博物馆里的文物、陈列在广阔大地上的遗产、书写在古籍里的文字都活起来"，"让中华文明同世界各国人民创造的丰富多彩的文明一道，为人类提供正确的精神指引和强大的精神动力"。在新的时代背景下，如何平衡文化遗产保护与文化产业开发之间的关系，是当下从业者面临的问题。"一带一路"倡议的提出，从时间和空间上搭建了不同文明区域的沟通桥梁，为各个国家和区域对文化遗产的开发提供了崭新的思维，使得交流互鉴成为常态，小到生活中的工艺品，大到一种文明形态，如何让文化遗产在新时期焕发出澎湃的生命力，是当代文化从业者的重要使命。本章旨在通过剖析文化遗产的内在价值，探讨文化遗产的保护开发与动漫、文博、旅游等行业结合产生的经验成果，为文化遗产的保护与开发提供先导性的经验参考。

第一节　文化产业带状发展

"一带一路"倡议连接着亚欧非三大洲的60多个国家和地区，从串联起的人口和面积来看,在世界范围内拥有无可比拟的优越性;从文化内涵来看,"一带一路"不仅是一条商贸通道,也是一条文化交流通道,更是以丝绸之路为基础的历史文化产业带。建立在不同民族、宗教、地理、政治环境下的社会生态,共同为丝绸之路的发展提供多样化的文化试验场。商业贸易因丝绸之路而兴盛,经济因丝绸之路而发展,文化因丝绸之路而多样,"一带一路"倡议让沿线国家和地区在展现本土文化、提升民族文化自信的同时,为本民族获取其他文明的长处提供了交流平台。这种文化价值的传播,在一定程度上来说,为文化产业创意的营造提供了可供选择、切入的多维思考角度。在这种互利共赢的关系中,在新时期和新形势下,"一带一路"文化产业在基于本地区文化产业的基础上能更有效地实现以点带面、连点成线的发展格局。

一、文化是"一带一路"建设的重要力量

塞缪尔·亨廷顿在其所著的《文明的冲突》一书中写道:"以文明为基础的世界秩序正在出现,文化类同的社会彼此相互合作,从一种文明转变为另一种文明的努力没有获得成功,各国围绕着他们文明的领导国家或核心国家来划分自己的归属。"[①] 因此,从国家认同角度来说,文明的冲突似乎不可调和,尤其是在立场相左的情况下,和平相处就变得更加困难。建立在"一带一路"秩序基础上的发展理念,由于串联区域的复杂性,这种基于文化认知与社会立场不同的观念,往往是催生发展障碍的重要原因。文明冲突真实存在,但被定性为"新殖民主义"和"新马歇尔计划"论调,其本身就是有失偏颇的评价,这在很大程度上是基于西方观念的产物。以东方学为代表的欧美学派,依旧秉承着自我为中心的认知理念,将自我文

---

① 亨廷顿.文明的冲突[M].周琪,刘绯,张立平,等译.北京:新华出版社,2017:3.

化定位在中心地位,并用于区别文明观念上的异类,这种基于表面差异化的类比,恰恰是当今"一带一路"发展理念中要极力摒弃的理念。"一带一路"倡议的发展,并非隔绝利益动机,但其发展理念带来的影响要远远超出其经济价值。在"一带一路"共建国家中,发展中国家占比较大,无论是开放程度还是发展理念,相较于发达国家,都有不小的差距。因此,这才进一步凸显了"一带一路"的重要作用,从东亚到南亚,从南亚到中亚,从中亚到中东,从中东到欧洲,跨越不同种族、不同气候、不同国家、不同文明,彼此之间的沟通了解就显得尤为重要。发展的前提是必须建立有效而顺畅的沟通。从地缘政治视角来看,"一带一路"倡议经过能源富庶区域和民族宗教冲突区域,这种观念上的差异加大了沟通难度,如果没有有效的沟通和了解,这种合作是极其不稳定的。

2017年5月,习近平总书记在出席"一带一路"国际合作高峰论坛时引用了《韩非子·说林上》中的词句:"国之交在于民相亲,民相亲在于心相通。"正是由于沿线国家发展的差异性,"一带一路"确定了共商、共建、共享原则,而三个原则成立的基础便是建立在平等文化认同之上的沟通理念原则,只有互相尊重文化习俗,认同彼此的文化观念,才能开展广泛的国际合作。从文化传播的观念来看,人既是文化传播的目标受众,又是文化传播的媒介形态,人与人的沟通交往自然地形成了文化的交流与推广。"一带一路"人文交流活跃,媒体合作论坛、文化论坛、高峰论坛、人文交流年等活动络绎不绝,这无疑会活跃沿线国家间的文化交流,带动整个文化产业带的发展和繁荣。这种活跃便是平等观念下文化认同的力量,这更进一步佐证了"民相亲"的重要原因在于"心相通"的影响。

在"一带一路"倡议下,商品已经不再单纯地仅仅作为它的商品属性而存在,而是建立在不同文化交流的基础上,商品除了本身所具有的实用价值,更多地还体现着商品生产者的企业文化和理念价值,进一步延伸到整个民族和地区多样化的文化元素之上。沿线国家和地区通过贸易的形式将"一带一路"作为一个交流通道,而这条交流通道也作为文化发展和融合的试验场,起到互通有无的积极意义。珍妮特·L.阿布-卢格霍德在《欧洲霸权之前:1250—1350年的世界体系》中表明,丝绸之路的实际贸易量远远大于有资料记载的贸易量,这也进一步表明丝绸之路这条通道对民间沟通起到的重要意义。只有"心相通",才能"民相亲",进而实现"国之交",而"一带一路"在当今所起的重要作用秉承着人类命运共同体的发展观念。沿线国家要通过这条国际大通道实现"心相通",进而凝聚国际合作发展的共识,消除隔阂,共建21世纪人类心心相印的文化带。

"发挥社会主义核心价值观对国民教育、精神文明创建、精神文化产品创作生产传播的引领作用。"[①] 这是构成国家文化软实力的重要内容,而文化软实力是一个国家和地区的文化影响力,是来自他人对这个国家和地区的文化认可。一个国家最长久的发展动力是其所尊崇的社会价值观和文化的向心力,具体表现在凝聚力上,这些关键因素是我们得以发展的基础源泉。从现实需要来看,在"一带一路"倡议实施过程中,我国秉承着"文化搭台、经济唱戏"原则,促使沿线各国在注重经济发展的同时,也侧重于对文化遗产的保护与传承。实行文化"走出去"倡议的目的,并非进行文化侵略,而是更好地进行文明交融,构建求同存异的发展桥梁。

以建设中蒙俄经济走廊为例,如何沟通连接中国、蒙古国和俄国三国在构建经济社会发展过程中面临的问题,如何消解彼此合作之中可能存在的问题,如何入手三个国家之间的经济贸易通途,拥有着数百年历史的"茶叶之路"便是一个很好的发展支点。贯通中国、蒙古国、俄罗

---

① 习近平.决胜全面建成小康社会 夺取新时代中国特色社会主义伟大胜利:在中国共产党第十九次全国代表大会上的报告[J].中国经济周刊,2017,692(42):68-96.

斯三国，进而远达欧洲各国的茶叶贸易之路，不仅形成了俄罗斯的伊尔库茨克、恰克图，蒙古国的乌兰巴托，中国的买卖城、呼和浩特、张家口、北京等众多文化遗存和历史遗迹，而且带动了这些城镇的商业和工业的发展，不同的民族、不同的文化、不同的信仰在这条"茶叶之路"共生共存，成为推动今天"一带一路"框架下中蒙俄经济走廊发展的重要文化资源。

二、"一带一路"繁荣文化产业

"一带一路"倡议建立的主要目标是通过多边合作，为沿线各个国家和地区提供共同交流和经济发展的重要平台。然而，建立在求同存异基础上的"一带一路"发展理念，其立足基础依旧是建立在包容性和平等性的文化观念之上的。在经济发展的同时，"一带一路"倡议也促进了沿线各个节点文化产业的复兴。从丝绸之路相关产业的发展繁荣来看，"一带一路"建设使得与丝绸之路直接相关的文化产业获得迅猛的推动力，以此促进文化旅游产业的繁荣发展；从其辐射带动效应来看，"一带一路"建设的推进，为沿线相关国家和地区的国家文化传播提供了广阔平台，带动了建筑、影视、教育等文体产业的大发展。

丝绸之路自形成以来便赋予了这条国际大通道极其重要的战略意义。经济通过这条商贸通道得以增长，宗教通过这条通道得以传播，民族通过这条通道迁徙繁衍，丝绸之路沿线积淀着深厚的文化历史内涵。2014年，中国与吉尔吉斯斯坦、哈萨克斯坦三个国家联合申报的丝绸之路项目"丝绸之路：起始段和天山廊道的路网"中，城镇遗址、商贸城市、交通遗迹、宗教遗迹等五类代表性遗迹有33处，其中中国境内有22处，哈萨克斯坦有8处、吉尔吉斯斯坦有3处。由此可见，在整个丝绸之路沿线范围内形成的历史文化遗迹规模与数量是非常庞大的。在不同的历史、地理、文资源等条件下，这些数量巨大的文化遗产具有明显的特殊性和差异性，在资本和信息技术参与下，它们均可以转化为海量的社会财富和就业机会。

党的十七大报告指出，建设社会主义文化必须要有明确的推进文化创新的意识："在时代的高起点上推动文化内容形式、体制机制、传播手段创新，解放和发展文化生产力，是繁荣文化的必由之路。"① 从文化创意产业角度来看，深厚的历史文化元素为新兴文化业态的成长提供了发展的温床，创意的多元化、模式的创新、高科技的结合在蓬勃文化产业发展的同时，也让传统文化以一种崭新面貌重新焕发勃勃生机。新兴资本市场在全球化经济体制和后现代消费结构形势的影响下，让社会大众开始关注文化产业的发展，文化产业也成为国民经济发展中的新兴增长点。建立在传统文化基础上的文化贸易不仅是促进"非遗"文化传承的重要策略，也是提升文化自信的重要手段。所以，"一带一路"倡议在带动文化产业发展的同时，也创造出了良好的创新创意发展环境。

同时，除了经济上的睦邻富邦，在"一带一路"建设中，中国并不包含任何形式的地缘政治色彩，丝绸之路的兴起与命名以纯粹的经济发展为宗旨，这是丝绸之路发展至今依旧坚持和秉承的理念宗旨。在"一带一路"倡议背景下，文化产业形成了广阔的发展前景，联合国发布的《保护和促进文化表现形式多样性公约》中提出，"推动发展中国家制定有利于文化发展的政策、培育由现代传媒和视听技术支撑的文化产业"。在这种理念视域下，"一带一路"就转化成为一个重要的平台。沿线各个国家基于各自的文化资源优势，借助"一带一路"的发展契机，以优势内容为开发资源，以文化创新为前行动力，为彼此提供沟通交流的空间和机遇，并且在多样文化的碰撞中形成符合时代需求的产业特色，丰富"一带一路"的发展内涵，实现分享和平与繁荣的目标。

---

① 中共中央文献研究室.十七大以来重要文献选编：上［M］.北京：中央文献出版社，2009：28.

第二节　文化遗产与动漫产业

动漫产业被誉为21世纪的朝阳产业，特点是能耗小、污染低、产业价值高、就业机会多，动漫产业的生产与研发多以漫画和文学作品为原型制作成游戏，具备较强的情节和场景属性。就我国而言，动漫游戏市场的消费者数量庞大，泛二次元用户规模达到1亿多人。除此之外，动漫游戏中除了传统游戏，还利用游戏中的角色开发了类型丰富的周边产品。时至今日，迪士尼公司的动画角色米奇相关衍生品已经达到3万多种，动漫游戏正在日益风靡。

2004年，全球动漫产业的产值达到2228亿美元，与动漫游戏相关的衍生产品产值在5000亿美元以上。① 动漫产业已逐渐成为最具影响力的新兴产业。这种情况在发达国家表现得更为明显，动漫产业已经成为英国的主要产业，年产值占GDP的7.9%；在美国文化产业中，动漫产业的产值已经超越好莱坞的电影行业；在以动漫产业发达著称的日本，其动漫产业的产值已经超越日本重工业钢铁的出口产值。在2020年日本动画协会发布的《日本动漫产业报告2020》中，2019年日本动漫产业的市场规模已经达到1586亿元人民币，其中主要收入来源于海外市场。② 由此可见，新兴的动漫产业在市场的巨大价值潜力。英、美、日等发达国家都从中获得了丰厚的利润，并将其上升为一种国家文化的象征。毫无疑问，动漫产业已经成为国家软实力的一种体现。2018年，中国动漫产业产值突破1500亿元

---

① 郝时远. 文化是"一带一路"建设的重要力量［J］. 海外华文教育动态，2017，（1）：53-54.
② 日本动画这一年：市场规模增至1586亿元，欧美市场贡献大［EB/OL］.［2020-12-17］. https://36kr.com/p/1014022429252225.

人民币，其中收入主要的构成来自动漫下游产品的开发。因此，如果运用得当，动漫产业可以成为"一带一路"文化遗产传承和发扬的一个很好的平台。

一、"一带一路"文化遗产与动漫产业的关联

动漫产业链以动画、漫画和游戏为主要构成形式，并在开发过程中进行汇总，带动对动漫衍生品的开发、生产、销售的全过程。动漫游戏产业链的盈利来源于三个部分：原创动漫作品、动漫游戏传播发行、动漫游戏衍生品经营。[①] 在整个产业链中，动漫游戏衍生品经营是利润最为丰厚、最具有市场消费潜力的部分，也是"一带一路"文化遗产重点要进行联系、运用和开发的部分。

一方面，动漫游戏衍生品中的图书、玩偶、手办等多种多样的类型是基于原创动漫或漫画衍生出来的。"一带一路"文化遗产蕴含着欧亚大陆多样的古代文明，拥有着极其丰富的历史与文化底蕴，这可以作为坚固而丰盛的文化根基，并由此衍生出一系列多种多样的周边产品。此类衍生品往往能凭借其抓人眼球的形象、精美的装饰、娱乐功能收获消费者的关注喜爱，从而起到宣传作用。

另一方面，动漫游戏衍生品中的音像、影视剧两种类型，可被用来创作以"一带一路"文化遗产为原型改造的动漫形象和故事主线，并拍摄成相应的作品。这类作品最大的优点是在国际文化交流间产生较小的隔阂，并易于理解，对传播"一带一路"的文化起到极大的推动作用。

在如此广阔的区域中，文化类型有着较大的差异性，也正是基于这种差异性，成就了文化多样性。然而，从文化本身的能量来看，存在强势文

---

① 贺云翱.文化遗产学初论［J］.南京大学学报（哲学·人文科学·社会科学），2007，44（3）：127-139.

化和弱势文化，二者之间发生关系时，文化势能就会显现出来。从现实状况来看，文化总是从较高的势能向较低方位流动，而在"一带一路"共建国家和地区，文化势能相对较低。因此，在文化市场开发领域中，以"一带一路"为题材的内容同样能被很好地运用到动漫产业之中。"一带一路"倡议虽然是一条商贸经济之路，但在"一带一路"之上产生的民族融合和文化融合路径缺一不可。在文化交流与合作中，在提升经济实力的同时，也需要背后文化软实力的提高，二者相辅相成、缺一不可。"一带一路"共建国家和地区通过打造动漫精品来繁荣文化产业，在内容创作、媒体传播、衍生产品等领域进行有针对性的开发，为动漫游戏在国际间的合作提供丰富的素材和开阔的思路。简而言之，动漫产业为"一带一路"文化遗产的继承和发扬提供了新颖的形式和平台，"一带一路"文化遗产为沿线国家的动漫产业发展提供了思路和机遇。"一带一路"共建国家和地区要抓住"一带一路"文化遗产与动漫产业的关联，从而实现双向共赢。

二、"一带一路"文化遗产与动漫产业结合方式

"一带一路"共建国家和地区要完美地将"一带一路"文化遗产与动漫产业相结合，不仅要严格地遵循动漫产业和"一带一路"文化的自身特点与现状，进行准确的定位，还要灵活地运用能吸引市场的手段和方法，不能一味地生搬硬套传统模式和规律。

（一）加强品牌活动建设

品牌是产品价值的体现，良好的品牌影响力对产品销售有极大的推动。因此，品牌建设是被市场印证的无形资产。实现优质品牌建设，关注的不仅是产品的质量提升，更为重要的是对消费者有正确的品牌引导和价值观念培育。另外，市场的变化速度很快，只有培育良好的品牌知名度，才能

确保消费者的忠诚度。最典型的例子便是法国戛纳，戛纳原来是座小城，因为培育了电影节产业而成为举世闻名的小镇。我们在建设"一带一路"的过程中完全可以得到启发和借鉴。我国的丝绸之路国际电影节自2014年创办以来已经连续举办了数届。但是，无论从实际影响力还是宣传效果来看，品牌的影响力还远远不够。因此，在强化品牌建设和宣传上，我们必须准确把握丝绸之路的历史文化内涵及"一带一路"的发展理念宗旨，形成包含丝路特色的品牌形象。2016年发布的《文化部"一带一路"文化发展行动计划（2016—2020年）》提出，要充分利用好丝绸之路的文化品牌，打造有深厚影响力的文化项目，以丝绸之路文化之旅和丝绸之路文化使者等品牌为承载基础，扩大我国在沿线国家中的影响力，深入推进文化产业的开发和繁荣。

（二）让文化真正融入生活

文化是一种氛围，是生活的一部分。因此，"一带一路"文化遗产与动漫产业的结合绝不能搞形式主义，尤其是在丝绸之路上，对于丰富多彩的民族文化和复杂的文化种类，应该对其进行专业而精准的解读，实现化繁为简。清华大学美术学院陈楠教授结合时下流行的表情包形式，以甲骨文为素材，结合网络流行语，设计了一套手机表情包，极具创意思维，将复杂难懂的甲骨文进行创意解读，既符合时下年轻人追求新奇的心理需求，也让古老的甲骨文焕发出新活力。

动漫游戏作为当今文化的重要一部分，理应有自己独特的方式，我们在将两者结合的时候，各个方面都加入一些小创意，结合现代人的生活方式，在生活周围添加"一带一路"文化遗产的多元元素，使其潜移默化地融入人们的日常生活。比如，在中国飞往"一带一路"共建国家的航班外观上、机票上添加精心设计的文化遗产卡通形象；制作一档以"一带一路"文化遗产为主题的电视节目或综艺，让卡通形象通过节目传播进一步扩大影响范围，通过现代传播手段的介入，使"一带一路"建立起类型多样、内涵丰富、层次清晰的发展思路。

（三）因地制宜，创新发展

"一带一路"文化遗产经过历史的沉淀，必然有文化传统的更迭和延续，因此我们在通过动漫游戏方式进行宣传时不仅要尊重保留优秀文化传统，而且在进行国际合作时要注意各国"国情不同、文化相异"的原则。从内容审查到版权保护，从审批发行到税制制度的差异，这些都是影响动漫产业发展的重要因素。我们只有因地制宜地选择适合的题材，遵循不同国家和地区的法律法规，才能在结合市场需求的基础上创造出符合大众审美的文化精品。这些及时合作的前提也是文化创新的基础认知。

荣获第十三届中国国际动漫节金猴奖的原创动画系列片《熊猫和小鼹鼠》是中捷合拍的作品。作品比较巧妙地使用了中国国宝熊猫、捷克的代表性卡通形象小鼹鼠，使其作为两个主角形象，描述两兄弟在互帮互助中建立了深厚友谊和共同成长的故事。作品选取两个国家中最具代表性的文化符号，形象地反映中捷友谊的情深意长。比如，2017年上映的电视动画片《孔小西与哈基姆》是由中国和沙特共同制作的，讲述了两个中国交换生孔小西、孔小东运用自己的智慧和中国美食来帮助沙特少年哈基姆战胜竞争对手的故事。作品以中国美食为贯穿故事发展的重要元素，很好地展现了中国传统文化中的美食文化，同时，剧中哈基姆餐厅里的中国与沙特美食结合而成的招牌菜，也代表着中沙两国的友谊成果。2017年，在"一带一路"（南宁）动漫游戏产业合作发展论坛活动中推出的《海豚帮帮号》动画片孵化项目，主要以中国传统美德为主要内容，依据"一带一路"国家政策，借助新时代影视技术手段，为中国动漫产业的发展提供更加广阔的舞台。《文化部"一带一路"文化发展行动计划（2016—2020年）》中明确强调了创新的重要性:"交融互鉴,创新发展。秉承和而不同、互鉴互惠的理念,尊重'一带一路'沿线国家[①]和地区人民的精神创造和文化传统,以创新为动力,充分运用互联网思维和新科技手段,推动'一带一路'多元文化深度融合。"[②]

三、文化与动漫产业结合国际案例

案例一:美国对花木兰文化资源的开发

作为中国的典型文化故事,花木兰代父从军的故事至今已经流传了上千年,我国从多种形式上对花木兰故事进行开发,包括戏曲、音乐剧、现代舞、杂技等富有生机的表现形式。除此之外,还有邮票、书画等文化艺术形式。各地也借助花木兰的籍贯不翔实的问题,将花木兰这个文化资源作为发展自身文化产业的重要切入点,以此来开发旅游资源。1998年,美国迪士尼对《花木兰》这个中国传统故事进行了改编,通过动画片的演绎让《花木兰》的故事传遍世界,迪士尼的改编也由此获得了极大的成功;2004年,迪士尼继续推出了《花木兰》的续集;2020年,迪士尼将《花木兰》改编成真人版剧目。数次的改编足以看出《花木兰》这个故事的强大吸引力。

1. 动画片的创作形式

动画影片作为生活娱乐的重要部分之一,与戏曲、音乐剧、现代舞、书画等艺术形式相比,动画影片在传播上具有广泛性、易于理解、覆盖范围广等优势。此外,动画电影因为题材的扩展,使得其受众不再拘泥于少年儿童,成年人也成了动画电影的忠实观众。以日本动漫产业为例,其制

[①] "'一带一路'沿线国家"现为"'一带一路'共建国家"。——编者注
[②] 请参见原文化部发布的《文化部"一带一路"文化发展行动计划(2016—2020年)》。

作和销售的动漫电影,无论是从题材来看还是从类型来看,受众群体的指向性都十分明确,基本以成人为主。因此,动画电影受众的扩展也是其制作和发行的重要动力。

2. 精湛技术和高度宣传

在当今品牌意识影响下,大众对于品牌有着极高的认可度,除了在制作环节需要精良的技术,后期的宣传发行也是重中之重。为了使花木兰取得较好的成绩,美国迪士尼吸纳了众多拥有精湛制作技术的制作人才,包括700名左右的艺术家、动画制作者和技术工作人员,组成顶级团队,这是一部电影的基础内容。此外,为了使电影获得更好的收益,后期的宣传发行作为整个电影的组成部分也是十分重要的一环,迪士尼还有一套完整的营销策略,各种广告、预告片、宣传海报充斥网络,邀请明星演唱主题曲,甚至请出花样滑冰的奥运会冠军进行宣传。因此,动画质量和市场认知度的保证是《花木兰》成功的关键。

3. 情节提炼加工,注入新的元素

为了使传统文化元素更加适应现代人的审美理念和心理需求,在对传统文化进行挖掘制作的过程中,会适当地进行改编。如在我们熟悉的《花木兰》的故事架构中,组成中国故事的中国元素,包括长城、佛洞、天安门等文化符号是不能缺少的,这是构成文化情境的重要基础。但是,在改编的过程中加入了现代化的元素,如祖先神灵会跟着西方摇滚音乐起舞等,并在传统的代父从军、保家卫国情怀中赋予了花木兰自我追寻的精神体验,从女性主义角度赋予花木兰新的形象,更符合时代的氛围和观众的品位。

案例二:以日本文化为底蕴进行推广的《阴阳师》手游

网易代理的《阴阳师》手游一度在 iPad(苹果平板电脑)畅销总榜上排名第一,成为当之无愧的手游爆款。《阴阳师》的火爆,其中有一个很重要的因素,即它以游戏内容为核心,打造阴阳师的文化圈层概念。阴阳师起源于中国文化，后传入日本，并形成了日本神道文化中的重要组成部分——阴阳道。从创作者的初衷来看，《阴阳师》不仅是一款单纯的游戏，而且通过游戏传递出一种文化观念，打造属于阴阳师的文化圈层。

1. 日本文化的经典角色设定

《阴阳师》是款极其注重故事和人设的手游，拥有几十万字的剧情文本，游戏中的每个式神都有可以独立成章的完整故事，而角色之间也有很强的互动性。在《阴阳师》中，妖怪是一种角色设定，这些角色都来自日本文化中的经典妖怪形象，如两面佛、大天狗、夜叉鬼等，这些妖怪担任游戏中的反派角色。通过游戏剧情的推进，游戏中会出现各种不同形态的日本文化中的妖怪。"收集妖怪"有标准的卡牌收集乐趣，而日本"百鬼夜行"话题本身也构成了一个关注点。

2. 精致的音效和唯美的场景

《阴阳师》的研发团队为每个角色选取了日本一线声优，使其全程进行原音演绎，根据角色的性格挑选最适合表现的声线。这些知名声优给粉丝带来了足够的讨论话题，也为游戏体验带来了十足的听觉享受。在角色的形象设计上，服饰和装饰都保留了传说中的特征，如雪女服饰上六角雪花的纹样。场景原画也完全服务于剧情，如座敷童子章节中，月亮的表情会随着人物的心路历程不断变化，这种阴晴圆缺的景象与故事情节遥相呼应。

第三节　文化遗产与文博产业

文博产业，即主要基于博物馆的文化产业。就文化场馆的功能实现性而言，文博产业是既提供产品又提供服务的文化产业类型；文博产业作为文化大产业的重要内容之一，建立在知识密集型产业之上，其附加值和成长空间高于传统产业领域2%至3%，所以越来越受到各个国家的重视。文博产业在文化产业中始终占据得天独厚的优势,无论是旅游业还是商业、工业等各种产业,都可以和文博产业进行有效的混合经营,这种经营方式是一种伟大的创新,可以促进文博产业得到更快的增长,同时也是文博产业发展、进行深度开发的基本趋势。[①] 我们完全可以考虑将"一带一路"文化遗产与文博产业进行有效结合。

文博产业的发展是一个国家文化事业的重要任务。20 世纪晚期,文化产业帮助英国走出了经济低谷,并在后来发展成为英国的支柱性产业,其中文博产业就是起着重要支撑作用的组成部分;文博产业在韩国、日本等国家更是起到了丰富民族精神、振兴国家经济的效果。在我国,虽然文博产业还在发展过程中,但基于政府的大力支持和技术的迅猛发展,文博产业将助力构建起"泛博物馆"的文化社会环境,并且与老百姓衣食住行息息相关。从长远来看,文博产业绝对是继承和发扬"一带一路"文化遗产的一个首要产业领域。

一、"一带一路"文化遗产与文博产业的关联

文物博物馆是对国家文化遗产进行搜集、整理、展示、研究的重要单位,也因其管理着具有巨大文化价值的文化遗产,因此附带巨大的经济价值。另外,从文化属性来看,无论是文化遗产、文物还是文物博物馆,都有着非常浓厚的历史性和民族性,这说明文化遗产和文博产业都有不可替代的特性。

一方面,"一带一路"文化遗产涉及欧亚大陆沿线诸多国家,内容极其丰富,在开发和保护的过程中必然会出现或多或少的"破坏性"力量。这些"破坏"可能是技术导致的,也可能是人为的破坏,而文物博物馆一直

---

① 王云霞.文化遗产的概念与分类探析 [J].理论月刊,2010 (11):5-9.

以真实性为准则，所以文博产业恰能提供相应的保护。另外，文化遗产的衍生纪念品、复制品的制作和销售在丰富文博产业内容的同时，也宣传了文化遗产的存在价值。

另一方面，我国的文博产业尚有一定的发展空间，其对市民群众的影响和教育作用还需进一步开发和挖掘。对于"一带一路"文化遗产，人们已经达成了保护和传承的共识，而如何发挥其价值且获得更持久的生命力，需要文化层面的创新创意。"一带一路"文化遗产是文化创意实践的丰富源泉，而文化创意又是推动文博产业转型和发展的有力途径。

显然，将"一带一路"文化遗产与文博产业进行混合经营的模式，将在文化、经济等多方面领域产生良好的推动作用。

二、"一带一路"文化遗产与文博产业的结合方式

"一带一路"文化遗产与文博产业的关联度从根本上来说是最为密切的。基于这种天然的联系，我们在考虑结合方式的时候，可以偏向于如何更多地运用创意打造文化品牌。在《文化部"一带一路"文化发展行动计划（2016—2020年）》第四项第十一条中，政府明确提出"一带一路"文博产业繁荣计划是推进"互联网＋中华文明""文物带你看中国"项目，有助于提高"一带一路"文化遗产与旅游、影视、出版、动漫、游戏、建筑、设计等产业的结合度，促进文物资源、新技术和创意人才等产业要素的国际流通。[①]

（一）挖掘优势文化资源

发展好文博产业，需要进行重点培养。在"一带一路"众多丰富的文化遗产中，要先有选择性地挖掘出我国当前流行文化中最具优势的文化资源，

---

① 请参见原文化部发布的《文化部"一带一路"文化发展行动计划（2016—2020年）》。

再把资源转化成产业优势和发展优势,这样才能最大可能地打通市场。也就是说,先挖掘优势文化资源,继而建设重点产业品牌,然后形成具有地域代表性的文化品牌。比如,四川成都培育了金沙文明、古蜀文化,这就使得四川地区的文化资源形成了完整的产业链,构建了文博产业的外延性产业,这对四川的经济发展产生了极大的推动作用;甘肃嘉峪关市因地处丝绸之路的要冲而得名,因此嘉峪关市以此为切入点,策划了丝绸之路文化博览园、文化遗产公园等项目,通过发掘区域内的历史文化遗产,借助"一带一路"倡议,积极构建以嘉峪关文化为主题的旅游圈,大力推广嘉峪关品牌。

2017年4月,习近平总书记到广西合浦县汉代文化博物馆考察时表示,"博物馆建设不要'千馆一面',不要追求形式上的大而全,展出的内容要突出特色"[①],选择其中一个产业或其中一个方面作为主攻方向,实现错位发展,使当地的文化产业具有明显的特色和可识别性。

(二)强化文物普查和保护

如果要助推发展文博产业,就要充分挖掘市场潜力,开发前景良好的文化资源,打造可以形成完整产业链的文化产业项目;要配合我国的文物普查工作,深入挖掘一批能进行产业化开发、有极大潜藏价值的项目,并对其进行积极的引导和专业的开发。文物普查工作不仅对全国文物做数量统计,还要全面有效地掌握当下文化遗产的生存现状和开发前景,制定相应的文物保护措施,并提供事实的依据。在开发挖掘文物时,要不断加强保护力度,不能将其作为增加经济效益的手段而过度开发;同时建立翔实的文物数据和状态信息,为政府的施策决策提供强有力的支撑,也能将对文化遗产的保护列入城市建设与规划中,以此提供更加精准有效的政策和资金支持。

---

① 牢记嘱托,打造独具特色的合浦海丝博物馆 [EB/OL].[2019-05-17]. http://www.hepu.gov.cn/zjhp/lswh/t14796634.shtml.

（三）科学技术与新型模式相结合

在历史演进的全新发展期，文博产业的发展应更加关注文化与科技结合的力量，在现代数字技术和互联网基础设施的支撑下，不断提升产业层次，更好地服务于"一带一路"的推广工作。比如，引入数字化博物馆概念，建立一些门类齐全、资料翔实、体验真实的数字博物馆，形成创意产业与博物馆互动的发展格局。基于网络数字博物馆，在不受时空限制的基础上利用科技技术对实体文物进行信息采集和动态展示，让人足不出户就能遍览各地文物。目前，已经上线的数字敦煌、陕西数字博物馆、晋祠博物馆等都采用了这种综合虚拟现实、数字还原的技术手段，对文物进行全方位、多维度的展示，在很大程度上赋予线上参观体验与实景游览别无二致的观感体验。同时，博物馆还能在自己的数字化展馆里开发游戏、电视剧等文化数字产品。当然，随着国家文化数字化战略的推广实施，数字博物馆建设也会不断在理念和实践双重维度加以提高。

三、文化遗产与文博产业结合案例

案例一：福建发展海上丝绸之路特色

福建省作为古代海上丝绸之路的起点城市，在参与建设的进程中见证了海上丝绸之路的兴衰演变。新时期，福建被定位为21世纪海上丝路的核心区域，既彰显了福建在海上丝绸之路发展战略的地位，也是对福建省拥有丰富的海上丝绸之路文化的认可。借助海上丝绸之路精神，福建形成了独具文化特色的丝路精神，不断地丰富着"一带一路"的文化内涵。

2016年，在第九届海峡两岸（厦门）文化产业博览交易会上，福州"运杉船"、厦门"玻仔号"、苏格兰"短衬衫"号等成为海上丝绸之路发展的重要文化元素。同时，为了让观众更直观地了解海上丝绸之路的发展过程，在文博会现场还原和展示了侨批局档口样貌及广东、福建等地 200 多封侨批实物珍品。文博会通过文化还原方式对海上丝绸之路发展过程中遗留的实物资料进行展陈，让大众对当时的丝路贸易有了更直观的了解。

海上丝绸之路的重要贸易货品为丝绸、瓷器、茶叶、香料等，一些传统技艺，如佩香法、浴香法、熏香法等，也随着丝路文化的推广被人们熟识。借助国家发展"一带一路"倡议的契机，福建深耕海上丝绸之路文化，通过创新文博会的形式为企业拓展市场搭建了平台，也为文化产业的发展提供了展示空间。2020 年 12 月，在克服新冠病毒感染疫情影响的情况下，第十三届海峡两岸（厦门）文化产业博览交易会顺利落幕，文博会期间共达成 93 项重大文旅项目，涉及金额达到 388.21 亿元，现场交易金额 82.65 亿元。文博会还建立了 1 个文博云展数字平台，吸引 900 多家展商线上参展；设立了 1 个云分会场，进行了 27 场直播；设置了 1 个浸入式剧情闯关游戏。与此同时，文博会在新媒体中实现全网传播 3 亿人次，吸引近 10 万人次到场参观。

案例二：英国创意推动文博产业发展

1997 年，时任英国首相的布莱尔提出把文化创意产业作为英国振兴经济的聚焦点，英国因此成为世界上第一个提出创意产业理念、第一个用政策推动创意产业的国家。到 2017 年，英国的文化创意产业产值达到了 1025 亿英镑，占英国整体经济的 7.3%，成为仅次于英国金融业的第二大支柱产业。为了更好地推动文化创意产业的发展，英国政府通过政策支持、公共教育和兴建基础设施的方法推动文化创意产业的发展。[1]

---

[1] 贡献值创纪录 英国创意产业产值突破千亿英镑[EB/OL].[2018-12-28]. https://m.toutiaocdn.com/i6639841062355468803/?app=news_article&timestamp=1608352644&use_new_style=1&req_id=20201219123723010129040144 1D47F31E&group_id=6639841062355468803&tt_from=copy_link&utm_source=copy_link&utm_medium=toutiao_ios&utm_campaign=client_share.

1998年，英国政府出台了《英国创意产业路径文件》，明确提出了文化创意产业的概念，并在资金支持、人才培养、组织管理等方面进行了系统性的扶持。同时，为了保证英国创意产业发展的通畅性，英国政府牵头文化、媒体、外交等部门组建工作组，实现跨部门合作协调；为了实现资金扶持，英国政府与众多行业联合组建基金会，以创意基金等形式为初期的创业产业提供了多样化的融资渠道支持，这一系列政策为英国文化创意产业搭建了坚实的基础。

在教育方面，英国成立文化创意产业高等教育论坛，其目的在于搭建高校教育和文化产业相关从业人员的沟通渠道。同时，英国也实施了"人民网络计划"，为4200家公共图书馆接入互联网，实行公共图书资源的数字化。在基础设施基础上，英国政府在热门旅游地点开办博物馆和画廊，并投资新建100多座艺术建筑，使英国青少年从小就被纳入创意合作伙伴计划，以此实现创意人才的可持续发展。

第四节　文化遗产与旅游产业

2016年，国务院正式发布了《"十三五"旅游业发展规划》[①]，明确了"十三五"时期我国旅游业发展的总体思路与总布局。在"十三五"时期，我国旅游业主要呈现出消费大众化、需求品质化、竞争国际化、发展全域化、产业现代化等五大趋势。在这个进程中，文化遗产的传承、保护和推广与旅游产业的发展之间也有着密切的联系。习近平总书记提出的共同建设"丝绸之路经济带"和"21世纪海上丝绸之路"构想，为我国"一带一路"文化遗产的勃兴带来了新的生机，也为此提出了更高的可持续性发展

---

① 请参见国务院发布的《"十三五"旅游业发展规划》。

要求。我国政府长时间以来都非常关注丝绸之路沿线的文化遗产保护。在陕西、青海、宁夏、河南和新疆等省（自治区）的文化遗址遗存，如汉长安城未央宫遗址、交河古城、高昌故城、喀什古城，以及被联合国教科文组织列入世界遗产名录的"丝绸之路：长安—天山廊道的路网"、敦煌莫高窟等文化遗产在近些年被投入持续性的抢救保护，与此相应的文化旅游开发力度也在不断加大。2017年5月14日至15日，习近平总书记在"一带一路"国际合作高峰论坛上指出，要将"一带一路"建成和平之路、繁荣之路、开放之路、创新之路和文明之路。文化旅游以其独特的综合体验带动优势，在五个道路的共同建设中有着广阔的作用空间。将旅游产业与文化遗产保护相结合，以实体全面感知的方式为观众带来全新的综合体验，不仅可以满足国家坚定文化自信的时代发展需求，而且可以为"一带一路"倡议的愿景实现做出相应的重要贡献。

一、"一带一路"文化遗产与旅游产业的关联和作用

在"一带一路"倡议提出后，我国各级政府开始积极寻找发展地方旅游产业的契机，纷纷制定、更新各地旅游发展的规划与设想，其中文化遗产作为旅游发展的核心点之一，无疑证明着文化遗产与旅游产业发展之间的密切联系。

文化遗产可以调动和重组旅游资源。这得益于文化遗产兼具静态属性和动态特点的综合特征。首先，文化遗产虽是一种历史产物，但也不是固定不变的，时代的发展变化及后代传承者的传承与创新可以为其不断注入新的生命力，赋予它更为鲜活的展现形式，并以此让文化遗产在观众面前不再是被动的接触，而是更为主动的魅力呈现。其次，文化遗产所蕴含的文化价值使其和旅游之间有了密切联系。一些省份将具有丰富历史文化价值的文化遗产开发成旅游产品，使其成为具有地方特色的旅游吸引物，促

进地方旅游产业的多方位发展，同时这也成为"一带一路"文化遗产保护和传承的一种重要手段。在这个过程中，文化遗产保护和旅游产业发展相互作用、相辅相成。文化遗产丰富着旅游产业的文化内涵。文化遗产承载着不同地域的民俗风情和人民生活情趣，是地域历史文化、精神文明的象征与载体。文化遗产旅游资源是一定地域内人们智慧的结晶，其丰富多彩的文化内涵具有很强的旅游价值和吸引力。

例如，湖北省咸丰县唐崖土司城遗址成为继武当山古建筑群、钟祥市明显陵之后的第三处世界文化遗产。对此遗址的旅游开发，不仅可以用旅游经济收入来保护文化遗产的长久遗存，形成良好的保护生态循环，还可以更深层次地促进旅游产业的转型。此外，文化遗产的保护与开发在增强旅游者文化体验的同时，也在不断地刺激着旅游产品的开发需求。中国具有绚烂多姿、丰富多彩的文化遗产。这些文化遗产可以满足消费者观光休闲、开阔眼界、丰富阅历的精神需求，而且旅游消费者在参观沉浸体验中也能收获"纸上得来终觉浅，绝知此事要躬行"的亲身感受。这种旅游供需循环模式一旦形成，在很大程度上会日益增加消费者对文化遗产旅游产品的心理需求。

反过来看，旅游产业也是文化遗产传承、发扬的基础之一。当今时代，日新月异的经济发展给社会发展增添了更多不可预测的变化性，文化遗产保护与旅游开发也需顺应时代，相应地选择与环境相适的生存方法。文化遗产保护不能独立存在，它需要拥有一个灵活且能实时与时代经济发展并进的载体，以进行保护、传播和传承。在经济学理论中，供给和需求是相互影响的。旅游产业的发展与经济发展带来的旅游需求增长密不可分，随着旅游资源的不断拓展，旅游产业势必为日渐式微的文化遗产保护提供新的机遇。将文化遗产作为一种旅游资源进行有效的开发和利用，围绕文化遗产的文化旅游消费也是现代社会中一种新的生存和发展模式。同时，旅游产业也在丰富着文化遗产保护的传播途径，如在各地特色文化区域录制娱乐节目、进行宣传教育或举办纪念活动等,文化遗产可以成为旅游目的地的宣传媒介之一。①

关于"一带一路"文化遗产与旅游产业的深度融合,习近平总书记强调,"我们要建立多层次人文合作机制,搭建更多合作平台,开辟更多合作渠道"②。历史文化遗产的开发与利用,不仅是对"一带一路"倡议的重要补充,更是开发、利用好丝绸之路的必要条件。丝绸之路不仅是一条贯通东西的地理大通道,还是承载着人类文明的重要通道,这里集聚了世界的重要文明,包括四大文明古国的重要文化资源;在文化遗产的数量上,丝绸之路分布了世界80%的文化遗产,这使得这条连通世界60多个国家和地区拥有44亿人口的国家大通道,汇集了世界最精华的旅游资源。目前,中国旅游业正在进行转型升级,旅游业的发展潜力巨大,社会经济在获得巨大发展的同时,人们对于精神需求的满足也日益增长。旅游业的发展空间和潜力正在逐步释放。旅游业在不断提升自身服务能力、繁荣文化产业的同时,要结合"一带一路"倡议推进文化旅游的跨越式发展。

二、"一带一路"文化遗产与旅游产业的结合对策

针对物质遗产,更多的是对历史遗址文物进行原样保护和高度复原。对于较为抽象的非物质文化遗产与旅游产业的结合,可以从不同的方面切入考察。

在2012年发布的《国内非物质文化遗产旅游开发研究综述》中,编者总结了非物质文化遗产的旅游开发对策及旅游开发模式研究。第一,从旅游开发对策来讲,从微观视角具体出发,有的提议注重少数民族饮食文化、

---

① 刘蕊.浅谈遗产保护与旅游发展的关系[J].江西建材,2014,134(5):32.
② 习近平在"一带一路"国际合作高峰论坛开幕式上的演讲[EB/OL].[2017-05-14].http://www.xinhuanet.com//world/2017-05/14/c_1120969677.htm.

服饰文化及其他手工艺制品等物质旅游产品;有的提倡应从旅游产品的定位、产品策划、宣传和渠道设计方面开发参与性较强的旅游产品;还有的提议从旅游保护模式、旅游主题、形象策划等方面制定保护性旅游的开发框架。从宏观政策角度出发,有的学者重点强调政府的主导作用,认为加大普查、转变观念、科学规划和完善机制是政府当前的首要任务;同时在多种媒介上加大宣传力度,以营造更好的文化遗产旅游氛围。第二,从旅游开发模式来讲,有的建议将不同的非物质文化遗产转化为不同性质的实体旅游产品,打造形象经营、休闲演艺、节庆旅游和旅游商品等不同旅游开发模式;有的提出原真性博物馆、生态文化园区、实景舞台式、原生地融入、旅游商品等五种可供具体操作的模式。这些提议基本是根据旅游产品本身形态转型提出的,从非物质文化遗产到实体产品的表现形式来看,有静态开发模式,如专题博物馆、传习机构及教育基地;有活态开发模式,如文化生态保护区、生态博物馆,以及包含依托型、展示体验型、主题型、综合型等在内的异地综合式游客体验。总之,文化遗产保护和旅游产业的结合,需要精准地找到每个地区的特点,因地制宜充分利用地域特点,将文化遗产尽可能做到有形化、效益最大化和可持续化。旅游产业发展与文化遗产保护不可忽视的发展基础,即应最大限度地保护好文化遗产资源,不可盲目更改或摒弃遗产资源。

在快速变革和发展的时代背景下,我们经历了农业经济、工业经济、服务经济,现在发展到由被动转为主动、变主动为互动的体验经济时代,人们在生活的各个方面都更加注重亲身参与体验,而非物质文化遗产旅游恰是需要注重游客亲身体验的。近年来,湖南省凤凰县结合自身独特的文化资源,形成了"旅游+非遗"开发模式。从表面上来看,这是政府对当地"非遗"文化资源的大力投入,其本质是在结合现有资源的基础上,通过市场规律的控制,在保护和创新开发两条路径上的有机结合,精准对接了当下大众对精神文化生活的需求。在非物质文化遗产湘西苗绣传承人向秀平的"锦绣堂"苗绣展馆内，游客既可以欣赏传统的老绣品，又可看到新设计的苗绣工艺品，还能在绣娘的帮助下体验苗绣的制作过程，对苗绣文化有更加具体而深入的了解。

文化遗产、旅游产业与新兴大数据技术相结合是最新的发展趋势。应结合移动互联时代方便快捷的手机应用，对大众出行喜好进行综合性分析，准确呈现"非遗"等文化产业的优缺点，从而进行精准的查漏补缺，因地制宜地满足大多数游客的心理需求、文化认知及旅游喜好。游客在途牛、同程之类的旅游平台上留下的对于旅游目的地的感知数据等信息，如对碉楼建筑和村落风光的价值认同，以及对卫生环境的差评、服务管理方面门票性价比低、旅游交通不便、住宿情况不太乐观等方面问题的讨论，都可以得到数据化、可视化的调查结果。有了大数据的辅助，我们可以更为直观、快速地得出有效的结论，以便更快地发现问题，并寻找相应的解决办法。所以，文化遗产及其产业链都应利用好新技术带来的便捷性和高效性。

三、"一带一路"文化遗产与旅游产业结合案例

案例一：乌镇

位于浙江省桐乡市的乌镇是我国著名的古镇之一，2006年被列入联合国世界文化遗产保护预备清单和中国世界文化遗产预备名单重设目录，2010年获得国家5A级旅游景区称号。乌镇的建镇历史可以追溯到1300多年前，但其最早的人类活动可以追溯到新时期时代的马家浜文化，在乌镇以东地区的谭家湾古文化遗址佐证了乌镇悠久的发展历史。作为中国首批十大历史文化名镇和中国十大魅力名镇、全国环境优美乡镇的乌镇，在经济发展和城镇保护的过程中逐渐地探索出了一条极具特色的发展之路。同时，乌镇也因其在文化遗产保护中所取得的成绩，在2003年被联合国授予

亚太地区遗产保护杰出成就奖。

为了将乌镇的文化遗产保护和旅游开发进行有效的结合，并实现在开发中对乌镇文化遗产进行更加有效的持续性保护，当地政府除了提供充足的资金支持，还在如何保护、怎样保护、怎样开发等问题上出台制定相关政策，分别于1998年、1999年出台了《乌镇古镇保护规划》《乌镇古镇首期整治保护总体规划》等指导性文件。这些指导性文件为乌镇的保护和旅游开发指明了方向，并对古镇的文化遗产类型，按照不同等级做出了划定，按照"四最"原则（保护最彻底、环境最优美、功能最齐全、管理最科学），将整个古镇划分为绝对保护区、重点保护区、一般保护区和区域控制区四个不同等级的保护区域，提出不同等级的保护措施和保护范围，具体实施了遗迹保护工程、文化保护工程、环境保护工程等举措，通过相应的规划使乌镇在文化遗产保护和文化产业开发上取得了较好的平衡。这些在古镇保护上的不断探索和实践，被联合国专家誉为中国古镇保护的"乌镇模式"。

按照乌镇的发展规划，时至今日，乌镇形成了以度假、文化、会展为主的特色文化产业项目。

在开发乌镇的度假功能方面，在江南六大名镇的基础上，当地政府对乌镇进行了整体规划，将整个乌镇纳入旅游开发之中，并形成了以乌村为特色的度假主体。在对乌村的规划开发中，将原住民整体迁移，在保留原样的基础上进行了合理的规划再造，让游客感受到传统江南农家文化的生活本味。除了对村落本身的文化氛围进行重构外，也对形成江南特色文化的民俗节日，如十二节气习俗、香市、蚕花习俗、水上集市、长街宴、茶馆、花鼓戏等进行了彰显，依托民俗节日丰富乌镇旅游的文化内涵。在住宿的风格再造方面，乌镇结合近水亲水、昭明书院等地域文化特色，形成了韵味显著的江南古风。在美食文化的延伸方面，乌镇将美食背后的故事挖掘出来，使大众在品味美食时对乌镇的历史文化进行全方位的了解。与此相对应的是，在文创产品的开发中，乌镇结合当地特色手工艺品和美食进行美物设计和旅游纪念品的开发,如乌锦蚕丝被、三白酒、乌镇白菊、乌酒、乌香、乌草等伴手礼,还有依托乌镇戏剧节衍生的有关戏剧节纪念品,如遮阳帽、T恤、丝巾、水杯、纪念册、徽章等。这些让游客在游玩乌镇的同时,也带走了关于乌镇的美好记忆。

在文化内涵的彰显方面,乌镇除了对传统的建筑、民俗、美食等文化载体进行文化重构,更具特色的是适应新时期文化产业发展的动向,对乌镇的文化发展进行再造,对乌镇原有的老建筑进行改造,形成北栅丝厂、粮仓等场馆,并以此为基础形成了乌镇戏剧节、乌镇国际当代艺术邀请展、乌镇国际未来视觉艺术计划、木心美术馆等品牌活动。以乌镇戏剧节为例,乌镇戏剧节自2013年设立以来,已经成功举办数届,吸引了来自世界各地的戏剧爱好者参与,戏剧节由特邀剧目、青年竞演、古镇嘉年华、小镇对话(论坛、峰会、工作坊、朗读会、展览)等单元组成,丰富的内容是乌镇戏剧节延续的重要因素。随着乌镇戏剧节的日渐成熟,其国际影响力也逐渐加大。2016年举办的乌镇国际当代艺术邀请展在丰富乌镇文化元素的基础上成功让乌镇焕发新时代的活力。《人民日报》在对乌镇文化产业的评论中指出:"自从2013年办起戏剧节后,这个江南小镇有了不一样的气质。戏剧节让古老乌镇注入更多的新文化元素。"[1]

在以乌镇西栅景区为主题的会展功能规划中,集合了以会展中心、商务酒店、附属个性场地为代表的各类场馆达到100余个,面积最小的场地20平方米,最大的场地达4512平方米,最多可容纳2700人组织活动,完全满足各类活动的需求。在搭建了类型各异的基础设施后,乌镇会展也陆续承接了规模不等的会议活动10 000余个。尤其是以乌镇互联网国际会展中心为代表的会展场馆,总占地面积203亩,建筑占地面积4万平方米,建筑面积8.1万平方米,会展中心由三座建筑组成,从南至北分别为会议

---

[1] 王珏. 乌镇已入戏[EB/OL]. [2015-10-27]. http://culture.people.com.cn/n/2015/1027/c1013-27742491.html.

中心、接待中心和展览中心三个功能区。在建筑风格的彰显上，乌镇以江南地区特色民居建筑形态为基调，凸显了水乡文化，将江南地区特有的白墙、黑瓦、连廊等元素结合现代风格进行重新设计，使之兼具现代化国际会议中心功能及中国江南水乡的建筑传统。时至今日，会展中心已经成功地举办世界互联网大会、华为2016年运营转型峰会、世界围棋峰会等重大活动，并成为世界互联网大会的永久会址。

案例二：阳关博物馆

阳关位于甘肃省敦煌市西南，是丝绸之路南路的重要出关口，始建于公元前1世纪，也是中国汉唐时期的重要军事边塞，对保障丝绸之路的畅通起到重要的保障作用。阳关凭借着所处的险隘地带，与玉门关南北呼应，成为防御游牧民族的重要基石。丝绸之路开通之后，敦煌成为中亚等地商人往来贸易的重要集散地，为东西文化、经济的沟通发展做出了重要贡献。在中国历代文献资料中，对于阳关的记载十分丰富。唐代王维的《渭城曲》更是让阳关名扬天下，成为历代送别友人的精神标的。阳关大道则更成为中国人精神中希望和光明的代表。阳关一带的文化遗址较为丰富，以汉唐时期的古城关、烽燧、古道、河流、墓葬、城墙为代表，形成了特色鲜明的军事、城关、民族等文化特色。为了更好地保护和展现阳关文化，1999年筹建了阳关博物馆。2003年，阳关建成了西北地区最大的景点式遗址博物馆。

因受敦煌莫高窟的影响，大众对于阳关景区和博物馆的知晓程度甚少，在阳关博物馆建成运行的20年来，阳关景区结合自身景区的特点和社会发展趋势，摸索实践出了一套独具特色的开发保护范例，形成了以文化定位、场馆展览、实景体验为主的项目区域。

首先，在文化定位方面，阳关景区结合自身的文化遗存特点，将整个景区的发展理念定位在"利用古文化、发展新文化"的理念之上，以阳关地区的"两关长城"（阳关、玉门关、汉长城）为基础，将5.5平方千米核心区域的文化遗址遗迹划分为六大遗存类型，分别是古关遗迹、古城遗址、古道遗迹（丝路南路）、古烽燧塞墙、古墓葬、古水道遗迹。阳关景区还结合当下社会的文化需求开展了产学研一体的学术活动，召开了数次大型学术交流会，编辑出版了《两关长城论文选粹》《敦煌诗选》《敦煌文选》《阳关文物图录》等百万字的资料内容，对挖掘阳关的学术潜力、传播阳关的知名度起到了重要的支撑作用。

其次，在博物馆建设方面，为了突出阳关地区军事、农耕、商贸、边塞等文化特色，营造了10万平方米的仿汉博物馆，实现了设施营建与地域文化的有机结合。阳关博物馆在营造的时候，突出阳关一带"两关长城"的风景特色，利用建筑艺术、雕塑艺术、环境艺术、展览艺术等多种形式的组合，遵循了阳关博物馆与生态环境之间有机和谐的重要原则。

最后，在阳关景区的实景营造方面，形成以体验性为主的景区特色。阳关地区的文化遗迹普遍存在文化遗迹观赏性低、文化价值高等特点，依据此状况，阳关景区设置了相应的以体验为主的旅游项目。比如，在传统的文物展览基础上增加了登城望远、走阳关大道、乘坐古代交通工具，让游客感受阳关风情，集中体现了阳关景区的参与性、娱乐性、知识性。阳关地区的文化景观以文字形式予以说明，这些均无法用实物替代。依据此特点，阳关景区通过情景再现的方式将古籍资料中记载的行为活动进行再现，如制作通关文牒、验牒过关情景，并结合出入关仪式将其直观地表现出来；对钻木取火、烽火传递、简牍的制作书写等环节进行了复原再造，结合研学活动编制了课本和教程，以此方便学生进行学习和了解。通过转变传统单一的"看展览、听讲解"模式，游客可以更加直接地以互动的方式进行文化体验。

此外，在目前已经启动实施的阳关景区规划中提出了"大阳关"的概念，并计划在阳关景区210平方千米的范围内，结合阳关的军事要塞性质、屯垦性质和商贸流通性质，划分出军事文化、农耕文化、商贸文化、民俗文化、民族文化、边塞文化6个文化体验区域。同时，在现有博物馆的基础上规划建立文化博览园区，形成博物馆的集群效应，实现将博物馆功能单元的专业化，建立以"两关长城"为主体的博物馆、以展现丝绸之路以商贸文化为主体的丝绸之路博物馆、以边塞诗歌体验为主体的边塞诗体验馆、以农耕文化在阳关地区的交流发展为主体的农耕文化馆，形成阳关地区"以阳关为点、以敦煌为面、以丝路为线"的文化格局。

案例三：码头古镇

江苏省淮安市的码头古镇历史悠久。自春秋时期这里出现城市以来，距今已有2200多年的发展历史。这里河网密布、水运发达，古镇所在地形成了重要的战略枢纽，是漕运、盐运、驿道等重要物资的转运之地，有"七省咽喉""九省通衢"的美称。经历了数千年的积淀，这里形成了许多历史典故、文化遗迹、名人事迹等文化遗产：有韩信故里、漂母墓、淮阴故城遗址、甘罗城遗址、康熙御坝、三闸遗址、惠济祠、御制重修惠济祠碑等文化遗迹；有韩信、枚乘、枚皋、步骘、张耒、龚开等历史文化名人；集中了道教、佛教、伊斯兰教等众多宗教活动的地方，形成了颇具特色的"三寺五庵十八庙""大庙套小庙，一步三个庙"的寺庙文化。这些历史遗迹和文化故事共同构成了码头古镇的文化底蕴。历史是古镇的根，文化是古镇的魂，历史、文化以其深厚的影响力融合进码头古镇的发展进程之中。因此，在对码头古镇的旅游开发上，古镇以其本身丰厚的历史文化背景为开发基础，通过增设展览馆、对其文化脉络进行梳理展览、以恢复传统工艺为表演内容的综合发展策略，让古镇重新焕发出了勃勃生机。

码头古镇的开发主要有四个策略[①]：第一，对古镇历史文化遗迹进行修

---

① 王荻，袁尽辉，许劼.历史城镇非物质文化遗产的旅游开发模式浅析：以码头古镇为例[J].上海城市规划，2010，92（3）：53-57.

复和重建，突出其历史价值，增加其文化氛围，彰显其人文价值。以楚汉名人墓地、漂母墓、漂母祠为核心，结合天妃神像、乾隆行宫、关帝庙等古建筑，对惠济祠、安澜古街、老字号、码头镇史馆、万花楼等体现明清年代的民居文化遗迹进行恢复性重建和整治。第二，通过新建展览馆增强其教育性。例如，结合干罗湖、码头三亭、娑罗树碑、祖逖铸剑台等已有构筑物，新建以古文化为主题的公园景观。第三，通过增加参与感、互动性强的旅游设置，增强古镇的体验性。如在军事体验主题公园中设置野外拓展运动模式，游客利用所学的古代军事相关常识加入丛林战区，游戏、道具均为古代军事用品，增强其生动逼真性；在枚乘书院内，选择固定的诗词文化节，邀请专业文化研究者和学者开展论坛活动；举办时令体育文化比赛、古镇老街当地美食体验等活动。第四，通过举办丰富的表演活动增强其亲和性。如恢复部分祭祀习俗，在老字号店观看酱菜、煤炭等商品生产工艺和流程，体验古代市井生活；在原址上修复龙亭、整治御碑、在南巡日举办表演等。整个策划详细入微，可操作性也较强。

案例四：侗族大歌的保护性旅游开发

侗族大歌为广西侗族非物质文化遗产的典型代表，亦是一种热门的民俗旅游资源。关于侗族大歌保护性旅游开发的构建模式，有的研究提倡将侗族大歌与旅游体验理论相结合[①]，利用文化创意产品物理作用模型中供给集聚度、需求趋势、环境政策和次级圈层四个作用因子，对多种开发策略进行全方位的资源挖掘和开发。首先，如通过举办侗歌大赛、征集优秀作品等活动发现、培养和保护侗歌人才，政府部门和旅游经营者也应保障民间侗歌人才的相关利益，持续地为他们提供更好的发展平台。同时，通过教育普及扩大文化遗产保护的影响力和知名度，是助益于传播侗歌文化的

---

① 代猛，郝魏飞.体验视角下的非物质文化遗产保护性旅游开发研究：以侗族大歌为例［J］.广西经济管理干部学院学报，2016，28（3）：71-77.

重要途径之一。其次，加强侗歌的创新创作及游客的参与体验性。例如，在满足大多数游客喜爱的定位基础上，让旅游者可以在短时间内学唱，或者亲身参与到侗歌的表演和创作活动中。又如，将侗族大歌的歌词译成不同语种的语言，以此增强国外旅客的亲近感；在大歌中融入合适的民间舞蹈，既可以丰富游客的视听感受，也增强了游客对侗族文化的理解和享受。再次，在具备了基本文化遗产资源的基础上融入旅游资源挖掘和产品开发，组合开发精品旅游线路。借助"一带一路"倡议，推出具有经典代表性的旅游投资项目，以周边地区的旅游资源为基础进行相应的产业联动，向乡村旅游、山水旅游等方面延伸，并将两个产业充分有机结合。

案例五：张家界《天门狐仙·新刘海砍樵》

张家界《天门狐仙·新刘海砍樵》是目前世界上第一个有着完整故事情节的山水实景音乐歌舞剧。剧情是对湖南家喻户晓的民间神话故事《刘海砍樵》的再创造。该音乐歌舞剧以张家界实景山水为舞台背景，广阔开放的自然表演空间打开了全新的平台与体验相结合的旅游新格局。

在内容为王的时代，需要不断创新才能拥有成功的可能。张家界《天门狐仙》将民间文化遗产、自然环境遗产、旅游资本运营等各方面巧妙整合，形成了可持续性的发展策略，主要概括为以下几个方面。

第一，不断进行节目创新。根据市场和消费者的需求变化，及时并不断丰富节目的内容和表现形式。

第二，适时引进新型科技。为了将古代故事剧本尽可能地进行完美演绎，制作公司坚持创新科技投入，从能投射千余米的顶级灯光到虚拟雪花、水雾、断桥、月亮等场景特效的制作，让观众在似真幻梦中全方位地感受舞台的神秘梦幻感和真实感，仿佛身临其境一般。

第三，加大产品拓展延伸力度。如天门狐仙剧组为了增强音乐歌舞剧的奇幻效果，与美国知名魔术师大卫·科波菲尔魔术团队合作，并多次前往世界各地进行考察,扩大自身影响力和知名度。

可以说,《天门狐仙》的成功是因其契合了文化旅游产业消费"新""奇""特"的发展趋势,满足了人民群众日益增长的精神文化体验,以及多层次、多样化的市场需求,因此受到了旅游市场的认可和追捧。[①]

第五节 文化遗产与其他产业

在新媒体时代,文化遗产的保护和发展途径已不是单一的,在"一带一路"发展的大背景下,文化遗产可以与多数媒介和相关产业产生良好的"化学"反应。借助媒体的力量,与文化相关的传统产业经营也可以产生崭新的创造力。例如,在文化遗产与饮食产业的结合上,由央视出品的美食类纪录片《舌尖上的中国》颇受好评,让全国乃至全世界的观众对中国数千年的饮食文化拥有了"味觉上的享受、视觉上的感知"。

一、"一带一路"文化遗产与其他产业的关联和作用

文化遗产的定义范畴宽广,如中华民族饮食文化遗产、服饰文化遗产、手工艺文化遗产之类的文化范畴都可以囊括其中。"民以食为天"是亘古不变的基本需求,"抓住胃"是吸引世界食客了解中华优秀传统饮食文化遗产的有效途径。中华民族在漫长的历史进程中,在时代更迭、风俗习惯、文化宗教的影响下,最终形成了庞大而丰富的中国饮食文化体系。中国饮食文化的独有特色在川、粤、鲁、湘、浙、沪各大菜系的直观呈现中,在一定程度上会引起世界各国食客的兴趣,扩大中国饮食文化遗产的影响。再

---

① 田桓至. 从实景演出探寻"平台+体验"商业模式:以张家界"天门狐仙"为例[J]. 文教资料,2017,757(17):61-62.

如受到现代科技冲击和挑战的传统手工艺,传统手工艺品的基本形态源于中华优秀传统文化的逐步积淀,是中国文化遗产的实体化呈现,而精巧、蕴含民族智慧结晶的手工艺品也会让消费者加深对中华民族文化遗产的深刻印象和真实认知。"以'手工'和'手工制作'为核心的保护方式,既贴合手工技艺的传承,也贴合所有以手工生产实践为基础的非物质文化遗产存在形态,体现着文化生态保护的普遍需要。"[①] 这种对文化遗产的生产性保护是不可或缺的。

在信息时代,"非遗"与媒体的结合应该形成更加紧密的合作机制,从传播效应来说,"非遗"产业化需要媒体进行有效的推动。2005年,《国务院办公厅关于加强我国非物质文化遗产保护工作的意见》中指出:"要鼓励和支持新闻出版、广播电视、互联网等媒体对非物质文化遗产及其保护工作进行宣传展示,普及保护知识,培养保护意识,努力在全社会形成共识,营造保护非物质文化遗产的良好氛围。"[②] 相关研究也指出,文化遗产可以通过大众媒介传播延续其留存时间,扩展其分布空间,因此媒体是文化遗产继以相传的重要手段和保证。[③] 当前,我国媒体融合已经进入"你中有我、我中有你"的深度融合发展阶段,报纸、电视、广播等传统媒体与网络平台、社交媒体等新媒体相互作用、相辅相成。在城市化、全球化发展进程不断加快及"一带一路"建设日益加强的大背景下,通过融合媒介和智能媒体持续不断的作用力,传统的文化遗产会进一步得到国际社会的普遍关注,赢得更广阔的发展空间。

---

① 吕品田.重振手工与非物质文化遗产生产性方式保护[J].中南民族大学学报(人文社会科学版),2009,29(4):4-5.
② 国务院办公厅关于加强我国非物质文化遗产保护工作的意见[J].中华人民共和国国务院公报,2005(14):12-17.
③ 杨晓云.非物质文化遗产保护中媒体作用研究[J].贵州社会科学,2012(7):124-127.

二、"一带一路"文化遗产与其他产业的结合对策

不论文化遗产与哪一种产业相结合，都需要考虑与现代技术、市场需求等方面因素相互契合的作用力。实现结合的基本框架是类似的：一是对与文化遗产本质相关的内容、技术、人才的保护，对人才的培养和提升，建立合适的结构和体系。二是相关组织或政府的帮扶及相关政策的保障，如助力其进入市场经济。三是鼓励创新创作和加大宣传力度，如通过教育传播文化遗产的内容和技艺等方面的举措。

以亟待抢救保护和创新的手工业为例，国家非物质文化遗产保护工作专家委员会相关人士[①]提出，以手工生产方式对非物质文化遗产给予建设性保护，并在三个方面给予建议。

第一，从根本上对古典手工技艺提供保护和保障。在这方面，政府仍需发挥主导作用。部分手工技艺的实用功能和技艺形态已经逐渐脱离现实生活，失去现代市场和竞争力，需要对其进行相应的保护。首先，保护层次需要细分化和立体化，从艺人到技艺、从原料到产品的各个层次和环节都要进行保护，保护目标是维护原初形态，强调"原汁原味"的本真，不受现代技术的影响。其次，发展现代手工业。政府要给手工产业提供帮助，使其保全于现代市场环境中，而其产业形式遵循手工生产规律，保留规模小、作坊生产、所属私营化、结构一体化等方面的特征。地点设置在乡村腹地和城郊地区比较有利，集文化遗产类手工业、农业于一体，集工贸、旅游为一体，能够产生经济、文化等多领域的综合功效。最后，手工业既需要保留纯正的原形态，也需要适当的创新，鼓励手工艺术创作也是保证

---

① 吕品田.以手工生产方式和民俗建设保护中国非物质文化遗产[C]//张庆善，郑长铃.第二届中国非物质文化遗产保护·苏州论坛论文集.[出版地不详]：[出版者不详]，2009.

其文化遗产可以动态、可持续地发展下去。从文化建设角度鼓励业余或专业手工艺术创作，不仅可以调节生活节奏，而且可以改善社会氛围，为手工业进入现代市场经济提供相应的人文环境和条件。同时，可以借此为幼儿园孩子和中小学生提供趣味性手工劳作课，以丰富教学内容。

第二，在媒体和文化遗产的耦合方面完善文化遗产的媒体传播。把握各媒体的优势和特点，加大对文化遗产保护和发展的宣传力度。如利用微博等网络媒体的时速性和互动性，让官方微博即时上传新鲜的文化遗产相关内容，鼓励热门博主多转发相关内容及朋友圈盛行的内容，多推送能引起读者兴趣和共鸣的文化遗产相关内容。

第三，减少"文化折扣"，让文化遗产受众更加广泛。有学者指出，"文化的娱乐属性，要求媒体不仅要在重大突发事件中'现场发声'，更要加大对人们普遍感兴趣的'软性'普适内容的传播比重，以求最大限度地契合受众群体的诉求，在跨文化传播中呈现多样的可能性"[①]。例如，浙江卫视的娱乐节目《奔跑吧兄弟》，其2017年的节目理念就是积极响应"一带一路"倡议，从义乌始发到捷克落幕，录制和宣传了与"一带一路"相关的节点城市和国家，让观众在融入娱乐的同时，也参与到"一带一路"文化遗产的良好宣传和推广进程中。

三、"一带一路"文化遗产与其他产业结合案例

案例一：孔府饮食

孔府是衍圣公府的俗称，位于我国著名的文化古城山东省曲阜市，而孔府菜的特色源于其独特的文化空间，由历代的优渥积淀而成。相关研究

---

① 王隽.非物质文化遗产与媒体传播：二维耦合和发展路径［J］.现代传播（中国传媒大学学报），2014，36（6）：12-14.

对孔府饮食从来源、制作、特点等方面给予了较为全面的考察调研。[①] 在菜品制作上，孔府菜秉承孔子的遗训，素精饮馔，要求料精细致，火候严格把控，注重口味，调味富于变换。除了优良的原料基础之外，孔府菜的烹饪技艺能流传后世，也得益于孔府完备的厨作制度——内外分工、轮班负责、厨头主导。内厨、外厨都是厨师世家，各有三班，轮流当值，保证了厨艺的精湛和延续性，而在原艺基础上也有适当变化。最重要的是，孔府菜的饮食文化蕴含着重要的儒家思想。孔子的中庸思想最终发展成儒家的为人处世规范，而孔府菜大部分都保留着鲁菜传统特色，五味调味柔和，契合了"致中和"的孔子饮食思想。在逢事宴饮时，孔府宴席对传统理念也是十分注重的，如在摆宴装饰、长幼尊卑意识、亲疏观念等方面体现的特色。饮食产业与文化遗产的结合，带来的不仅是味觉的狂欢，还有对传统文化遗产的感知和享受。纯正的品质决定了发展的可能性和延续性，文化遗产的传扬和发展依赖消费品值得信任的本质。

案例二：永春漆篮手工业

福建永春漆篮是福建省传统民间特色手工技艺，距今已有 500 多年的历史。永春漆篮的应用范围极其广泛，从走亲访友到婚丧嫁娶都会用到，其还因制作过程复杂且工艺繁杂，成为具备收藏价值的工艺品。正是基于这些显著的特色，原国家质量监督检验检疫总局于 2013 年 9 月 25 日对永春漆篮实施地理标志产品保护。然而，这项手艺即便拥有这些特色工艺，在社会经济的发展过程中鉴于社会的变革、市场的萎缩、人才的流失等原因，该项手艺面临着消亡的危险。在 20 世纪 90 年代前，漆篮还是当地农民的主要收入来源，但经过 1997 年亚洲金融危机后，工厂走向衰落，工人

[①] 杨宪武. 对非物质文化遗产中"文化空间"的认识：以孔府饮食为例 [J]. 山西师大学报（社会科学版），2011，38（S4）：42-44.

逐渐流失，工厂未成功实现计划经济到市场经济的转型。[①]一直处于低迷状态、国营性质的漆篮生产单位——永春工艺美术厂，也正式宣布破产。此后，永春漆篮的生产经营方式转为以家庭式生产为主。此外，随着技术、机械的应用，村镇人员向外流动，年轻人向城市生活靠近，对传统技艺缺乏兴趣，导致漆篮传统技艺陷入后继无人的困境。家庭式生产的漆篮质量也参差不齐，为了牟利，手工业背离了原本文化遗产生产性保护的初衷，这也是很多传统文化手工业面临的困境。

鉴于闽南、中国台湾和东南亚地区还保留着使用漆篮的习俗，漆篮的海内外市场还未完全消失，恢复有组织性的经营，可以在很大限度上挽救和促进漆篮手工业的发展。2006 年，龙水村的华侨和村民合股筹资了永春县龙水漆篮工艺有限公司，发挥了漆篮手工产业的带头作用。同时，为了使该项工艺能久留于市场中，需切实考虑并满足三个主体的兴趣：家庭经营者、地方政府、青年消费者。有了地方政府的关注和帮扶，如税收、资金等财政支持，列入非物质文化遗产名录，同时适当提高漆篮手工艺者的收入，这样便可以吸引更多家庭经营者和年轻人，使基本问题有一定程度的保障，漆篮的质量也会得到规范和保障，如此一来便形成了一个良性循环，漆篮手工业会得以继续生存，有更多的创新和发展空间。其他境况的文化遗产手工业亦是如此。

案例三："一带一路"中国太极文化世界行

个人的精神追求是随着社会的发展而来的，在物质丰富的时代，人们对精神生活的追求便逐渐上升为主要需求。同时，随着国家对中国传统文化的弘扬，中华传统文化的精粹不仅被越来越多的国内各方重视，而且也相应地被国外民众熟知和青睐。

[①] 郭荣茂.传统工艺组织重构与农村文化遗产保护：基于闽南永春漆篮手工业的调查分析［J］.福建江夏学院学报，2011，1（3）：114-119.

太极拳是中国传统武术中最具代表性的项目之一，从其外在表现形式来看，动作舒缓轻柔，与传统武术动作迅捷激烈的形象大相径庭；从内在的文化彰显来看，其内涵十分丰富多彩，结合了道家思维的天人合一、个体与自我的和谐、人与自然的和谐理念。从这一点来说，太极拳与中国特色社会主义价值体系中的和谐社会理念具有高度的一致性，并以其自身独有的表现形式服务于社会主义核心价值观建设。从微观层面来看，人与社会、人与自然的和谐相处是一种为人处世的哲学思维，外在的动作表现出一定的包容精神，这种内涵精神与当今时代"一带一路"所倡导的和平包容、合作共赢的发展理念如出一辙。太极文化将如何实现成功传播？借助"一带一路"倡议，以文化节为载体，以政府和民间组织的合作为助力，为传播中国太极文化打造良好的交流平台。2018年2月，由云极（北京）文化有限公司和中体未来投资（北京）有限公司共同发起举办，在丝路规划研究中心、国际武术联合会指导下展开的"一带一路"中国太极文化世界行公益活动在柏林、威尼斯、维也纳、布达佩斯等地举办了一系列文化活动。"一带一路"中国太极文化世界行在亚洲、美洲地区也相应开展了后续活动，在展示中国太极拳文化的基础上，以推广太极拳活动为载体，对如何讲述中国故事、传播中国故事，积极地为中国文化"走出去"开展有益探索和积累成功经验。

第七章
"一带一路"文化遗产与城市复兴

> 文化遗产是城市发展过程中凝聚的精粹，见证了城市文明的起源、诞生、发展乃至消亡。城市是展现文化遗产的空间和舞台，从某种意义上来说，城市本身就是文化遗产。如何让古城墙、古建筑、石碑、雕塑、庙宇、博物馆文物等物质文化遗产，以及民间技艺、诗歌典藏等非物质文化遗产在现代城市空间中焕发生机和活力，是需要在思维、方法、策略等方面不断试练和更新的。本章回顾历史、梳理现在、展望未来，借鉴西方城市发展历史过程中的相关理论，立足本土实际和人文环境，借助智能媒体信息技术的迭代，理解和分析"一带一路"倡议背景下文化遗产与城市发展的关系及保护和活化城市文化遗产的策略。

第一节 文化遗产传承城市文脉与精神

从长安（今陕西省西安市）出发，一路往西，自甘肃到达中亚、西亚，连接地中海沿岸，这条几经跌宕、承载着人类历史文明的伟大道路，从兴起、繁盛到没落历经千余年之久。在这条串联东西方文明的"桥梁"上散落着颗颗宛如明珠的城市。自2013年9月丝绸之路经济带和21世纪海上丝绸之路重大倡议提出后，引起了全世界范围的广泛关注。丝绸之路经济带基本圈定了新疆、重庆、陕西、甘肃、青海、宁夏、内蒙古、黑龙江、吉林、辽宁、广西、云南、西藏等13个省（直辖市、自治区）；21世纪海上丝绸之路圈定了上海、福建、广东、浙江、海南等5个省（直辖市）。其中，26个节点城市是"一带一路"倡议对沿线国家推进广阔跨区域合作的重要载体和行动者，在经济建设、城市品牌建设、产业建设、扩大开放、交通枢纽建设、金融建设等方面发挥了重要作用。由中国社会科学院财经战略研究院发布的《中国城市营销发展报告（2019）》指出，21世纪海上丝绸之路节点城市大多位于东部沿海地区，海上经贸交通优势突出，战略推进深度和广度普遍优于陆上丝绸之路城市，相比之下，陆上丝绸之路节点城市的品牌均衡性则略高一筹。[①] 在中亚布哈拉、撒马尔罕、阿拉木图等古丝路重镇，各种文化、习俗、宗教等在这些城市中汇合；在中东，两河流域孕育着灿烂夺目的古文明图景；在欧洲，华沙、杜伊斯堡、伦敦、阿姆斯特丹、雅典等都曾是"一带一路"上耀眼的明珠。[②]《推动共建丝绸之路经济带和21世纪海上丝绸之路的愿景与行动》明确指出，要以沿线中心城市为支撑，以重点经贸产业园区为合作平台，共同打造新亚欧大陆桥、中蒙俄、中国–中亚–西亚、中国–中南半岛等国际经济合作走廊；海上以重点港口为节点，共同建设通畅安全的运输大道。城市和港口（城市）是"一带一路"不断发展的重要支撑。

城市是全球经济活动的枢纽和主体部分，如果全球超过一半的人口居住在城市，那么经济总量的70%来自城市。[③] 如果说城市是容纳人们日常生

[①] 张守营."一带一路"节点城市发展"成绩单"令人欣喜［N/OL］.中国经济导报，2019-12-06（6）. http://www.ceh.com.cn/ep_m/ceh/html/2019/12/06/06_61.htm.

[②] "一带一路"上的城市［J］.小康，2017（24）：56-59.

[③] 史育龙.发挥城市重要节点功能 扎实推进"一带一路"建设［J］.大陆桥视野，2016，247（11）：30-31.

活实践的容器，那么文化则是凝结人类共同思想和行为成果的黏合剂。在21世纪的今天，城市与文化"联姻"是历史进步的必然。在保留城市的记忆和塑造城市文明的持续动态发展过程中，文化遗产的开发和保护对城市的发展演变有着不可忽视的重要作用，这种作用机制遍布思想、经济、文化、生态、外交等诸多方面。

一、延续遗产精神，才能留住"城市之魂"

城市是人类创造文明、文化传承的汇集地。在6000多年前，世界上最早的城市起源于物产富庶的两河流域，即幼发拉底河、底格里斯河流域的美索不达米亚出现了世界最早的苏美尔城邦国家，其他地区还包括中国的黄河中下游流域、埃及的尼罗河流域及印度的印度河流域。可以说，城市作为人类文明的一种特殊组织形态，最早出现于一些自然条件适宜生存、群居和繁衍的大河流域。当人类食物从采集过渡到种植时，出现了小规模的村庄或聚落，后来由于政治、文化、技术等方面的因素，相应有了更大规模的城邦、卫城，甚至帝国城市。考古发掘证明，在3000多年前的殷商时代，中国已经有了城市，在春秋战国时形成初步的城市。早期较为闻名的大都市包括隋唐时期的长安城和洛阳城、北宋时期的汴京城。北宋汴京人口达到140万，南宋临安人口达到250万。中国古代的城市化水平是比较高的。在战国，城市化率达15%；在唐朝，城市化率达20.8%；在南宋，城市化率最高，达22%；明清以后有了一定幅度的下降。开封是首批国家历史文化名城，具有文物遗存丰富、城市格局悠久、古城风貌浓郁、北方水城独特四大特色，迄今已有4100余年的建城史和建都史。关于城市的起源与发展，著名学者刘易斯·芒福德有段精彩的论述：

> 城市从其起源时代开始便是一种特殊的构造，专门用来贮存并流

传人类的文明；这种构造致密而紧凑，足以用最小的空间容纳最多的设施；同时又能扩大自身的结构，以适应不断变化的需求和社会发展更加繁复的形式，从而保存不断积累起来的社会遗产。虽然后世战事的发展的确曾使城市的这些特征成为主要的、经久的城市特性，并且一直延续至今，但城市不只是建筑物的群集，它更是各种相关并经常相互影响的各种功能的复合体，它不单是权力的集中，更是文化的归集……①

文化遗产见证了城市文明的起源、诞生、发展乃至消亡，反映了岁月流逝中城市历史、社会、思想的变迁。② 城市文化遗产是城市历史记忆的载体和文化汇聚而成的源泉，它维系着城市居民世世代代承继发展的集体认同感。单霁翔认为，"城市是在人类历史活动的时空框架中，在文明与人类社会的发展进程中历史地生成的，从某种意义上来说，城市本身就是文化遗产"。③ "万物有所生，而独知守其根。"城市文化是城市的精神之根。从文物宝藏、古建筑、历史文化名城、工业遗产到旧乡民俗、诗词韵律等非物质文化遗产，都倾注着从古至今城市中人的心血和民族精神，每一项物质文化遗产或非物质文化遗产都是城市整体历史价值和文化价值的综合性体现，也承载着地域文化思想和城乡文化故事，它不仅是对静态物质的挖掘和保护，更是对其本身固有价值的汲取和发扬。正如某些学者所论述的，城市的文化遗产不能仅定位于历史纪念物、考古遗址和建筑群，应理解为一个有故事的城市的故事载体。这个载体就是要解决对城市故事

---

① 芒福德.城市发展史：起源、演变和前景［M］.宋俊岭，倪文彦，译.北京：中国建筑工业出版社，2005.
② 单霁翔.城市文化遗产保护与文化城市建设［J］.城市规划，2007（5）：9-23.
③ 单霁翔.留住城市文化的"根"与"魂"：中国文化遗产保护的探索与实践［M］.北京：科学出版社，2010.

的"失忆"和"失语"。①

二、留住遗产文脉，才能凸显个性和特色

随着全球化进程的持续推进，城市发展建设在一些方面显现出相应的问题：城市记忆消失、城市面貌同质化、城市环境恶化、文化精神萎靡等。在全球化背景下，面对"千城一面"的同质化发展忧虑与困境，承载着岁月与文明的文化遗产成为城市地方身份的象征与名片。②北京的四合院、杭州的西湖和六和塔、西安和开封的古城墙、苏州的园林等之所以能让人记得住，是因为它们留下了美轮美奂的景观，更留下了文化的个性和特色。集历史积淀和人文情怀于一体的古城墙、古建筑、石碑、雕塑、庙宇等物质文化遗产在带来别具一格的景色观感时，也以其独有的历史故事性元素撞击着游客的心灵，产生共情共鸣的文化体验和审美志趣，也在集体记忆唤醒和凝聚的过程中形成了城市独有的文化魅力。反之，如果对外来文化无差别地进行植入吸收或大规模商业化地对城市小镇进行复制和追随，就会滞留盘旋于城市文化枯竭淡漠的涡流中不可自拔。这种对城市遗产的提取和保护，需要正视理性规划与人性化保留之间的平衡关系，对于遗产文脉的留存，不可有太多的商业化崇拜、盲目和急功近利，也不可丢掉独立自主、放眼未来的城市规划意识。如果切断了与文化、历史的连接，就会让城市成为呆板、僵硬的钢筋水泥"碉堡"，毫无趣味和生机。

另外，对于西方城市理论和实践发展经验，要进行有效的借鉴，取其精华、去其糟粕，形成突出本土文化特色和风格的城市文化遗产保护和活化策略。中西方城市发展历史从根本上来说是不同的，西方城市化早期的

---

① 王新文，刘克成."历史"抑或"文化"：关于城市文化遗产理念的几点讨论[J].华中建筑，2012，30（6）：12-14，11.
② 林志宏.世界文化遗产与城市[M].上海：同济大学出版社，2012.

历史是双核动力发展模式,即城市经济和庄园经济构成双重动力,而中国的城市可以说是脱胎于传统农业社会,没有资产阶级法权意义上的土地关系和契约关系,是典型的单核地域空间模式,即城市化与传统农村有着千丝万缕的联系。①新型城镇化战略就是为了消灭城乡差别,建构一个相对公平合理的城市市民社会。"十四五"时期是我国全面开启建设社会主义现代化国家新征程、迈向第二个百年奋斗目标的第一个五年,也是推进新型城镇化的关键五年。《中共中央关于制定国民经济和社会发展第十四个五年规划和二〇三五年远景目标的建议》中强调"推进以人为核心的新型城镇化",这一命题的提出是以习近平同志为核心的党中央坚持"以人民为中心"的发展思想在新型城镇化实践中的应用和发展。②由此可见,需要正确地看待概念理论化的城市规划与以人为本的空间实践之间的关系。在对"一带一路"城市文化遗产的保护和开发过程中,需立足本土实际和人文需求,超越传统的城乡二元对立关系,伴随智能技术的迭代创新发展,要因地制宜地引入空间视角和理论,对文化遗产历史进行追溯时,应注重对其进行创新创意层面的活化。历史是根,文化是魂。我们要留住城市的文脉,树立养育和栽培意识,树立登高望远的开阔意识,树立科学的规划意识。特别要摒弃急功近利的推土机式发展,因为这种"粗鲁"会切断城市文明和文化根源,让所谓的城市辉煌陷入"头重脚轻根底浅"的舍本逐末中。我们要打造更多"有书卷气、有个性"的城市,为"一带一路"沿线城市居民打造幸福的精神家园。

三、保护文化遗产,也是保护城市人的精神

国内城市最近 20 年变化巨大,细致观察这些地方的变化,我们可以

---

① 富兰克林. 城市生活[M]. 何文郁,译. 南京:江苏教育出版社,2013:5.
② 张蔚文,孙思琪. 坚定不移地推进以人为核心的新型城镇化[EB/OL].[2020-12-17]. https://theory.gmw.cn/2020-12/17/content_34473013.htm.

看出策划和建设者对城市风貌、文化遗存保护、建筑外形认知水平的变化，从全部推平到表面保护，逐步演变为文脉的再现，逐步探索历史与现代、风貌与文脉、功能与外形等各种要素的兼顾。可以说，在城市改造中，产业和时代、文化和功能，要素越丰富，兼顾得越好，其风景也会越发美好。

事实上，城市的进化几乎就是通过住宅及公共建筑体现的功能变化获得的，这是城市承载的责任和功能决定的。19世纪下半叶，巴黎市长奥斯曼对巴黎进行了一次告别中世纪的城市建设运动，重新修筑道路，宽阔的人行道两侧种满乔木，使林荫大道举世闻名、深入人心；增加城市公园面积，让保留下来的大型公园成为"城市之肺"；在铺设地铁线路的基础上将部分下水道修建为"下水道博物馆"。重要的是，奥斯曼之后的巴黎，也依然保持了世界文化和艺术之都的地位，其重要之处在于巴黎的文脉没有断裂。巴黎城市对文化那么珍惜、重视，其重要原因是巴黎的艺术家和学者成为法国艺术和文化进步最重要的驱动力。著名的左岸咖啡馆就是这种驱动力的一部分，很多哲学家和作家都前往此处写下了改变世界的著作。

故宫博物院前院长单霁翔多次在演讲中谈到，保护文物和文化遗产不是把文物锁在库房里，而是让它保持健康的状态，重新回到人们的生活场景之中，当人们感受并呵护这些文物之时，这些文物才有尊严，才能真正地活起来。城市魅力来源于其不同的文化、历史、园林、山水、宗教等各种特色性存在，差异性是不同地方应该凸显的特色。城市主义的千篇一律不仅禁锢了传统文化的勃发，也圈禁了城市中人的思想和精神。《美国大城市的死与生》的作者简·雅格布斯对20世纪60年代美国现代主义的大幅度规划进行有力的抨击，并要求唤起"街道芭蕾"般的城市民间风貌。

无论城市风貌怎么变化，我们都要清楚它是一座什么样的城市，要平衡理性规划和人文需求之间的关系。只要城市人文精神不灭，文脉就不会断，城市的魅力就会永存，"一带一路"城市的发展才会有共同的灵魂。

第二节　文化遗产彰显城市品牌与个性

城市文化遗产是城市历史性演进、创新性发展进程中的重要资源。文化被誉为经济发展的原动力，成为促进地方经济进步和城市形象对外传播的重要力量。同样，文化也是城市品牌的核心。没有文化作为基石，城市的经济和社会生活等方面的发展都不能持久，城市文化遗产在文化建构和维系层面发挥着重要的作用。对于城市文化遗产，我们不仅要精心保护，而且要认真学习研究，取其精华、去其糟粕，并结合区域发展实践推陈出新，创建出城市应有的人文特色。[①]城市文化遗产汇聚了本土历史、文化、人文、自然和地理资源等多方面的资源内容和特征，需要深入打磨和研究，打造有地域差异风格和独有特征属性的城市文化品牌，在经济全球化和文化融合的进程中形成不可替代的城市个性，以此彰显本土文化品牌的价值。

一、文化遗产塑造城市性格

城市性格指的是城市各种特征的总和，包括自然景观的特征、城市人群的行为和心理活动的共同特性，以及城市的文化特征和独特氛围。城市性格是城市品牌的根本，是城市的精神基因和文化内核。有性格的城市才是有魅力和生命力的城市。塑造、传承优秀的城市性格，是保持城市魅力和保证城市可持续发展的重要前提。随着全球化进程的持续推进，经济合作和文化融合也在继续。现代主义城市中也涌入了后现代主义文化思潮，世界大型城市几乎不约而同地有了多元化的文化特征。学者朱莉·格拉

---

① 单霁翔.城市建设与文化遗产保护［J］.中华建设，2019（2）：10-13.

汉姆表示："现代主义、同质性、理性、大规模生产、宏大叙事都已经死去，唯有后现代主义、多元共存、小规模分批生产、本土叙事、本地风格建筑及场所才能永生。"这样的说法可能有些绝对，但不可否认的是，大多数国家在当前容纳了越来越多的文化特征和元素。我国的孔子学院、工艺品、民俗传说、民间饮食等中华遗产也在全球流行，虽然在国外的中华文化产品不免附着些许当地特征，如在北美拥有上百家连锁店的"熊猫快餐"（Panda Express）及西方各个城市都人头攒动的"唐人街"。国内文化产业自改革开放政策实施时起也增添了很多西方元素。国内的"麦当劳""肯德基"的口感特色与国外略有差异，在引进国外品牌时贴合国人的口味习惯和地方特色，对其进行了相应的调整。可见，文化融合是不可避免的，在人类命运休戚与共的历史发展时期，很难有任何一个国家能够退回闭关锁国的状态，在维护国家政治利益的基础上进行经济合作和文化融合是不可避免的。但与此同时，我们也得警惕城市大规模扩展或重建过程中"千城一面"的同质化及历史文化遗址遗迹损毁问题。因此，用融合城市历史文化精华的文化遗产来塑造城市性格，是合理有效地打造城市品牌的正当途径。

　　文化永远都是一个城市的核心部分，它反映了市民对待世界、对待生活的态度。换言之，在很大程度上，城市品牌是由城市文化历史个性决定的。回顾我国一些颇具代表性的城市发展历史时我们就能发现，如果能对人文历史多一点尊敬与守候，历史留存给我们的珍贵资源就不会在隆隆的推土机声中灰飞烟灭。对于"一带一路"文化遗产，我们需在开发保护的基础上对其文化精粹进行有效的提炼，将文化精华打磨成符合中华主流价值观的文化故事，并针对不同国家的本土文化差异和受众心理需求进行定制化、动态化和持续性的故事讲述，让文化参与理念也融合其中，调动不同受众对丝路文化精神的阅读和倾听兴趣，不仅成为信息获取方，而且进一步成为文化的创造者。

二、文化遗产雕刻城市品牌

城市品牌作为城市的一种文化资产，是城市经济社会发展的基础，是对内创造城市凝聚力、对外创造城市优质结构的核心要素，是促进城市发展的积极力量。城市品牌在扩张城市知名度、展现城市特点、增强城市魅力、提升居民凝聚力、吸引高新人才、吸引外来资源、推动旅游发展、带动经济增长等方面都发挥着不可替代的作用。

"一带一路"文化遗产是丝绸之路上不同国家共同发展的历史文化精粹的集合，它是动态、持续性发展更新的，是不同疆域传统文化的凝结，是符合城市品牌文化底色的条件和需求的，并且可以很好地彰显不同地域的本土文化特色。比如，陕西地区可以强调古中国文化、黄河文化和面食文化，新疆地区可以凸显维吾尔族文化、民族融合文化和伊斯兰文化，中亚地区可以侧重游牧文化、波斯文化、绿洲文化、伊斯兰文化等，东欧地区可以凸显东正教文化、乌托邦文化、工会文化等方面的优势，东南亚地区在热带文化、娘惹文化和多宗教文化上有更强的地域个性体现。以丝路文化遗产为基础内容的城市品牌，在维护和发扬不同地域地方文化特点的同时，也照顾到了观众的人文心理体验需求，但从长远发展来看，需要更好地揣摩一些有创意的方法策略。比如，让丝路沿线形成一体化的文旅产品，而不是进行碎片化的文化采集，应像电视连续剧一样唤起观众主动追踪和探索的欲望，不同城市的景点要形成一股文化力量，在讲述各自的故事时，能激起人们对上下文的主动觅寻需求，在这种主动地参与体验动态发展过程中形成对丝路城市品牌产品的总体印象。另外，除了从规划设计层面着手，还可以通过节日仪式或经典活动对不同城市的文化遗产进行人文形式的串联。比如，通过对文化遗产故事的拾取和打磨，创意性地营造一条文化"寻宝"之旅，可以从不同区域的文物收藏爱好者入手，形成社群传播效应，也可以同时与《国家宝藏》这样的大型综艺节目合作，进行媒体化的宣传和知识信息的普及。

总之，城市品牌的打造，并非单向度的上层设计和文化传播，它需要观众或受众的认知、理解和参与。可以说，城市品牌是一种文化融合，不仅需要顶层的集体智慧，也需要个体民众心理上的认可和共同创造，它是一种双向互动、持续交互的动态发展过程，而非单一静态的文化终点。

三、文化遗产助推丝路城市文化旅游圈建设

旅游是世界经济发展的关键指标，而文化遗产精粹和文化创意营造则为旅游产品增添额外的附加价值和深度文化内涵。2015 年，《推动共建丝绸之路经济带和 21 世纪海上丝绸之路的愿景和行动》中明确提出与丝路沿线国家共同开展世界遗产的申请和保护工作，进一步深化国际旅游合作，联合打造具有丝绸之路特色的国际精品路线和旅游产品。发展旅游产业成为沿线城市不约而同的突破口。如咸阳加快茂陵大汉雄风文化园、乾陵唐文化景区等重点项目建设，与西安联手建立丝绸之路风情体验旅游走廊，努力打造丝路以秦文化为主色调的丝路文化旅游目的地。如何借助丝绸之路文化品牌、发扬团结协作和合作共赢精神、成功打造跨国文化旅游圈、提升丝路文旅联盟和民族文化认同、推动地区经济和社会的可持续发展，是国际旅游业未来发展的新挑战。

另外，旅游是一系列具有多种文本的游戏，不是一种单一的旅游经历。[1]在智能媒体时代，旅游业应多摄入更多复合文化的力量，提高景区的到访率和重游率，有效利用先进信息科技，活化物理空间和文化遗产本身，提高其创新创意价值、文化传播效能及对外形象交流功能。比如，近些年，随着声

---

[1] URRY J. The tourist gaze: leisure and travel in contemporary societies [M]. London: SAGE Publications Ltd, 1990.

光电数字技术的发展，在全球兴起了一股关联建筑或媒体建筑的热潮，让建筑表皮与数字媒体影像有机融合，使物理空间和虚拟空间产生交集，活化物理空间中的静态建筑，有的关联建筑还可以与观众或周围的环境产生互动，屏幕和网络造就的流动性重新塑造了城市公共空间，从某种程度上提升了空间的使用价值和象征价值，也带来不同情境中产生的新兴体验经济。

在千禧年到来之际，墨西哥城的索卡洛广场举办了一场大型的"矢量立视图"展演。"矢量立视图"由18盏安装在广场周围的高亮度探照灯构成，由单个光柱构成的光柱队列由一个互联网界面的远程控制，这种利用互联网去中心化的能力构造的"光之穹顶"，为参与者提供介入一个大规模公共空间的能力。[1] 另外，世界知名建筑大师伊东丰雄在1986年设计的"风之塔"中将真实的风、噪声等环境元素转换为信息倾注在建筑表皮上，筑体上的灯光会随着周围的风速和噪声的大小不断变幻、虚实交替，该建筑已经成为地标性城市景观。可见，创意思维和创新文化元素赋予旅游业新鲜的血液和全新的机会。活化不仅是对遗产遗迹本身的保护，还可以结合时代的发展和观众的需求，在设计、生产、交互和消费等多个环节进行深入的研究和创造。

第三节　文化遗产拓展城市文化景观价值

城市景观不仅是自然景观和人造景观，而且还包含社会意义上的活动景观。[2] 城市产生于自然实景之中，但在其中居住人们的思想和行为使不同

---

[1] 麦奎尔.媒体城市：媒体、建筑与都市空间 [M].邵文实，译.南京：江苏教育出版社，2013：215.

[2] 吕倩，葛幼松.城市景观特色视角下的非物质文化遗产保护探索 [J].小城镇建设，2009，244（10）：97-101.

地区的城市景观风貌积淀了不同历史时期的社会文化特征。城市景观特色反映了城市文化特色和本土民族主题。1972 年,《保护世界文化和自然遗产公约》将文化遗产框定为文物、建筑群、遗址,其中遗址又包括人与自然相结合的作品;1992 年,又将文化景观设为新的世界遗产类型,而依托文化景观形成的文化资本和效益应在合理的经济和旅游开发下进行。2012 年 4 月至 5 月,全国人民代表大会常务委员会执法检查组开展了执法检查工作,在其后的报告中指出,近 30 年来消失了 4 万多处不可移动文物。① 在全国 119 个国家级历史文化名城中,有 13 座名城已无历史文化街区,一半以上的历史文化街区已面目全非。② 不断消失的文化遗产与不断实现发展目标的城镇化形成了鲜明的对照。③ 打着创新和保护旗号对文化遗产进行无节制的开发,必然会导致文化遗产内在精髓的衰退甚至损害。注重文化遗产经济效益的合理开发与利用,拓展文化遗产的综合价值,势必有利于城市更新与文化振兴,推动城市可持续发展。

一、城市特色与景观文化

城市既是容纳众多景观的容器,又是为人们的活动提供多种多样文化交流的空间。著名的城市社会学家芒福德曾言:"最初城市是神灵的家园,而最后城市本身变成了改造人类的主要场所。" 19 世纪初期,欧洲部分城市展开了大规模的城市美化运动。奥斯曼对巴黎城区进行大范围的改造,将中世纪纵横交错的街道改造成两侧种满乔木的宽阔林荫大道,这种做法得到了其他国家的借鉴,也收到了褒贬不一的评价。有人认为,林荫大道

---

① 人大常委会关于检查《文物保护法》实施情况报告(2)[R/OL].[2012-07-11]. http://www.chinanews.com/gn/2012/07-11/4025972_2.shtml.
② 范周,齐骥. 让文化点亮新型城镇化[N]. 社会科学报,2013-11-07(6).
③ 王元. 城镇化进程中的城市文化安全与文化遗产保护[J]. 北京社会科学,2015,143(3):96-102.

可以成为人们活动与交换意见的地方，促使城市主义有新的表达形式，但有批评者表示，这种道路的铺设是对城市骚乱和革命派的压制，为了展示更多帝国的权威。但毋庸置疑的是，这种大刀阔斧式的城市规划和建筑运动与工业革命以来以理性和实用为特征的现代主义联系在了一起，在很大程度上影响了 20 世纪以来的极简主义和新野兽派城市建设风格特征。前者主要倾向于使用玻璃和钢铁，常与密斯·凡·德·罗的"少即是多"格言相关，后者侧重于使用钢筋混凝土，与勒·柯布西耶的垂直城市、光辉城市、摩天大楼作品及其领导的总部设在巴黎的国际现代建筑协会相关。城市的特色要与政策、文化、技术、生态等多种因素相关联，呈现出符合地域主导价值的景观，并在自然生态和社会环境中彰显文化精神和人文气质，以此形成能代表城市主流风范的形象风格，在世界舞台上享有自己的文化身份认同。

我国最早的城市约在 5500 年前出现，形态各异。城市的文脉经历不同，所承载的精神文化风貌各异，城市的景观规划也各有要求。当前，城市景观的设计和规划大体上遇到两个方面的问题。

首先，城市的景观特征记忆点不够深刻，没有形成一系列系统化发展的文化理论体系。比如，从世界范围来看，一提到阿姆斯特丹，人们就能联想到当地的风车、自行车、瓷器、木屐和郁金香；一提到纽约，人们就会想到第五大道、中央公园、百老汇；一提到巴黎，人们就可以想到埃菲尔铁塔、凯旋门、卢浮宫、巴黎圣母院、凡尔赛宫。这些城市文化景点历经上百年的人文洗礼和磨炼，已经享誉全球、深入人心，且在小说、诗歌、新闻、电视、电影等综合性媒介系统之中日复一日地述说和展现着它们的历史和文化故事。例如，提到巴黎圣母院，大家就能联想到由文学家维克多·雨果在 1831 年创作的同名长篇小说《巴黎圣母院》，回忆起敲钟人卡西莫多和吉卜赛女郎埃斯梅拉达之间美好而真挚的情感；中央公园依旧留存着享誉全球的美剧《老友记》的种种让人心神激荡的喜剧情境片段；

一看到风车，大家就不禁想象在荷兰栽满郁金香的公园路道上骑自行车并欣赏一路美景的怡人画面，也想到17世纪荷兰共和国繁华时期的文艺巨匠——哈尔斯、伦勃朗和维米尔的代表画作。这些能引起集体记忆、让人产生共鸣的景点和文化，并不是通过单向信息传播来获取大范围的观众，而是更多体现在通过全方位、持续性的故事讲述而深入人心。

其次，如何在文化自信的基础上传播本土景观文化且不受西方文化的侵入是需要重视的议题，即使借鉴西方文化，也需经过适应本土文化风格的改良和传播。比如，美国的大小景区、商区和校园环境中都有"熊猫快餐"，但其餐饮口味、品牌包装和宣传策略都已经美国化了，虽然大家知道这是东方舶来品，但以一种本土化的方式进行推广，并不会让人有文化灌输的感觉。随着我国综合国力的增强，在西方文化侵入时，我们应与时俱进地制定相应的发展办法和举措，在文化借鉴与本土传播之间寻找适当的平衡。

二、城市景观与文化规划

文化规划寻求的是对本土身份和历史的表达，是对公共领域的修复和创意表达。从古罗马城邦国家建设时期起，如中央广场或市集广场这样的公共空间就是社群聚集地和商业贸易的场所，公共空间长期以来在建构城市文化与政治并促进其发展过程中扮演着重要的作用[①]，这些空间也是形成公民身份和权利的基础，有着重要且公认的历史和文化意义。

经济全球化和文化融合在日益推进，资本可以在全世界范围内流动，生产向后福特主义转变，劳动出现国际性的分配需求。其中一个明显的后果就是，地区和城市具有颇具竞争力的经济实力，其自治能力与重要作用

---

① 史蒂文森. 城市与城市文化[M]. 李东航，译. 北京：北京大学出版社，2015：119.

在不断上升,全球城市与日俱增。[①]伦敦、纽约、东京这样的国际性大都市已经成为国际金融、交往和信息流的城市网络中心,北京、上海、深圳也在近些年伴随着"大国崛起""中国制造"的呼声站在了世界舞台上。国际交往中心是《北京城市总体规划(2016—2035年)》提出的北京"四个中心"城市战略定位之一,它为政治中心、文化中心、科技建设中心建设提供了国际化的平台。2020年6月,北京市委常委会议研究了《北京推进国际交往中心功能建设专项规划》,提出北京"一核一主一副、两轴多点一区"的建设布局计划,并特别指出在新冠病毒感染疫情后要将健康理念融入规划之中,努力建设全球健康城市。具体而言,北京将建设首都功能核心区(一核),中心城区(一主),北京城市副中心,中轴线及其延长线、长安街及其延长线(两轴),5个平原地区新城(多点),生态涵养区(一区)。政治、经济、人文、生态、科技等方面进行合理调配,齐头并进地向前发展,发展水平向国际化城市迈进。

另外,在对城市景观进行文化规划的过程中,需要处理好上层设计规划与地域发展差异之间的关系。20世纪,西方以现代主义建筑和垂直城市为主要的城市设计风格,推行简洁明快的风格。最为著名的是法国著名城市规划学者勒·柯布西耶设计的"光辉城市",在其出版的《明日之城市》中详细介绍了这个可容纳300万人的现代城市的设想,即将城市分为三个功能区:作为商业和居住中心的市区、工业区、花园城区。具体而言,工人住在周边配套完备的花园式郊区的塔楼群里;在城市里工作的中产阶级市民则住在市中心的高密度住宅里,这些人是富裕的大都市居民。承继这种现代建筑理念,规划师罗伯特·摩西对二战后的纽约进行了一次史无前例的公共工程项目改造,但其大刀阔斧的改造风格在某种程度上破坏了地方社群关系,由此引发了最为尖锐的强烈的抨击。其中一位就是20世纪

---

① SASSEN S. The global city [M]. Princeton: Princeton University Press, 1993.

五六十年代著名的撰写《美国大城市的死与生》（1961）的作者简·雅各布斯，他对现代主义城市规划的失败提出了一连串的批评。比如，她认为，城市的街道需要容纳不同特征、风格各异的差异化人群，而不仅是整齐划一、空荡无物的冰冷景点，她将此构想命名为"街道芭蕾"学说。

随着后现代主义文化思潮的涌现，不断有一些城市学者呼吁城市建议人本主义的回归，尊重城市中人个体化的思想和行为差异，展现城市空间多元化的建造风格。比如，扬·盖尔撰写了《人性化的城市》，倡导城市建设的人本主义精神；还有一些学者提倡注重居民日常的空间实践和体验，以此在更好的城市叙事基础上对整个城市空间给予更为全面的观照。例如，乔纳森·拉班在其所著的《柔软的城市》一书中，以其特有的个人体验颂扬了伦敦这个"属于他"的城市生活，对个人日常生活的种种体验与想象的鲜活瞬间进行分析。米歇尔·德·塞尔托指出，体验和记忆一座城市乃至建构城市街头鲜活的文化，都有着重要的意义，某一空间的各种边界既有空间形式，也有其相应的叙事形式。也就是说，对于城市景观的整体规划，既有自上而下的制度安排，也有自下而上的文化体验诉求。

第四节　文化遗产助力城市更新与业态创新

"城市更新"这一概念于20世纪50年代被提出，包括城市客观物质实体（建筑等）的拆迁、改造与建设，以及生态环境、空间环境、文化视觉环境的改造与延续。城市更新是城市发展的必经阶段，我国的新型城镇化战略规划也助推了城市更新的步伐。[①] 文化遗产与城市复兴之间不是简单的二元对

---

① 姜杰，贾莎莎，于永川. 论城市更新的管理［J］. 城市发展研究，2009，16（4）：56-62.

立关系，还包括并存、联结等多元"连续谱系"关系。① 英国古典功能学派社会人类学家 B. K. 马林诺夫斯基在其著作《文化论》中指出：文化本质不是表面特征，而是功能；功能是指文化在满足人类需求时产生的作用。② 我国著名社会学家费孝通先生曾提出文化开发利用观，即传统的民族文化是一种资源，可以开发和利用。③ 文化遗产是人类的精神家园，是城市文化个性和历史文脉最直观的体现，是盘活业态资源和推动城市可持续发展的重要原动力。

一、战略构想：让丝路沿线城市实现新生

查尔斯·兰德利在其 2000 年出版的代表作《创意城市：如何打造都市创意生活圈》中阐述了崭新的都市策略和规划方法，并检视人如何在城市内发挥创意、进行思考并规划其相应的行为，探讨如何借助人的想象力和才华使城市焕发出生命光彩。④ 在运用丝路文化遗产资源推动城市复兴层面，文化创意顶层设计与创意实践的公共参与之间相互作用、协同发展，在传统文化价值发挥和延续、文化文本的创意营造及城市民众的人文需求之间寻求平衡。

历史物质文化遗产和非物质文化遗产的保护与利用是城市复兴动态发展进程中的核心问题之一。在关于如何推动城市复兴和再生的相关研究中，有学者基于党中央提出的五大文明建设体系构建出了"九位一体分析法"，即军政、教育、文物、宗祠、宗教、商业、艺术、民俗、生态等九个方面

---

① 张继焦.新功能主义：文化遗产在城市复兴中的新价值［J］.青海民族研究，2018，29（4）：61-66.
② MALINOWSKI B. A scientific theory of culture and other essays［M］.Chapel Hill：The University of North Carolina Press，1944.
③ 费孝通.西部开发中的文化资源问题［J］.文艺研究，2001（4）：5-9.
④ 兰德利.创意城市：如何打造都市创意生活圈［M］.杨幼兰，译.北京：清华大学出版社，2009.

历史文化遗产统一建设。① 在物质文化遗产保护和开发方面，注重对历史文化古城的复兴和利用，如古城墙修复、自然风光维护、运用文化教育资源、打造民间手工艺及其旅游纪念品，对古代建筑、历史文化古迹及名人故居等物质文化遗产进行综合性的维护和开发，对宗祠文化、宗教、节日、艺术、民俗等非物质文化遗产进行相应的激活。

城市历史文化遗产是一个城市的记忆。在复兴城市的过程中，对旧城的改造，并不等于可以对旧建筑、历史街区等区域进行破坏。另外，对历史古建筑和古文物的保护，其保护机制和办法需投入长期的精力进行研究，并与时俱进地向前发展。2019年4月15日，巴黎圣母院顶部塔楼突然被大火吞噬，标志性尖顶很快如拦腰折断一样倒下，有着852年历史的中轴塔也在火中坍塌，这可能需要数年时间进行修复。有消息表示，原因是电脑系统错误地给出了火灾发生位置，延误了救援时间。对一些重要的港口城市，需注重一定程度的产业调配管控及安全响应防控机制，对化工燃料、原油物资等仓储，需严加核查和看管，杜绝安全隐患和铲除安全风险。"8·12"天津滨海新区爆炸事故、"8·4"黎巴嫩首都爆炸事故的惨痛教训值得深省。非物质文化遗产承载着历史文脉，代表地域的主流或典型文化，在其保护过程中需找到合适的载体（人、场域、工具、行为、仪式），寻找载体的过程也是空间转化的过程，如景观重新塑造，是对遗产文化的保护。②

二、发展思路：传统企业借助新业态走出去

近年来，以我国互联网企业为代表的新业态企业积极走出国门，成为

---

① 李宇军，张继焦.城市复兴：让历史文化遗产焕发新动力［J］.云南民族大学学报（哲学社会科学版），2017，34（6）：36-40.
② 吕倩，葛幼松.城市景观特色视角下的非物质文化遗产保护探索［J］.小城镇建设，2009，244（10）：97-101.

"一带一路"建设中一支不可忽视的先锋力量。当前，我们已经随着大数据、人工智能、VR/AR 等高新技术的迭代更新步入智能媒体时代，我国正与丝路沿线国家积极发展互利互惠的同盟关系，携手合作、优势互补、合作共赢，抓住新一轮科技革命和产业变革的机遇。2020 年是中国 – 东盟自由贸易区全面建成 10 周年，习近平总书记在第十七届中国 – 东盟博览会和中国 – 东盟商务与投资峰会上指出，中国和东盟山水相连、血脉相亲，友好关系源远流长。① 博览会以"共建'一带一路'，共兴数字经济"为主题，推动"一带一路"系统工程向高质量的方向发展。

当前，企业应充分借助政策、文化、技术等方面的综合力量，积极地将目光放眼全球，加强与其他国家企业的贸易投资和合作。《中国"一带一路"贸易投资发展报告 2020》数据显示，从 2013 年至 2019 年，中国与"一带一路"相关国家货物贸易进出口总额有了大幅度增长，从 1.04 万亿美元增至 1.34 万亿美元，即使受 2020 年新冠病毒感染疫情的影响，进出口总额也相应增长 1.4%。② 在"一带一路"文化遗产方面，我们应充分利用现有互联互通的技术优势，在丝路文化宣传的基础上积极拓展思路，寻求多维度经济合作和发展。例如，在"一带一路"共建国家，随着丝路文化遗产的推广，我们应积极开展电子商贸、交易平台、支付结算、互联网娱乐、智慧城市等业务，不断优化跨境电商平台组合业务，把握时代发展机遇，在制度监管和效率兼顾之间寻求新的平衡增长点。同时，我们要依托"一带一路"的宏观发展政策，使跨境业务从沿线国家扩展至全球范围，并在经济合作的基础上让其他国家更多、更好地了解中国传统文化，在国际舞台上展现我们的大国风范和形象，讲好中国故事，争取国外民众心理层面的深度认同和理解共鸣，

---

① 共建一带一路 共兴数字经济［EB/OL］.［2020-11-25］. http://world.people.com.cn/n1/2020/1125/c1002-31944048.html.

② "一带一路"为我国和沿线国家的发展带来了新的机遇［EB/OL］.［2020-12-17］. http://www.igdzc.com/zhuanti/20201217/1716263.html.

从情感上拉近与外国友人的距离，让世界进一步认识中国。

数字时代比前网络社会赋予了跨国业务更多的优势，文化商务、信息服务、软件开发等类型的企业可以借助互联网就地出海，突破地理空间的限制，对目标国家和客户提供信息、金融和商贸等多项服务，实现新形式的企业国际化。其中，丝路文化遗产的开发，形成"文化遗产＋电子商务""文化遗产＋全域旅游"等发展模式。若从数字化发展水平，以及城市经济、社会、人口、科技、交通、金融、对外开放水平等几个方面进行综合评测，"数字化一带一路"潜力城市排序在前列的有北京、上海、深圳、广州、杭州、成都、武汉、厦门、天津和宁波等城市。[1] 从总体看来，这些城市具有发达的基础设施、先进的数字网络、共赢的发展模式及丰富的生态空间。不仅如此，丝路文化遗产发展引起的新业态"走出去"，有助于帮助"一带一路"共建国家实现技术跨越。对共建"一带一路"的发展中国家来说，我国在新业态领域具有明显的产业和技术优势。新业态企业"走出去"，可以帮助这些国家节省前几代技术叠加的成本，从而实现"弯道超车"，最终达到共同复兴的目的。

三、整体建设：始于贸易，拓展于文化

城市复兴发展起始于基础建设，但城市长久持续性的兴旺需要深嵌其中的文化能量。正如芒福德描述的"罗马城"一样，物质的过度扩张与文化的萎靡衰败必然会导致城市最终的消逝和瓦解，没有一定精神依托的城市会濒临解体和死亡。[2] 城市的兴建和存续需要依靠随着传统承继的思想和

---

[1] 姜奇平. 发挥城市在"数字化一带一路"的作用 [J]. 信息化建设，2019，249（6）：28-29.

[2] 王元. 城镇化进程中的城市文化安全与文化遗产保护 [J]. 北京社会科学，2015，143（3）：96-102.

情感,绝不是简单的物质集合和拼贴凑置。

城市在建构日常生活方式和文化体验,以及在其空间内建立和消解集体与个人的意义并形成身份认同方面发挥了关键的作用。①文化遗产常被认为城市文脉,是从古至今城市政治、经济、文化、技术等方面因素的聚合,是人类文明发展的精粹,关系到历史、科学、艺术等物质价值和非物质价值的承袭,它在历史传承、文明弘扬、情感传递、形象传播等方面具有深刻的文化作用力。在"一带一路"倡议、人类命运共同体建设的全球化新时代,文化交流无论从范围、强度、广度还是从多样性、多元化来说,都远远超过了以前的规模。促进文化与政治、经济、社会生态的协同发展,鼓励城市之间共享文化的知识与经验,探讨文化在各自城市中的积极作用,完善城市建设中的文化政策和文化民生,是一种积极应对社会进步的机制和做法。

"一带一路"不仅是商旅贸易之路,更是文化交流之路、文明共生之路。加强文化传播,以敦煌国际文化旅游名城为平台,开展以丝绸之路文化为主题的文化遗产保护合作,挖掘五凉、西夏、佛教文化等武威优秀历史文化资源,加快培育文化骨干企业和文化产业园区。文化是反映城市的内涵特质和竞争力的核心资源,是城市向前发展的核心竞争力。

四、"一带一路"文化遗产城市有机更新

城市有机更新理论是吴良镛教授提出的,吴教授认为从城市到建筑、从整体到局部,如同生物体一样是有机联系、和谐共处的。这种说法类似于维特鲁威学说。公元前 1 世纪的学者马可·维特鲁威把建筑结构和人的身体做了一个类比,他在《建筑十书》"论对称:神庙与人体"(On Symmetry: in Temples and in the Human Body)中直接将人体比例与神庙建

---

① 史蒂文森.城市与城市文化[M].李东航,译.北京:北京大学出版社,2015:67.

筑比例联结在一起。他说:"自然设计了人体,让人体各部分与人体整体的架构呈现出适当的比例。"罗马帝国时期的万神殿被认为该人体建筑学说的最好现实佐证。1500年,列奥纳多·达·芬奇在《维特鲁威人》中对该学说进行了相应的诠释和理解,认为人体符合解剖学意义上的对称性,具有完美的比例结构。通过理论的阐释可以看出,城市的更新需要寻找宏观总体建设与微观细节观察之间的平衡点。在观照当下文化生活需求的同时,要具备长远、持续发展的视野和眼光,只有达到平衡的有机人体结构,才可能称为有机更新发展。以下两个主要方面,我们需要给予充分的重视。

首先,城市有机更新需要提高城市综合软实力。城市的软实力包含文化水平、人文环境、体制机制等方面的内容。随着经济社会的发展,软实力对城市发展的影响与作用越来越突出,它是丰富城市精气神的"富脑袋"工程。有机更新的目标除了改善旧居住区生活环境、传承历史文脉,提高城市的软实力也越来越成为政府部门的期望。在进行城市文化生态建设时,随着建设成果反映的城市文化特征不断突出,城市灵魂不断凸显、城市生态不断优化等实践举措必将对提高城市的软实力产生越来越重要的影响。无论是西方还是中国,那些历史积淀丰富、文化特色鲜明的城市往往被看成理想的投资和居住地。这是城市文化生态建设具有可增值性的特点。伴随着城市软实力的提升,城市的竞争力必将不断加强,成为推动城市发展的重要动力。

其次,城市文化生态建设是在城市有机更新基础上对其发展内涵的重要拓展。作为实现城市经济建设、环境建设与文化建设的统一体,有机更新与城市文化生态建设在历史文化传承、非物质文化更新、城市人文空间、城市环境建设等方面有着很多共同点。作为一种更高、更全面的理论,城市文化生态建设具有更完整的研究构架和更丰富的研究主题,将成为城市有机更新研究的发展方向。

城市有机更新主要侧重于城市建筑、城市基础设施、城市环境等物质方面，对人文的重视与回归往往是通过各类物质载体体现的，而城市文化生态建设则更侧重于城市文化与城市生态两个环节。尽管有机更新与城市文化生态建设侧重点不同，但两者之间存在共同的桥梁，都涵盖了城市文化因素。要实现城市文化遗产的传承与创新，就要沿着历史演变的线索审视和探究，同时结合先进的技术与艺术手段，以富有时代精神、观众喜闻乐见、具备吸引力与感染力的创新展示和传播方式，凸显城市的文化定位和优势特色，给城市居民以精神的启迪和情感的归属，让文化的认同与创新成为维系城市永续发展的精神动力和文化源泉。

第八章
"一带一路"文化遗产与文化"走出去"

> 2019年5月，习近平主席在亚洲文明对话大会开幕式上的主旨演讲中提道："文明因多样而交流，因交流而互鉴，因互鉴而发展。我们要加强世界上不同国家、不同民族、不同文化的交流互鉴，夯实共建亚洲命运共同体、人类命运共同体的人文基础。"本章从交流机制创新、交流平台搭建、品牌规划、交流创新传播四个部分进行展开，旨在探讨在文化遗产保护和开发过程中，通过"一带一路"的基础平台搭建文化遗产交流的通道途径，对在"请进来"和"走出去"的实施过程中可能面临的问题进行辨析，并分析在对外传播过程中在新时期发生的新变化及带来的积极意义。

"一带一路"倡议的提出，对中国文化遗产（尤其是"一带一路"文化遗产）保护工作的开展起到了积极的推动作用。"一带一路"建设根植于历史，具有深厚的人文底蕴，"一带一路"文化遗产既是丝绸之路辉煌历史的见证，也是沿线国家传承、友好交往的催化剂。历久弥新的丝路精神为"一带一路"倡议在沿线各国之间的发展提供了无可替代的文化沃土和社会根基。2013年9月7日，习近平主席在访问哈萨克斯坦时提出了丝之路经济带倡议，以政策互接、道路互联、贸易互达、货币互通为基础，传承丝路精神，促进新时期国家和地区之间的交流，促进经济和文化的高速发展。自"一带一路"倡议提出后，我国在国际交流合作上取得了显著的成绩，突出体现在国家元首不断参与、合作领域不断拓展与深化、文物展览不断出彩、人员交往日益密切等方面。与此同时，跨国联合申报世界文化遗产、涉外文物合作保护工程和联合考古项目成为文化领域"一带一路"建设的重要收获，中国文化遗产事业的国际合作逐渐由"单向"扩展为"双向"，由"输入型"扩展为"输出型"，由"迎进来"扩展为"走出去"。

第一节　文化遗产交流机制创新

文化遗产是在历史的积淀留存下来的物质文化见证，凝结着古人的智慧，是我们研究历史、文化、民俗和艺术的重要资料。中国境内文化遗产数量丰富，资源众多。与丝绸之路直接相关的遗产资源主要分布在陕西、河南、甘肃、青海、宁夏和新疆等地，如著名的汉长安城未央宫遗址、汉魏洛阳城遗址、大小雁塔、莫高窟、高昌故城、麦积山石窟、龙门石窟等。

保护文化遗产既是对文化的传承，也是连接民族情感的纽带，增强民族认同感、归属感和凝聚力，促进国家社会稳定的重要文化基础。在"一带一路"倡议的实践过程中，平等的文化认同框架、共同的历史记忆是各国合作的重要基础。因此，文化遗产具有不可替代的作用。非物质文化遗产是指被各群体、团体、个人视为其文化遗产的，被各群体、团体和个人共同尊重，并顺应可持续发展的各种实践、表演、表现形式、知识和技能及其有关的工具、实物、工艺品和文化场所。[①] 2011 年《中华人民共和国非物质文化遗产法》正

---

① 高轩，冯泽华. 中国与东南亚共享非物质文化遗产保护制度研究：以"一带一路"战略为制度构建机遇 [J]. 东南亚研究，2015，217（4）：46-53.（"'一带一路'战略"应为"'一带一路'倡议"。——编者注）

式颁布、2012年《文化部关于加强非物质文化遗产生产性保护的指导意见》出台实施，使得十余年来我国"非遗"传承与保护取得了世界公认的"中国经验"，也由此迎来了承前启后的历史节点。在国务院公布的国家级名录中，"非遗"共分为10个类别，包括民间文学、传统音乐、传统舞蹈、传统戏剧、曲艺、传统体育、游艺与杂技、传统美术、传统技艺、传统医药、民俗等。[①]

一、共享文化遗产保护制度

2015年2月，习近平总书记在考察陕西省西安博物院期间，强调要把"文物保护好、管理好，同时加强研究和利用，让历史说话，让文物说话"。随着"一带一路"倡议的加速推进，对"一带一路"文化遗产的认知、保护与传承工作既有紧迫性，又有很强的现实意识。各国之间加强合作交流，为文化遗产保护措施和科学技术交流提供了国际平台。故宫博物院前院长单霁翔建议，共建"一带一路"地方各级政府要高度重视"一带一路"文化遗产保护管理工作，建立"一带一路"文化遗产保护管理长效机制，成立文化遗产保护管理领导小组，加强发展改革、财政、国土、旅游、建设、文化和文物等部门间的协调，完善重大事项沟通、协商制度，切实做好"一带一路"建设中的文化遗产保护管理工作。[②] 全国人大代表、中国社会科学院考古所所长王巍建议，一是国家应当制定"一带一路"文化交流规划，通过促进我国与相关国家间的文化交流、密切友好合作关系，树立我国积极正面的国际形象。二是积极鼓励、大力支持我国的国家级考古研究和文化遗产保护机构赴丝绸之路沿线国家，与当地的同行开展合作，并给予充足的经费支持。通过实施的合作项目，扩大我国的国际影响，密切与受援

---

① 蒋多，杨裔.生产性保护背景下非物质文化遗产国际化的路径与对策[J].中国海洋大学学报（社会科学版），2015，138（1）：103-107.
② 文化遗产事业助推国家重大发展战略[N].中国文物报，2015-06-12（12）.

国的友好合作关系，为"一带一路"倡议的实施做出贡献。三是积极支持我国的考古和文化遗产保护机构或丝绸之路沿线国家联合主办陆上和海上丝绸之路的高端论坛和学术研讨会，促进学术交流，举办丝绸之路出土文物展，在丝绸之路沿线国家巡展，提升我国在丝绸之路古代文化交流方面的国际话语权和社会影响力。①

在当前制度具体实施方面，国家在政策制度上给予了支持和推进。《国家文物事业发展"十三五"规划》设计布局了"一带一路"文化遗产长廊建设工程和海上丝绸之路文物保护工程，丝路沿线城市应加强相互间协同配合，以国家利益和人类前途命运为重，共襄"一带一路"建设盛举。②另外，某些丝路沿线城市已经制定了锐意进取的举措。如河北省省政府高度重视文化建设，制定了一系列相关政策，特别是2014年3月通过的《河北省非物质文化遗产条例》，为非物质文化遗产"走出去"提供了法律保障。

二、共创丝路合作交流精神

"一带一路"倡议的主要精神是强调交流与合作，这种合作的范畴不仅存在于国家和政府层面的经贸往来，更多的是依靠各地区和各个层级单位，以及民间商业组织的合作；同时，文化遗产保护者之间的交流与合作，从文化交流互通的角度来说也是必要的，以此达到优势互补。张骞出使西域，玄奘、法显、竺法护、朱士行的西行求法，鉴真东渡，郑和七下西洋等，这些生动的事例都证明，中国人从不缺少对外开放、对外交流的勇气。我们应坚持丝路合作共赢精神，团结不同民族、不同信仰、不同文化的人民，和平发展，实现共荣共进。

---

① 文化遗产事业助推国家重大发展战略［N］.中国文物报，2015-06-12（12）.
② 贾宇，张胜."一带一路"上的文物：从人文交流的历史深处走来［N］.光明日报，2017-06-22（11）.

中国与东南亚国家的交流史已经延续了2400多年，海上丝绸之路同样承载着与陆上丝绸之路同等重要的功能。在"一带一路"建设过程中，更需要将丝绸之路提倡的"和平合作、互学互鉴、互利共赢"的交流理念一以贯之。"一带一路"并非中国一国之事，而是中国与东南亚及其他国家共同的事业，"一带一路"倡议目标之一是要建立一个文化共容的利益、命运和责任共同体。

三、深化中外文化遗产合作研究

中国文化遗产事业的国际合作，应当逐渐由"单向"扩展为"双向"，由"输入型"扩展为"输出型"，由"迎进来"扩展为"走出去"。也就是说，中国的文化遗产研究应同时走向国外，注重以国外文化遗产为对象的研究，逐渐加强这一方面在中外国际合作中的比重。[①] 研究对象的转变不仅是"一带一路"文化繁荣发展的重要部分，而且是当今世界合作共赢的体现，也是为世界贡献中国研究力量、共享研究成果的重要支撑，还是在世界范围内传播和弘扬中国文化力量、增强文化自信的重要举措，也能促使我们在国际实践中丰富和发展自己的遗产保护方式方法，建立与国际相契合的发展保护理论。

中国在文化遗产领域"走出去"战略的实施应具备两个方面的条件：一是中国应在拟议的国外遗产合作研究项目中拥有一定的知识优势，并且拥有资助这一项目的资金能力；二是中国应能无经济成本或低经济成本地从遗产合作研究中实现互利共赢，包括知识上的获益（如遗产价值、遗产保护观念、遗产保护方法技术方面的新认识[②]）及在国家形象提升层面的获

[①] 雷蓉，胡北明.国内非物质文化遗产旅游开发研究综述[J].四川理工学院学报（社会科学版），2012，27（4）：12-16.

[②] 冯芷菁，陈慧，颜嘉华，等.基于旅游数字足迹的遗产地旅游开发与保护问题分析：以开平碉楼与村落世界文化遗产地为例[J].价值工程，2016，35（32）：76-79.

益，提高国家在国际和世界遗产界的文化地位，以及伴随遗产保护而来的社会、经济和政治意义。

我们要有效地研究推广"一带一路"文化遗产，对于与此相关的国外遗产的了解掌握也是需要的。这些国外遗产主要指在同一历史事件或同一历史过程中与中国遗产共同担当相似或相关角色的国外遗产，或在文化、经济、社会、政治等功能上与中国遗产有直接关联的国外遗产，它们主要分布在中国周边国家。例如，古丝绸之路沿线国家的部分遗产：与中国元朝相关的蒙古国遗产，与鉴真和尚东渡相关的日本遗产，与满族历史居住地相关的俄罗斯远东地区遗产，与高句丽王朝相关的朝鲜遗产等。由于这些遗产大多源自中国，所以我国在此类遗产的合作研究中一般拥有遗产资源优势与知识能力优势。

四、代表性传承人制度构建

在"一带一路"倡议下，为了让我国文化遗产更好地"走出去"，使中华文化屹立于世界文化之林，有必要对目前的代表性传承人制度进行完善，同时构建华侨代表性传承人制度。

2008年，我国出台了《国家级非物质文化遗产代表性传承人认定与管理暂行办法》，初步设定了国家级非物质文化遗产项目代表性传承人的含义及认定条件。2020年3月1日颁布的《国家级非物质文化遗产代表性传承人认定与管理办法》将国家级非物质文化遗产代表性传承人指定为"承担国家级非物质文化遗产代表性项目传承责任，在特定领域内具有代表性，并在一定区域内具有较大影响，经文化和旅游部认定的传承人"[1]，并要求定期开展国家级非物质文化遗产代表性传承人认定工作。可以看到，从2007

---

[1] 国家级非物质文化遗产代表性传承人认定与管理办法［EB/OL］.［2019-11-29］. http://www.gov.cn/zhengce/zhengceku/2019-12/25/content_5463959.htm.

年至 2013 年，原文化部先后公布了四批代表性传承人名单，并采取了相应的措施来支持这些传承人对文化遗产的保护与传播活动。

但是，目前代表性传承人存在诸多问题。一是年龄普遍偏大。随着代表性传承人认定工作的进行，许多传承人相继去世，导致某些珍贵的非物质文化遗产面临无人传承的问题。二是传承人在传播方面具有局限性。由于年龄偏大，许多传承人仅仅通过传统的方式对文化遗产进行传承，不擅长使用新媒体对文化遗产进行创新性传承，并且局限于某一较为封闭的地域范围之内，因此文化的对外传播与发展受到了很大的限制。而我国的青少年从小便受到西方价值观和影视文化的渗透，在思想认知等方面都潜移默化地或多或少受到影响，海外新生代华侨的情况则更为严峻，长期生活在海外的华侨没有语言与文化环境的浸润，受国外文化影响更深，对祖国的感情也日趋淡薄，一系列现象都对民族的文化认同感与凝聚力发起挑战，这也成为一个亟待解决的问题。因此，对"非遗"代表性传承人制度的构建与完善，可以从两个方面入手：一是对代表性传承人年轻化的引导。我们应积极在学校等地组织文化传承与交流活动，并结合技术手段，采取更具活力的形式，对文化遗产进行传播。二是对华侨代表传承人制度的构建。我们可以根据国内现有的代表性传承人认定标准，结合区域性特点，建立完善的认定标准与程序，使我国的文化瑰宝更为有效地在国外进行传承与传播。

第二节　文化遗产交流平台搭建

"一带一路"不仅是商贸之路，还是文化之路，"一带一路"的文化交流与互鉴能够进一步加强沿线国家之间的关系往来，促进人民之间的友好交流。搭建"一带一路"文化遗产交流平台不仅是"一带一路"建设的要求,也是沿线国家民众彼此交流的需要。在此基础上借助新兴技术不断扩展平台类型,深耕平台合作,有助于探索"一带一路"文化遗产的创新继承与传播,以此更好地推动"一带一路"文化产业的繁荣发展。

一、建立"一带一路"沿线国家友好联盟

近年来,文化和旅游部积极推动我国与"一带一路"共建国家之间的文化交流与合作,不断建设类型丰富的合作联盟,促进沿线国家的文化优势互补与文化繁荣,推动建设了五个合作联盟,涵盖诸多公共文化服务领域,在此基础上促进更多合作联盟的建立也成为必然趋势。

丝绸之路国际剧院联盟由中国对外文化集团公司倡议发起,于2016年10月21日在北京成立。联盟的成立加强了"一带一路"共建国家文化艺术资源的整合与共享,众多国家与组织的参与及文化机构主体的加入为多元文化的交流合作提供了全新的路径。2020年11月23日至24日,第四届丝绸之路国际剧院联盟年会在广州大剧院举办[1],并与国内十余家省演集团签署了战略合作框架协议,进一步推进了沿线国家之间的文化交流合作。

丝绸之路国际博物馆联盟于2017年5月18日正式成立,并在当天举办了"一带一路"国际博物馆合作学术研讨会,就沿线国家博物馆的合作进行探讨。联盟由中国博物馆协会丝绸之路沿线博物馆专业委员会联合国际丝绸之路研究联盟、丝绸之路国际博物馆友好联盟共同发起。丝绸之路国际博物馆联盟的建立,有助于促进"一带一路"共建国家文博交流互鉴,通过组织参观访问各国的博物馆,可以在博物馆展览、管理等方面相互借鉴学习;通过互换展览的方式,可以促进沿线国家文博的进一步交流合作。此外,"一带一路"博物馆论坛的开展,也有助于各国共享文化遗产保护与

---

[1] 第四届丝绸之路国际剧院联盟年会在广州举办[EB/OL].[2020-11-25]. http://cul.china.com.cn/2020-11/25/content_41371138.htm.

研究的成果①，推动丝路文化的传承与发展。

丝绸之路国际艺术节联盟于2017年10月成立，截至2022年10月，已有沿线40多个国家的172多个艺术节与机构的参与，充分体现了不同国家之间的文化多样性，也为沿线各国文化作品的交流与创新发展、文化演艺人才的培养提供了平台与途径。此外，联盟不局限于丝绸之路沿线国家的参与，欢迎来自不同地区、有意愿进行国际交流与合作的艺术节与机构，以此形成一个更加包容、多元的平台。在未来，丝绸之路国际艺术节联盟将继续致力于建立多元、共享的文化合作网络，并通过各成员机构形成互荐、互询、互演的体系，在跨界合作的尝试中推动更大范围的文化贸易。②

丝绸之路国际图书馆联盟与丝绸之路国际美术馆联盟分别由国家图书馆、中国美术馆等单位负责成立。在图书馆建设方面，联盟通过国家与地区之间的电子图书馆合作项目进行了资源共享与数字化建设，促进文化资源的有效整合。丝绸之路国际美术馆联盟则在各国举办了多次展览，展示了我国及沿线国家的美术作品，让各国人民感受到了不同国家文化艺术的独特魅力。

可以看到，这些联盟的建立与完善为"一带一路"文化遗产搭建了交流的平台，能够通过不同的形式呈现多元文化。这也将更好地助力文化遗产"走出去"，形成文化资源的充分共享与互鉴。

二、建立文化遗产的英语资源共享平台

随着网络社会、信息化社会的更新发展，越来越多的民众逐渐养成了在互联网上获取信息的习惯。新媒体能够更加迅速、便捷地进行文化资源的

---

① 丝绸之路国际博物馆友好联盟成立：让跨区域合作助力博物馆发展［EB/OL］.［2016-10-18］. http://www.rmzxb.com.cn/c/2016-10-18/1087810.shtml.
② 丝绸之路国际艺术节联盟：文化纽带缔结艺术交流［EB/OL］.［2018-10-22］. http://ent.cnr.cn/zx/20181022/t20181022_524392088.shtml.

展示与传播，因此也应当作为文化传播的一个重要途径。目前，已经有学者在大量的调查研究基础上提出建议，政府部门牵头，组织高校及相关的专业人士，借助图文、音视频及电子地图等多媒体手段对文化遗产进行数字化加工，建立和完善文化遗产英语资源共享平台。这条建议不仅对某些难以保存的文化遗产起到了保护作用，避免因长期暴露在外或人为参观因素导致破坏的加速，而且可以借助新媒体平台对不同地区的不同文化遗产进行分类整理展现，对"一带一路"文化遗产形成了有效整合，避免了遗产资源的分散化局面。同时，网络共享平台的建立，有助于各国优秀文化资源的对外宣传与传播，通过网络平台的多元呈现形式，民众能够身临其境般地感受到文化遗产的魅力，形成更加系统的了解，促进不同文化的沟通交流。

借助英语资源共享平台，传统单一的线下交流方式被线上线下结合的途径所替代，并由此增强了文化易得性，使民众能够更加便捷、无障碍地使用平台进行内容的接收，拓宽文化遗产传播的渠道。

第三节 文化遗产交流品牌规划

积淀了5000年文化的中华民族有着丰富的文化元素，以传统武术、戏曲、中医药、服饰、陶瓷、茶艺等为代表的文化形态，既有独具特色的外在表现形式，又有丰富多彩的内涵。在今天国家施行的文化"走出去"战略中，这些都可以作为传播载体进行文化宣扬，尤其是借助"一带一路"倡议，品牌的塑造成为带动整体文化产业发展的重要牵引力。

一、产品与服务并举的双重品牌塑造

品牌虽然不具备商品属性，但作为商业活动的重要组成部分，同样是

一种具有极高价值的产品，也是一个企业进入国际市场的根本保证。尤其在信息时代，在以品牌关注度为主要竞争力的体制下，品牌的意义已经超越了产品本身带来的意义。2020年，福布斯发布了全球品牌价值排行榜，其中位居第一的是苹果品牌，其价值达到了1.6万亿元人民币以上，而华为则凭借近些年的强势崛起，品牌价值达到近600亿元人民币，尽管与世界著名的跨国公司有着不小的差距，但华为的品牌价值的影响力日渐强大。① 另外，在此次的福布斯品牌价值排行榜上，文化类产业中迪士尼的品牌价值则达到了4281亿元人民币，其品牌影响力可见一斑。

文化产业的发展不仅需要巨额的资金投入，更需要有类型多样的文化遗产资源。从现实意义来看，中国传统文化中延续数千年留下来的"非遗"资源，为文化产业的开发和品牌的塑造提供了海量的素材。我们生活中熟悉的年画、刺绣、陶瓷、冶炼、酿造、染织、竹编等民间工艺，包括传统的中医药相关行业，都可以通过有形物质载体进行符号化的转换，对要开发的技艺进行品牌塑造，并借助"非遗"保护政策，提高"非遗"产品的技术水平，实现"非遗"产品开发的成熟运作，进而实现"非遗"文化品牌"走出去"战略。2019年，在《互联网周刊》评选的中国新文创影响力企业中，故宫文创雄踞第一；在同年2月份举行的亚布力论坛上，故宫博物院时任院长单霁翔晒出了故宫文创的年度收益，2017年故宫文创销售收入达到了15亿元人民币，故宫口红等文创产品在网络上掀起了一股国潮热度。② 以大型原生态歌舞集《云南映象》为例，作为由我国著名舞蹈艺术家杨丽萍出任艺术总监和总编导倾情打造的艺术精品，创造了多个国家和城市演出市场的票房奇迹。从2005年开始，为了符合国际观众的认知习惯和

---

① 2020福布斯全球品牌价值100强排行榜：亚马逊、沃尔玛等巨头霸榜［EB/OL］.［2020-07-29］. https://www.thepaper.cn/newsDetail_forward_8488768.
② 2019年新文创企业50强［EB/OL］.［2019-09-17］. http://www.enet.com.cn/article/2019/0917/A20190917999800.html.

欣赏品位，更好地在海外推广，打造了国际版——《香格里拉传奇》，艺术化地再现了云南少数民族的音乐、舞蹈、民俗和手工技艺等大量"非遗"文化资源，形成了特色鲜明的云南艺术文化。

二、提升民族文化品牌建设

品牌是一种无形的文化资产，它以图形、符号等形式存在或以多方组合形式存在，其存在的功能意义在于识别功能，并区别于其他品牌的重要载体，同时，品牌的拥有者也相应地拥有了这些品牌带来的相关价值。结合"一带一路"倡议，在区域和国家层面，品牌就变成了一个民族文化产业的代表，打造民族品牌是决定民族文化产业的关键因素。

我国是一个由多民族构成的国家，这就决定了与我国相邻的国家中，因为民族的关系，语言上表现出了相同性，风俗习惯上也表现出了共同性。这样山水相连的文化特点为区域之间的交流提供了便利性，更为重要的是，这些国家和地区基本都分布在"一带一路"沿线，为"一带一路"的推动和发挥功能提供了极大的便利条件。

在推进区域合作方面，共建"一带一路"国家利用文化相同的优势，建立多层次、高频度的合作交流机制，对于推进政策的实施落地有着天然的优势；同时，利用民族文化的相通性，在解决贸易争端和纠纷时，能更好地寻求平衡。近些年来，我国政府也在努力搭建合作共赢的交流平台，期望通过区域间的有力合作培育一批有实力、有潜力、有影响力的品牌，进而带动整个地区的发展和融合。成立于 2004 年的中国 – 东盟博览会、2011 年的中国 – 亚欧博览会、2012 年的中国 – 南亚博览会等，这些国际性的区域组织在区域和跨区域合作中展示出中华民族的文化品牌力量，借助民族生态旅游的资源优势，共同打造具有国际特色的丝路文化产品，共同推进品牌的全方位合作进步。以成立于 2004 年的中国 – 东盟博览会为例，截至2022年已经举办了19届,并衍生出了中国-东盟博览会旅游展、中国-东盟糖业博览会、机械展等一系列的展销会,并同时形成了以人工智能、疾病防控、医学交流、应急防控等为主题的合作峰会,无论是社会经济发展还是民生合作等领域,中国-东盟合作论坛对西南地区的经济社会发展都是极大的推动。

第四节 文化遗产交流创新传播

一、积极参加国内外大型宣传活动

跨文化传播的效果是验证文化软实力最有说服力的证据。[①]从传播的效能来看,在具体的传播过程中,一定要紧贴当地的法规政策和民俗民情,否则传播的效果和效能就会大打折扣,甚至出现很多抵制、不满和批评的负面言论。尤其是要实现对文化遗产的跨区域传播时,其传播的条件会更加苛刻,首先要考虑的是对输入地域的社会民情、历史状况、国家文化、生活习惯、价值观念等要素进行有针对性的了解,紧贴当地民众的现实所需,让异地文化在进入本地文化体系中时变得更加容易被接受和理解。积极参与国外不同地方的节日,并与当地民众互通互融,这是跨文化传播路径和推广非物质文化遗产极佳的机会。2012年,河北省蔚县剪纸、武强年画两项"非遗"参加了韩国丽水世博会的展演;2013年,中国"非遗"文化项目赴菲律宾马尼拉参加第12届中菲传统文化节,展览中苏州文化团除了向当地民众展示了苏州传统的昆曲、评弹、江南丝竹等表演艺术类项目,还展示了缂丝、桃

---

① 杨晓云.非物质文化遗产保护中媒体作用研究[J].贵州社会科学,2012(7):124-127.

花坞木刻年画、苏绣、苏扇、核雕、剪纸、苏州灯彩和苏州糕团制作的多项苏州传统手工技艺项目。①2014年9月,河北省部分非物质文化遗产参加了德国科隆市政府组织的中国节,受到了德国民众的热烈欢迎。②

搭建传播平台是实现跨文化传输出的重要途径。有效运用分布在各个国家的孔子学院,搭建与世界各国的文化桥梁,广泛建立与国际文化基金会、涉外文化中介、驻外使领馆、留学生组织、华商协会组织等联系与合作,实现传播效能的最大化。截至2020年12月,全球已有162个国家(地区)设立了541所孔子学院和1170个孔子课堂。其中,亚洲39个国家(地区),孔子学院135所,孔子课堂115个;非洲46个国家,孔子学院61所,孔子课堂48个;欧洲43个国家(地区),孔子学院187所,孔子课堂346个;美洲27个国家,孔子学院138所,孔子课堂560个;大洋洲7个国家,孔子学院20所,孔子课堂101个。在这种高规格交流平台的基础上,利用孔子学院和孔子课堂,以中国文化周、中华文化体验活动、欢庆中国节、艺术展演、年会、汉语桥、文化交流与研讨等活动,可以使外国人充分了解中国特色文化,让世界人民近距离了解中国与中华文明,增强中外友好关系;同时以民间学术团体和企业单位为有益补充,实现文化传播的多元化,真正从渠道上拓宽"走出去"的渠道。

以遍布全球各大洲的孔子学院为例,数量的增加也使孔子学院管理遇到了较为复杂的难题。为了提升孔子学院信息化水平,为了给全球500多所孔子学院提供全面翔实的互动系统,2017年,孔子学院上线了互动系统,通过大数据整合的方式将孔子学院的信息以可视化的方式呈现出来,对所有信息实现共通共享。孔子学院的所有信息是通过国家汉语国际推广

---

① 吕品田.以手工生产方式和民俗建设保护中国非物质文化遗产[C]//张庆善,郑长铃.第二届中国非物质文化遗产保护·苏州论坛论文集.[出版地不详]:[出版者不详],2009.

② 王隽.非物质文化遗产与媒体传播:二维耦合和发展路径[J].现代传播(中国传媒大学学报),2014,36(6):12-14.

领导小组办公室总部进行远程发布和实时更新的，实时提供给全球所有的孔子学院，以期实现孔子学院在当前全球化形势下的管理问题。

二、"引进来"工作是"走出去"工程的基础

2007年，党的十七大提出推动社会主义文化大发展大繁荣；2012年，党的十八大明确提出建设文化强国；2017年，党的十九大强调要坚定文化自信。从三次会议倡导的指向性来看，文化在国民经济与社会发展中的重要性日益提升；在经济社会发展中，以文化产业为代表的第三产业经济比重也日益增加。这表明在生活水平提高的前提下，人们对精神生活的需求正在提升；基于国家文化软实力竞争的需要，文化产业的繁荣与否也决定了一个国家在国际社会中的形象和地位。

2011年10月18日，中国共产党十七届六中全会通过的《中共中央关于深化文化体制改革、推动社会主义文化大发展大繁荣若干重大问题的决定》，对中华文化走向世界提出要求，在进一步提升文化开放水平的基础上，坚持以中华民族文化为主体，在交流互鉴的过程中吸收国外优秀文化，提升中华文化的影响力，维护国家文化安全。

文化的繁荣与安全是建立在"走出去"基础上的。从客观的发展规律来看，文化"走出去"必须以"引进来"为基础，同时借鉴国外先进经验和成功案例。2019年5月15日，在亚洲文明对话大会上，习近平总书记发表了题为《深化文明交流互鉴 共建亚洲命运共同体》的演讲，强调"文明因多样而交流，因交流而互鉴，因互鉴而发展。我们要加强世界上不同国家、不同民族、不同文化的交流互鉴，夯实共建亚洲命运共同体、人类命运共同体的人文基础"[①]。

---

① 习近平在亚洲文明对话大会开幕式上的主旨演讲［EB/OL］.［2019-05-15］. http://www.xinhuanet.com/politics/leaders/2019-05/15/c_1124497022.htm.

为了使"引进来"更加有效地启迪中国文化的对外发展，2015年原文化部联合俄罗斯联邦文化部、俄驻华使馆合作举办了俄罗斯文化节，在政府层面确定了"2017—2019年合作计划"，规定双方将通过举办文化节、中俄文化大集等活动促进两国地方间直接文化合作，扩大人才交流和文化交流；与此同时，还在北京、上海、重庆、西安、深圳等多个城市举行了丰富多彩的活动，有效地促进了俄罗斯文化在中国的传播，对中俄两国关系的提升起到重要的推动作用。

为了进一步提升中国文化的影响力，树立良好的大国形象，我国以中国文化年为依托，积极地在世界各个国家推广中国文化，2003年在法国、2010年在意大利、2012年在德国和土耳其、2017年在墨西哥等地进行文化推广。这些活动的成功举办，代表着中国文化"走出去"倡议的成功实施。为进一步推进中国文化产业的发展，从2012年起，原国家新闻出版广电总局推出中非影视合作工程，又称"1052工程"，即每年精选10部电视剧和52部电影在非洲发行播出。2012年《媳妇的美好时代》在非洲播出，标志着中非影视合作工程正式实施。此后，《金太郎的幸福生活》《奋斗》《西游记》《平凡的世界》《熊出没》《舌尖上的中国》也相继走出国门，为非洲人打开一个了解中国和中国文化的重要途径，也为中国文化"走出去"提供了有益的借鉴和尝试。

同时，结合"一带一路"倡议的实施，也为使更多的国外文化进入中国提供更好的平台，2018年，在中非合作论坛北京峰会上，习近平总书记提出中非"文化共兴"思想，决定设立中国非洲研究院，打造中非联合研究交流计划增强版，实施50个文体旅游项目，支持非洲国家加入丝绸之路国际剧院、博物馆、艺术节等联盟，打造中非媒体合作网络，继续推动中非互设文化中心等，这些举措都有助于非洲文化走进中国。

文化"走出去"必然需要丰富多彩的文化资源素材库。除了培养一批专业技能人才，还需要把相关的政策措施作为助力，如2017年的《国家

"十三五"时期文化发展改革规划纲要》，2012年的《国家文化科技创新工程纲要》，2015年的《博物馆条例》《关于推动传统出版和新兴出版融合发展的指导意见》，2016年的《"十三五"国家战略性新兴产业发展规划》《中华人民共和国电影产业促进法》《"互联网+中华文明"三年行动计划》《国家"十三五"文化遗产保护与公共文化服务科技创新规划》，2017年的《中华人民共和国公共文化服务保障法》《关于实施中华优秀传统文化传承发展工程的意见》等。2016年6月，国务院决定把"文化遗产日"调整设立为"文化和自然遗产日"。将文化遗产调整为文化和自然遗产，从内涵的广度上扩大了节日包含的内容，对文化遗产的可开发范畴进行了广度和深度上的延伸。从保护和传承的角度来说，遗产的构成复杂多样，既有单纯的文化遗产，也有单纯的自然遗产，也有二者兼而有之的遗产类型。因此，在设立纪念日时，只有将所有类型都囊括进去，才能从根本上解决文化类型的界定问题，从政策层面解决文化和自然遗产在保护和开发过程中的制度障碍问题。

三、充分利用新媒体网络信息技术

随着数字媒体信息技术的日益更新和发展，传播模式、媒介主体、传播主题等都在悄然地发生着变化。新兴媒体和传播手段突破了信息传播中的时空界限，缩短了人与人之间交流的时间距离。网络在增强人与人之间互动性的同时，也强化了其虚拟性，这种高效的传输让受众有了更多选择，同时也消耗了更多筛选时间。在文化"走出去"进程中，除了借助当下新兴技术手段、兴建网站和利用现有网站，我们要更多地关注到内容的提供方面，了解国外受不同地域民众推崇的主流网站，以此契合国外民众文化接受和理解的方式，进行文化遗产价值观和思想理念的传播。

移动互联技术的快速发展，不仅为经济社会的发展做出了重要贡献，还为"非遗"文化的保护与开发提供了强大的推动力。国家把对非物质文化遗产的保护与传承提升到了新的高度,各个职能机构也在利用各自的优势,通过当下的新技术手段进行传播,尤其进入自媒体时代后,更多的人有平台展示自身的"非遗"技艺,更多的平台传播、宣扬"非遗"文化。结合当下年轻人热衷于游戏的风潮,2019年《诛仙》手游将南京夫子庙历史街区实景植入游戏当中,让玩家在线领略盛世秦淮风光;结合故宫文创产业发展需求,腾讯、网易、盛大分别联手故宫博物院,共同推出的《睛·梦》《故宫:口袋工匠》《我的世界》《绘真·妙笔千山》《文物加》等游戏,充分利用故宫中的名画、建筑等元素,制作了"非遗"性质的体验游戏,不仅在游戏场景中对古代的文物和建筑进行了还原再造,还通过游戏过程让玩家切身地感受中国文化的魅力,开启了新技术基础上的文化传播。在手工技艺方面,《大话西游》推出的"鎏金如梦"高级定制汉服,以游戏中经典服装之一"残梦"为蓝本制作,这套汉服在游戏造型的基础上还原了唐朝的服装形制。为了更好地呈现这套汉服,制作者特地邀请了国家级"非遗"项目南京云锦传承人周双喜负责汉服设计、制作和云锦织造;"非遗"项目苏绣传承人杨雪负责服装中的刺绣;苗族银饰工艺美术大师李正云负责汉服簪花的设计和制作。这种贴合信息技术发展且契合文化遗产传播的举措,不仅能使居住在天南地北的海外华人更好地了解当前国内的文化发展动态,也能时时提醒中国人民要继承和弘扬中华文化精神。

为了推动我国"非遗"工程建设更加全面、真实、有效、系统,原文化部于2010年10月启动中国非物质文化遗产数字化保护工程,期望通过先进成熟的数字信息技术使我国大量珍贵、濒危的非物质文化遗产得到真实、系统、全面的记录,更加有效地保护、传承和发扬非物质文化遗产,展现我国优秀传统文化的丰富内涵。2019年,经过改版后的中国非物质文化遗产网·中国非物质文化遗产数字博物馆正式上线,并形成了对中国非物质文化遗产资源的全面收集和数字化储存,其中包括国家非物质文化遗产代表性项目目录、国家级非物质文化遗产代表性项目代表性传承人、国家级生态文化保护区、国家非物质文化遗产生产性保护示范基地、联合国教科文组织非物质文化遗产名录、中国入选联合国教科文组织名录项目等条目，对各地区的"非遗"技艺和传承人进行全面的展示，有效地推动了非物质文化遗产保护工作的进步与发展。

四、提升对外新闻传播能力

随着新媒体信息技术的日益革新和国内外民众对信息接收素养的提升，对外新闻传播已经不能止步于单向度的宣传传播。怎样在自然舒适的媒介和社会环境中让受众潜移默化地汲取"一带一路"文化遗产的相关讯息和知识是需要学习的。这种尝试历练与政策扶持、传播理念和方式的转型及影视文化传播的迭代更新有着密切的联系。

建立在"引进来"和"走出去"文化观念之上的是，经济崛起后的中国如何面对国际贸易关系及规则中带来的不适应问题，从更深的层次来说，在当今的文化传播中，掌握话语权的依旧是以西方世界为代表的话语体系，这使我们的文化"走出去"工程面临极大的挑战。因此，如何实现对这种文化困境的解围，是我们国家包括众多第三世界国家的重要课题。对于如何彰显自身话语权，除了主动对接国际规则，更多的是从自身实际情况考虑，借助新时代的技术，实现这种代际的跃升。对话语权的争夺是世界竞争格局中的重要举措，也是中国利用文化的包容性且突破文化围困的重要出路。同时，将真实的中国声音传播出去，也是我国加强新闻媒体在国际传播渠道上的能力建设。

经历多年的改革开放后，我国的经济社会取得了巨大的发展，在相关产业对接国际规则的同时，我们的新闻媒体也应随着经济发展一起提升。从国家层面来说，中国政府倡议的内宣和外宣引导着新闻媒体逐步走向世界，与国际媒体处在同一水平线上，让新闻业务在不断连接最前沿的情况下保持更为有效的竞争力。同时，对外传播建立在多元化信息和信息多元化的基础上，以多角度、多层次的方式讲述中国故事，并在对外传播过程中构筑既符合中国特色又与国际接轨的故事范本，为国家与民众之间的沟通搭建平台渠道，逐步形成与中国社会经济发展相匹配的对外传播能力。

对内而言，政府的形象塑造和公信力的累积是非常重要的。以河北省为例，地方政府在提升对外新闻传播的效能方面进行了有益探索和尝试。首先，保持媒体传播队伍的专业化。专门设置了负责对省外、国外的文化交流和宣传部门，这有助于将优势"非遗"文化产业和文化产品推荐到国外。其次，强化交流学习。有计划地组织人员访问对外文化宣传地区和国家，提升从业人员的业务素质；加强与中央媒体和在华常驻外国新闻机构、驻外使领馆，以及国外文化中介机构、同乡会等国际民间组织的联系与合作，组织文化节和商贸会，大力拓展对外文化交流渠道。①

落后就要挨打，贫穷就要挨饿，失语就要挨骂。要改变目前被动、不利的外宣局面，形塑一个客观、真实、正面的中国形象，让世界都能听到并听清中国声音，我们需要不断提升国际传播能力。②

在当今社会中，中国越来越快速地融入世界，而世界也越来越期待更加了解中国，这就需要新闻媒体做好宣传和舆论工作。我们应协调好国际和国内的传播途径和传播内容，向外传递积极、友好、合作、共赢的发展理念，消除国际社会对中国的误解。这种国际传播影响力是展示文化软实力、传递本国价值观念、争取更多国家和地区民众认可、开展更多更深度交流的重要途径。

2015年11月，中国中央电视台驻北美首席记者王冠在今日俄罗斯美

---

① 国家文物局. 意大利文化与景观遗产法典［M］. 北京：文物出版社，2009.
② 提升对外传播能力 讲好中国故事［EB/OL］.［2017-02-19］. http://news.cctv.com/2017/02/19/ARTIb3DTMkuOTwBujmSpCn43170219.shtml.

洲台的旗舰辩论节目《相声》（Cross Talk）中与美国知名智库哈德森研究所主任、哈佛大学政治学博士理查德·韦茨，就南海仲裁问题展开辩论。王冠巧用世界史揭穿美国在领土历史性主权和现存争议海域问题上使用双重标准，从国际政治、国际法、历史等角度指出了对方的知识缺陷和错误逻辑，坚定地捍卫了中国立场。2019年5月，中国国际电视台主播刘欣和美国福克斯商业频道主播翠西·里根，通过电视节目的形式对中美贸易谈判的境况进行了对话，双方就公平贸易、知识产权、华为、关税、中国发展中国家的地位及美方所谓的"国家资本主义"进行了长达16分钟的对话。刘欣通过摆事实、讲道理、展示数据的方式将美方的问题一一化解，在网络上掀起不小的话题热度。这些均是中国媒体主动扩大影响力的重要举措。从实际效果来看，一个日渐强大的中国在面临各种声音的质疑和批评时，必须有自己的新闻媒体进行回应，同时这也是中国媒体宣传讲述中国故事、掌握话语权的主动作为。

结　语
关于"一带一路"文化遗产的思考

有人说,葡萄是丝路的代言者,因为葡萄藤就像是东西绵长的道路,枝杈是道路的支线,花与果则是一座座辉煌的城市、乡镇和村落。经年累月,藤与枝不断延伸,开拓出一片片新的人类聚居地,在那里繁衍延绵、开花结果。那些曾经开花结果之处,就成了古代遗址、传统聚落,成了丝路之上的文化遗产。

今日我们看到的沿线文化遗产是丝路上精神与物质创造、认知及审美取向的累积,是历代人们在有意或无意间维系和呵护的结果。无论是对"一带一路"共建国家来说,还是对全人类来说,这些文化遗产都是不可估价和无法替代的财产。因此,对于"一带一路"文化遗产这一研究对象,研究如何"保护"永远是第一位的。在当代可以给予维护和修复的情况下,我们应竭力地保存其包含的全部历史文化信息,让子孙后代看到过往人类智慧与审美的实践果实,与未来共享这些无价的资源,而这些资源也是营造美好生活的创意来源。投入其中的抢救保护、维护管理、专业研究、社会关注等方面都是"一带一路"文化遗产千载难逢的保护机遇。

与此同时,要让"一带一路"文化遗产更好地发挥其当代价值。"让历史说话,让文物说话",古丝绸之路上的文化遗产见证了"和平合作"带来的善意、友谊与同步发展,"开放包容"带来的民族融合,"互学互鉴"带来的知识交流和观念创新,"互利共赢"创造的地区大发展和大繁荣。

正如国家文物局相关人士在文化遗产与"一带一路"主题活动中所指出的:"一带一路"文化遗产是东西方交流最直接的载体,是丝路精神和民心相通的历史见证,是实现"一带一路"倡议的文化基石。因此,我们要挖掘整理和传播推广"一带一路"文化遗产的精神内涵,激活和激发沿线国家和地区人民的共同历史文化记忆和美好向往。

从古至今,在"一带一路"国家和地区,无论是道路的开拓还是聚落的形成,都历经了几代人共同的努力。"文化遗产的创意营造"等崭新研究命题的产生,表明我们要在当代语境中重新认识"一带一路"文化遗产的重要价值,并从交叉学科的角度去探索、利用这些价值,以实现更为广阔和多元的文化创新路径。

主要参考文献

[1] 弗兰科潘.丝绸之路：一部全新的世界史［M］.邵旭东，孙芳，译.徐文堪，审校.杭州：浙江大学出版社，2016.

[2] 国家图书馆，中国圆明园学会.世界遗产视野下的一带一路［M］.北京：商务印书馆，2017.

[3] 胡文臻."一带一路"与文化产业［M］.北京：社会科学文献出版社，2016.

[4] 奥康诺.艺术与创意产业［M］.王斌，张良丛，译.顾鑫，校.北京：中央编译出版社，2013.

[5] 李伟.穿越丝路：发现世界的中国方式［M］.北京：中信出版社，2017.

[6] 亨廷顿.文明的冲突［M］.周琪，刘绯，张立平，等译.北京：新华出版社，2017.

[7] 单霁翔.文化遗产保护与城市文化建设［M］.北京：中国建筑工业出版社，2009.

[8] 王晨，王媛.文化遗产导论［M］.北京：清华大学出版社，2016.

[9] 汪广松.非物质文化遗产的创意价值［M］.北京：中国社会科学出版社，2015.

[10] 王赞.一带一路·文化的传承与传播［M］.北京：中国美术学院

出版社，2018.

[11] 武斌. 丝绸之路全史 [M]. 沈阳：辽宁教育出版社，2018.

[12] 吴芳思. 丝绸之路2000年 [M]. 赵学工，译. 杨玉好，校. 赵学工，修订. 上海：上海辞书出版社，2016.

[13] 向勇. "一带一路"文化产业合作发展报告（2019）[R]. 北京：社会科学文献出版社，2020.

[14] 姚安. 博物馆12讲 [M]. 北京：科学出版社，2011.

[15] 杨红. 非物质文化遗产数字化研究 [M]. 北京：社会科学文献出版社，2014.

[16] 杨树雨. 21世纪中外文化教育的交流与融合发展 [M]. 北京：知识产权出版社，2020.

后　记

　　2017年1月，中国传媒大学文化发展研究院成立"'一带一路'与文化发展研究系列图书"编委会编著工作，笔者基于多年对创意营造的研究及对丝绸之路的相关思考，带领团队于2018年完成了《丝路重生："一带一路"文化遗产的创意营造》的初稿写作，后续又不断丰富、完善内容，并吸收了来自新疆艺术学院的写作团队。2020年受新冠病毒感染疫情影响，线下的会议和调研都受到了一定的限制，编写组的成员在线上完成了多次采访与讨论，最终以一种新的写作形式完成了对初稿内容的梳理与补充。

　　写作的过程也是不断深入了解文化遗产过去与思考未来发展的过程，在此过程中，"如何让文化遗产更好地融入现代生活"是一个非常值得讨论的议题。建立文化即生活的理念，新事物的出现需要依托物质文化和非物质文化的积累，也需要代代传承的民众集体智慧。文化遗产从"走进"到"融入"现代生活，是一个持续渐进的发展过程，看待文化遗产的理念应随着全球时代、国家政策、技术发展、社会需求等因素的变化，与时俱进、兼容并进地向前推进。因此，我们需要从平衡保护与传承文化遗产关系的视角出发，思考如何更好地让文化遗产融入现代生活。

　　在写作过程中，本书广泛收集了"一带一路"文化遗产、文化遗产活化创新等相关研究资料、实践成果，进行了多次采访，获取了最新案例。

在此向时任北京凤凰数字科技有限公司副总裁杨智予、文旅事业部总监付锦臻，北京鲸世科技有限公司创始人杨利堃，"非遗"策展人李媛媛，敦煌"非遗"雕塑家杜永卫，敦煌阳关博物馆馆长纪永元，《又见敦煌》出品人、甘肃四库文化发展集团有限公司董事长王儿将，敦煌画院北京分院宋琳院长等提供相关案例的实践者及引用过论著的作者表示由衷的感谢。本书具体写作分工如下：第一章，张雯、吴艳东；第二章，卜希霆、郑波；第三章，吴莉，蔺晓；第四章，卜希霆、蔺晓、郑卫前；第五章，卜希霆、王蕾；第六章，卜希霆、傅洋、冯朗、郑卫前；第七章，卜希霆、王蕾、郑卫前；第八章，王蕾；结语，杨红。全书由卜希霆审定，王蕾协助统稿，李璨、苏颖悦等同学在项目编撰相关阶段做了大量协调、整理及统筹工作。在此，一并致以深深的谢意。